欲望という名の音楽

狂気と騒乱の世紀が生んだジャズ

二階堂尚

SHO NIKAIDO

草思社

欲望という名の音楽

狂気と騒乱の世紀が生んだジャズ

麻薬中毒重婚浮浪不法所持サイコロ賭博われのブルース

寺山修司

はじめに――人間の〈業〉の結晶としてのジャズ

「アメリカを再び偉大な国にしよう（Make America Great Again）」というスローガンを掲げてドナルド・トランプが合衆国大統領に就任したのは二〇一七年だった。歴史の巡り合わせと言うべきか。トランプが言う「偉大な国」への道をアメリカが歩み始めたのは、そのちょうど一〇〇年前だった。

一九一七年、アメリカはそれまでの孤立主義を脱して第一次世界大戦に参戦し、国際政治に積極的に関与するようになった。アメリカが二十世紀における最強国家へと成長していくのはここからである。

一九一七年はまた、ニューオリンズの地方音楽であったジャズが全米に広がっていく始まりの年であり、史上初めてジャズのレコードが録音された年でもあった。ジャズはそれからわずか半世紀ほどの間に、二十世紀を代表する大衆音楽に成長し、さらにグローバルなアートへと進化していった。

二十世紀は戦争の世紀であり、核の世紀であり、虐殺の世紀だった。一方で二十世紀は、人類の欲望が解放された消費と蕩尽の世紀でもあった。しかし何よりも、二十世紀は「アメリカの世紀」であり「ジャズの世紀」であった。

ジャズの歩みを丹念に辿れば、この音楽が二十世紀アメリカの裏面史と深い関係があったことがわかる。戦争、売春、ドラッグ、酒、犯罪、人種差別、民族差別、リンチ――。それらをまとめて人間の〈業〉と言ってしまいたい。立川談志は「落語とは人間の〈業〉の肯定である」と言った。差別やリンチを肯定する落語があっていいはずもないが、人間の〈業〉とは談志の想定よりもおそらくはるかに深く広く昏《くら》いものである。ジャズとはそのような人間の〈業〉の結晶であり、ジャズの歴史とはすなわち人間の〈業〉の歴史である。

今日、少なくとも市場規模や、同じことだがリスナーの数において、ジャズはすでに大衆音楽の王ではない。しかしこの瞬間も間違いなく、ジャズは世界中のさまざまな場所で演奏され、さまざまな場所で聴かれているだろう。スタイルの多様性と可変性、音楽家の演奏力、自由さ、優れた音源の数、絶えず進化を続ける現代性といった点で、ジャズを凌ぐ音楽はほかにないと言っていいと思う。

どのような統計によってか、日本は世界で最もジャズが愛好されている国の一つとされる。日本はドストエフスキーの翻訳にかけておそらく世界一であり、ということはドストエフスキーにかからかわれている点においても世界一ということになるだろう――。小林秀雄はそんなことを書いていた。ジャズを愛することにかけて日本が世界有数の国であるならば、最も深刻にジャズの毒牙にかかっているのもほかならぬ私たちであるということになるかもしれない。だが、ジャズがもつ毒に意識的である人は決して多くはない。

わが国においてジャズが本格的に盛んになったのは敗戦後だが、戦後初期の日本のジャズもまた、人間のどす黒い〈業〉とともにあった。まずはそこからジャズの歩みを辿っていきたく思う。日米の二十世紀の裏面史を掘り下げることは、あの狂気と騒乱の世紀を生きた人間の醜さやあさましさを直視することにほかならない。それはまた、人間の欲望とともにあったジャズの毒を搾り出す作業でもあるだろう。その探求の果てで、私たちはジャズへの愛をいっそう深めることになるだろう。

目次

第一章

ジャズと戦後の原風景

ジャズとセックスは手を取って歩みゆく

日本のジャズの滅亡と再生

自分が暮らす国が他国の完全な征服下にあるのはどのような気持ちなのだろうか。ナチス・ドイツ支配下のフランスに生きたジャン・コクトーは、四年間の占領の日々をジェット・コースターの下にたったひとりで立ちすくんでいるような気分だったと日記で振り返っている。二十世紀の半ば、日本にもそのような時代があった。異国の軍人たちが急ごしらえでつくったジェット・コースターが、人々の頭上を高速で駆け巡っていたような時代が。

敗戦の結果日本が歴史上初めて体験することになった占領の期間は、六年八ヵ月の長きに及んだ。日本が中国の次に戦争をした相手は米英仏ソなど二十六カ国からなる連合国であり、征服者は戦いの勝者であった連合国だったが、その内実はほぼアメリカ合衆国一国であった。

太宰治は敗戦の翌年に発表した戯曲で、日本は負けたのではない、ほろんだのだ、滅亡したのだと主人公に語らせている。それを恥辱と感じない者は愚かである、と。これは当時の日本人の一般的な感覚だったのかどうか。ダグラス・マッカーサーをトップとする連合国最高司令官総司令部（GHQ／SCAP）は、直接軍政ではなく日本政府を介して国政を行う間接統治の方法を選択したので、占領下の日本に暮らす人々が相対するのは、戦時下と変わらぬ日本人の為政者だった。人々はマッカーサーの強大な存在を常に感じてはいたものの、自分たちの生活を左右する指示を直接下すのが日本人からなる政府である以上、敗戦を自国の滅びであると捉えたのは、おそらく鋭敏な感受性を備えた少数の文学者らにとどまったと思われる。

しかし日本のジャズに関して言うなら、それは一度確かに滅んだ。大正年間に日本に輸入され日本の大衆音楽の一角を占めるようになっていたジャズは、戦時下にあって敵性音楽として規制と弾圧の対象になったからである。ジャズを含む米英のレコードの国内販売は日米の戦争が始まる前年の一九四〇年頃から次第に減少し、戦争が始まったひと月後の四二年一月からは一切の新譜発売が禁じられた。弾圧は私人の所有物に及び、多数のジャズ・レコードを保有していたジャズ喫茶はレコードの供出を命じられた。一九三三年に開業した横浜・野毛のジャズ喫茶〈ちぐさ〉のマスターだった吉田衛《まもる》は、喫茶店組合の仕事として、近隣のジャズ喫茶一軒一軒を回ってレコードを回収していったという。軍に没収されるくらいならば自分で処分すると、レコードをすべて五右衛門風呂の焚きつけに使ってしまったという祖父の逸話を伝えているのは、漫画家のヤマザキマリである。

ジャズの演奏も規制の対象であったから、多くのジャズ・バンドは解散を余儀なくされた。徴兵によって楽器を銃に持ち替えたミュージシャンも少なくなかっただろう。そのうちの何人が戦争を生き抜くことができたか。日本のジャズは、需要側においても供給側においても事実上滅んだのである。

しかし、戦後の占領下においてジャズは甦った。日本人の求めによってではない。征服者の欲望によってである。

「一億円で純潔が守れるなら安いものだ」

RAA（Recreation and Amusement Association）という名の組織の設立を日本政府が閣議決定したのは、敗戦から六日後の一九四五年八月二十一日だった。日本語での名称は「特殊慰安施設協会」である。英語の「リクリエーション&アミューズメント」という表現と「特殊慰安」という言葉の間にはかなりの落差があるが、この落差こそが組織の本質を示していたとも言える。

RAAの役割は、その名前のとおり、「娯楽と楽しみ」を占領米兵に提供することだった。「娯楽と楽しみ」には、ジャズをはじめとする大衆音楽のほか、歌舞伎、浄瑠璃、曲芸、獅子舞、華道、茶道、占いといった演目や出し物が含まれたが、それらはいわば二次的コンテンツだった。RAAの第一の目的は、米兵に「慰安」すなわち性的サービスを提供することにあった。

当時の内務省が全国の警察管区に秘密無電を送って、占領軍向けの慰安施設をつくるよう指示したのは敗戦からわずか三日後の八月十八日である。外国軍駐屯地には慰安施設などの設備、具体的には「性的慰安施設」「飲食施設」「娯楽場」が必要であり、「営業に必要な婦女子は芸妓、公私娼妓、女給、酌婦、常習密売淫犯者らを優先的にて、満たすこと」というのが無電の内容であった。警視庁保安課長は、「大和撫子の純潔を護る防波堤を作ることが必要だ。そのために芸娼妓、酌婦などの商売女をかり集め米兵の性の欲望を組織的に解決する慰安施設を作らねばならない」と語ったという(『進駐軍向け特殊慰安所RAA』村上勝彦)。

設立にはかなりの額の予算が充当されたが、当時の大蔵官僚でのちに首相となる池田勇人は、「一億円で純潔が守れるなら安いものだ」と語ったとされる。その後、正式の閣議決定を経て二十三日にRAAが設立され、急ぎ全国から女性スタッフがかき集められた。八月二十七日までにRAAに登録した女性の数は一三六〇人に及んだ。その中には、戦前戦中に性産業に従事していた女性のほかに、生活苦から応募してきた人も少なからずいたという。

京浜電車大森海岸駅近くに東京で最初の慰安施設が開所したのは二十八日。名を「小町園」といった。開所時に送り込まれた女性の数は三十人ほどだった。当初の営業の様子は以下の如くであった。

どこから聞いてきたかはわからないが、小町園の前の京浜国道には大勢の米兵が集まり口々に早く開けろと叫んでいた。(中略)小町園に最初に送り込まれた女性たちは娼妓の経験者がほとんどであったが、初めてみる大柄な黒人兵や白人兵に恐れおののき、柱にしがみついたり逃げ惑ったりした人もいた。しかし、女性に飢えた兵士たちは構わず割部屋に抱え込んだ。（中略）一人を終え洗浄室から戻ると裸になった次の男が待っているという状態で、休む間もなく次々にやってくる身体の大きな米兵に慰安婦の女性たちは疲れ切り、苦しそうに息をはき身体を横たえているだけであった。まさに性の処理道具であった。

（『進駐軍向け特殊慰安所ＲＡＡ』）

このような施設が順次東京都内に設立された。日本の戦後占領史に関する最も優れた著書の一つと言われるジョン・ダワーの『敗北を抱きしめて』では、「ＲＡＡの女性が一日に相手にした米兵の数は、一五人から六〇人であった」とされている。あまりの過酷さに逃亡する女性や精神に異常をきたす女性が次々にあらわれ、京浜電車に飛び込んで自殺した女性もいたという。ＲＡＡの管轄は東京とその近辺であったが、全国二十以上の都市に同様の施設がつくられた。

表裏の関係にあったジャズと国策売春

戦後の日本におけるジャズ振興の担い手となったのもこのＲＡＡである。ＲＡＡの事業部門は、「食堂部」「キャバレー部」「慰安部」「遊技部」「芸能部」「特殊施設部」「物産部」の七部門に分かれていて、このうち慰安部には「芸妓」「娼妓」「酌婦」「ダンサー・女給」の各部があった。ＲＡＡにおいて性サービスを担当していたのがこの慰安部である。

一方、芸能部には「演芸」「映画」「音楽」という個別部門があり、このうちの「音楽」がジャズをはじめとする音楽を担当し、米軍施設に日本人ミュージシャンを派遣した。また、キャバレー部には「カフェー」「バー」「ダンスホール」という項目があり、この部門もバンドのブッキングなどを担ったようだ。

征服者が求めたジャズ演奏を提供したのが、征服者に政府主導の性サービスを供給したのと同じ組織であったとすれば、日本の戦後のジャズは国策売春と表裏の関係にあったことになる。征服者の欲望に応じ、欲望を静めるためには、セックスとジャズが必要であった。あるいはそう言ってもいいかもしれない。

占領軍兵士向けのジャズ演奏は、主に米軍専用のクラブで行われた。クラブは客の軍隊内の階級によって、将校クラブ(OC＝Officer's Club)、下士官クラブ(NCO＝Non-Commissioned Officer's Club)、兵員クラブ(EM＝Enlisted Men's Club)の三種類に分かれ、さらに下士官クラブと兵員クラブには白人専用と黒人専用があった。そのほかに、米軍の部隊直結のクラブや日本人が経営するキャバレーやダンスホールでもジャズは演奏された。

これらはオフリミット、つまり一般の日本人の立ち入りが禁止された場所だったが、その場を支えたのは、RAAから派遣された日本人ミュージシャンと日本人従業員であり、ミュージシャンたちを各クラブに派遣する仲介業者たちであった。その中には、日本の旧植民地である朝鮮、台湾出身の人々も含まれていただろう。

ミュージシャンの中には、南里文雄《なんりふみお》のように戦前からジャズ・ミュージシャンとして活躍してきた者もあったが、多くは旧陸海軍の軍楽隊に属し、戦後クラシックの道へ進むことを選ばなかった者たちだった。のちにシャープス・アンド・フラッツを結成する原信夫や、この後詳述することになるモカンボ・セッションに参加したサックス奏者の宮沢昭らもその中にいた。

全国の進駐軍の基地、キャンプなどの接収地に急遽作られたクラブは、その数は正確には把握されていないが、全国に五〇〇以上存在すると言われた。

（『進駐軍クラブから歌謡曲へ』東谷護）

オフリミットで演奏したミュージシャンたちが当初からジャズを演奏するスキルを備えていたわけではない。彼らは占領軍と日本政府の求めに応じてオフリミットに飛び込み、ジャズの本場から来たアメリカ人を楽しませるために、必死にジャズを体得していったのである。戦後初期のジャズは、オフリミットの中で、アメリカ人をオーディエンスとして涵養されたのだった。

欲望の囚徒たちが育んだ音楽

ジャズのオーディエンスであったアメリカ人たちは、同時に性サービスの享受者でもあった。

米軍は表向き買春を禁じていたが、「米軍司令部は兵士の欲求を解消するため、占領地内の売春施設を利用することには、米国内で報道され本国で問題視されない限り見てみないふりをしていた」という（『進駐軍向け特殊慰安所RAA』）。しかし、RAAの慰安施設は、わずか七カ月で閉鎖されている。「公的売春施設は非民主的で婦人の人権を侵害する」というのがGHQが発表した閉鎖理由だったが、これも表向きの取り繕いに過ぎなかった。本当の理由は、性病の急激な蔓延である。

そのときまでにRAAの女性は九〇%が性病検査で陽性となっていた。同じころ、占領軍第八軍のある部隊では、兵隊の七〇%が梅毒、五〇%が淋病に感染していることが判明している。（『敗北を抱きしめて』）

第八軍は横浜を本拠とした占領軍の中核部隊である。米軍は各部隊にコンドームを大量に配布したが、それがほとんど使用されなかったことは、性病罹患率の高さが示している。避妊具を使用しなかったことは、性病の蔓延につながっただけでなく、膨大な数の妊娠例を生んだ。作家の山崎洋子は、戦後の横浜・伊勢佐木町の売春婦グループのリーダー格だったという女性の次のような証言を紹介している。

「妊娠は避けられないことだったわね。だって避妊具なんかなかったし、相手だってねえ、基地で配られても使わないことのほうが多いもの。いまだって、エイズが怖いのなんのっていうけど、男はコンドームなんかつけたがらないじゃない。性病の不安より欲望のほうが勝つのよ。こっちも妊娠の心配より、稼がなきゃって気持ちのほうが先に立つし——」
(『天使はブルースを歌う』)

これが大量の嬰児遺棄につながったことについては、のちに触れる。

一九四六年三月、RAAの慰安施設は閉鎖された。しかし、「公娼は廃業させるものの、業者は娼婦を自分の意思で売春をする私娼として続けて働かせてよい」(『進駐軍向け特殊慰安所RAA』)との政府の方針のもと、慰安事業はそのまま民間事業として存続し、同年十二月には売春の公認エリアであるいわゆる赤線地帯が指定された。売春を本業もしくは副業とした女性の数は推定で五万五〇〇〇人から七万人にのぼり、その中には朝鮮、台湾出身者が多数含まれていたとジョン・ダワーは書いている。娼婦には売春施設に雇用される者と、街頭で客を取る街娼がいた。後者のうち、とくにアメリカ人を主要顧客とした娼婦はパンパンと呼ばれた。米兵相手の男娼もいたようだが、これにはとくに名前はつけられていない。

占領軍の兵士・職員が個人的に使った金は約一億八五〇〇万ドルにのぼり、そのうち半分近くが何らかの形でパンパンに渡ったという。

（『敗北を抱きしめて』）

その後、一九四九年五月にRAA自体も解散し、事業の多くは民間の観光事業者に引き継がれた。米軍クラブはその後も存続して、キャバレーやダンスホールなどRAAの管轄下にあった施設は日本人経営者のもとで経営を続けた。

RAAの活動は四年弱で終了したが、この組織は初期においては戦後の性産業の基盤をつくり、活動の全期間を通じて戦後ジャズ興隆の基盤をつくった。RAA解散後にも性産業が衰退せず、ジャズの演奏が続けられたのは、第一に欲望に囚われた征服者たちがそれを求めたためだが、当時の占領米兵のみを欲望の囚徒と呼ぶことはフェアではあるまい。人類の歴史を紡いできたのが性への欲望であり、エンターテイメントや各種の芸を生み出してきたのが娯楽と楽しみへの欲望であるとするならば、そして今日の私たちもまたセックスや音楽と無縁では生きられないのであるならば、私たち一人ひとりも戦後の征服者と本質的には変わらぬ欲望の囚徒であるだろう。その欲望を否定したとしても、ジャズが欲望とともに生まれ、欲望の囚われ人たる聴衆と音楽家によって育てられてきたことを否定することはできない。のちの章でそのことをいくつかの視点から掘り下げていきたく思う。

ビ・バップとGーベイビー

モダン・ジャズを知らなかった敗戦時の日本人

一九二〇年代までニューオリンズ、カンザス・シティ、シカゴなどのローカル音楽であったジャズが、アメリカ全土に広く知られるポピュラー音楽となったのは三〇年代に入ってからである。それが実現したのは、この時期にジャズの主導権を握っていたのが主に白人音楽家であり、マジョリティたる白人聴衆がそれを受け入れたからだった。当初その音楽はジャズではなくスウィングと呼ばれた。ジャズという名称が忌避された理由については後章で考察したい。三〇年代には十人から二十人ほどのメンバーを擁するビッグ・バンドでの演奏が主流だったジャズは、四〇年代に入ると即興演奏を重視した少人数での演奏スタイルに変化していった。ビ・バップと今日呼ばれているスタイルで、それがジャズのモダン化の始まりとされる。

日本にあってジャズが敵性音楽として排斥されるようになったのは一九四〇年頃だったから、敗戦時の日本人はモダン・ジャズを知らなかったことになる。もっともアメリカにおいても四〇年代前半のビ・バップはほとんど地下音楽であったし、戦争の影響と音楽組合のストライキによってビ・バップがすぐにレコード化されることはなかったから、占領軍の米兵の中にもビ・

バップを聴いたことがある人はごく少数だったと考えられる。ビ・バップの最初の公式レコーディングは一九四四年二月、テナー・サックス奏者のコールマン・ホーキンスによるもので、ビ・バップのオリジネーターのひとりであり、最も傑出したプレーヤーであったチャーリー・パーカーの初レコーディングは同年九月である。

どうやらビ・バップという新しい音楽があるらしいと日本人が知ったきっかけは何だったか。占領米軍は、太平洋戦線から日本に直接送られた兵士と、アメリカ本国から派遣された兵士によって構成されていた。前者はジャズの新しい潮流には無知であったと考えられるが、後者のとくに黒人兵の中にはビ・バップを好んでいた者がいたらしい。スウィングと違って、ビ・バップを主導していたのは黒人ミュージシャンであった。

『進駐軍クラブから歌謡曲へ』によれば、クラブによって米兵が求める音楽は異なっていて、将校クラブではダンス・ナンバーが、白人専用の下士官クラブではスウィングが好まれた。占領後期になると、黒人専用の下士官クラブではビ・バップの演奏が求められるようになったという。しかし、敗戦後まもない占領初期においてすでにビ・バップに日本人が取り組み始めていたことは、一九四七年に日本初のビ・バップ曲がレコーディングされていることからわかる。

ジャズの情報源となった米軍ラジオ放送

ところで、オフリミットで演奏していたミュージシャンの中には、ビ・バップどころかジャズそのものを演奏したことのない者も少なくなかった。そういったミュージシャンたちは、どうやってジャズを学んだのだろうか。

ジャズの曲を学ぶに当たっては、楽譜を入手する方法と、ラジオやレコードから採譜する方法の二とおりのやり方があった（『進駐軍クラブから歌謡曲へ』）。楽譜には、米軍を慰問するミュージシャン向けの「ヒット・キット」、スタンダード曲を集めた「１００１」、ジャズやダンス・オーケストラのためのパート別楽譜集である「ストック・アレンジメント」の三種類があった。いずれも公式のルートで日本人が手にできるものではなかったが、戦後すぐに盛んになった闇市に流れたものや、海賊版として流通していたものが日本のミュージシャンの手に渡ったと考えられる。

一方のラジオやレコードから採譜する方法とは、いわゆる耳コピーである。戦後、米軍はＮＨＫの施設を接収し、そのスタジオから米軍向けのラジオ放送を始めた。当初は、放送局に割り当てられる符号であるコールサインがそのままラジオ放送の名称となっていて、東京ではＷＶＴＲと呼ばれていた。これがのちのＦＥＮ（極東放送網）、現在のＡＦＮ（米軍放送網）である。米軍放送の主要な音源は、ロサンゼルスのＡＦＲＳ（米軍ラジオ放送）から空輸されたブロードキャスト・トランスクリプションと呼ばれるレコードだった。これは、アメリカで放送されたラジオ番組を録音してレコード化したものである。

米軍放送は、周波数を合わせれば一般の日本人も聴くことができた。アメリカ本国でのオンエアからどのくらいの後れをもって音源が日本に届けられたかはわからないが、このラジオによって比較的新しいジャズを日本人が聴くことができたことは確かである。

Vディスクを日本人が聴くことができたのはなぜか

もう一つ、重要な音源にVディスクと呼ばれるレコードがあった。これは、米軍が前線や占領地の兵士に配布したレコードで、Vは「Victory（勝利者）」の頭文字である。戦中にあっては専用の蓄音機や楽譜とともにパラシュートで戦地に投下され、戦後には空輸や船便などで占領地に届けられた。

Vディスクが録音されたのは一九四三年十月から四九年五月までの、終戦をまたぐおよそ五年半の期間である。録音を担当したのは、当時のアメリカの二大大手レコード会社であったコロムビアとRCAビクターの連合チームだった。ジャズ以外にもクラシックやカントリー&ウエスタン、ポップスなど多彩な音楽がレコーディングされた。陸軍と海軍がおのおの制作し、その数はそれぞれ九〇五枚、二七五枚、計一一八〇枚だったとの記録が残る。そのうちのいくつかが日本を占領していた米兵のもとに届けられた。数は明らかではないが、占領が始まって四年近く供給が続いたと考えれば、かなりの数のVディスクが日本に上陸したと思われる。

Vディスクは軍関係者に支給された軍用品であり、オフリミットの中だけで楽しまれる音源であった。また、おそらく著作権上の問題から、しかるべき目的を達したのちにはディスクはすべて廃棄されると録音時に決められていた。そのようなレコードを日本人が聴くことができたのは、一つには米兵が日本人に横流ししたからである。横浜のジャズ喫茶〈ちぐさ〉には五十枚を超えるVディスクが残されていたが、その多くはジャズを大音量で聴こうとした米兵や米軍属が店にディスクを持参し、そのまま置いていったものだったようだ。米兵の中には、親しくしていた日本人娼婦にプレゼントのつもりでかVディスクを渡す者もいた。敗戦時に日本ビクターのディレクターであった河野隆次は「パンパン・ガールからVディスクや新しいヒット・ソングの譜面をどれだけ仕入れたかわからない」と『ジャズ・イン・ジャパン 1947-1963』というCDボックス・セットのライナーノーツに書いている。

Vディスクが流出するルートはもう一つあった。米軍施設で演奏の仕事をした日本人ミュージシャンの持ち出しである。ディスクはドラムのシンバルケースに忍ばせれば容易に施設外に運び出せたと言われる。〈ちぐさ〉は演奏前後のミュージシャンたちのたまり場になっていて、持ち寄ったVディスクを店で聴いて、そのまま置いていったケースも少なくなかったようだ。いずれも軍物資の横領に当たる違法行為であったから、米軍はそれを取り締まらなければならなかった。〈ちぐさ〉のマスター吉田衛のこんな証言が残っている。

MP（引用者注：憲兵）がジープで突然乗りつけて、店内に入ってくることもあった。しかし、大あわてでVディスクをしまいこむ我々の仕草を眺めて、ニヤニヤしながら黙って口笛を鳴らして帰って行くのだった。

（『横浜ジャズ物語「ちぐさ」の50年』）

レコーディング・ストライキの副産物

Ｖディスクが制作された一九四三年十月から四九年五月という時期は、アメリカにおいて二度の大規模なレコーディング・ストライキが行われた時期と完全に重なっている。アメリカのミュージシャンの組合であるＡＦＭ（米国音楽家連盟）が著作権料の増額などを求めて一回目の本格的なストライキに入ったのは四二年八月だった。このストライキは四四年十一月まで二十七カ月間の長期に及んだ。続く二回目のストライキは、四八年一月からのおよそ一年間である。それぞれの期間、多くのミュージシャンはレコーディングの機会を失うことになった。

そのストライキ中にレコーディングされたのがＶディスクだった。Ｖディスク制作は国家事業であり、ミュージシャンは声がかかれば無報酬で制作に参加しなければならなかった。国家の事業に所属レーベルや契約は関係ないので、数々の大物ミュージシャンがレーベルの垣根を越えて集められ、ときにはほかのレコードでは見られない共演が残されることになった。

長期ストライキはまた、ジャズの歴史上重要な副産物を生んだ。ジャズのインディペンデント・レーベルである。大手レコード会社がストライキに入った機に乗じて、数多くのインディ・レーベルが誕生した。その頃すでにライブ・ハウスなどで演奏されていたビ・バップに迅速に反応したのがそれらのレーベルだった。ビ・バップの最大の牽引者であったチャーリー・パーカーの初期の小規模レコーディングは、四二年に設立されたサヴォイと、四六年に設立されたダイアルの二レーベルに集中している。これらのインディ・レーベルの存在がなければ、初期のビ・バップの音源が残されることはなかっただろう。

さて、日本のミュージシャンや音楽関係者たちは、Vディスクによって五年近くに及んだジャズの空白期を埋めることができた。しかし、このディスクに収められた音源は主にスウィングやビッグ・バンド・ジャズ、ボーカル曲などモダン以前のジャズであったから、旧スタイルのジャズの絶好の教科書ではあっても、新しいスタイルであるビ・バップをそこから学ぶことはできなかったと考えられる。

ラジオやVディスクのほかに、米軍向けの売店、いわゆるPXで売られていた最新のレコードを闇ルートで入手する方法もあったようで、そのルートでビ・バップの音源に触れた日本人ミュージシャンもいたかもしれない。しかし、ビ・バップは、テンポ、リズム、ハーモニー、旋律のいずれにおいてもそれまでのジャズとは異なる新しい解釈を要したから、音源を聴くことができたとしても、それを理解し、かつ実際に演奏するのは容易ではなかったはずだ。必要なのは指導者の存在だった。その役割を果たせる人物がひとりいた。あるいはひとりしかいなかったと言うべきか。それが日系二世の米兵ジェームズ・トモマサ・アラキ、通称ジミー荒木だった。

日系人収容所でジャズを始めた男

日米が戦争を始めた一九四一年の時点で、米本土には約十三万人の日系人が住んでいたが、その多くが開戦後まもなく各地に急設された日系人収容所に収容されることとなった。鳥取出身の父をもつアメリカ移民二世ジェームズ・トモマサ・アラキもその中のひとりだった。彼の歩みはジャーナリスト秋尾沙戸子の『スウィング・ジャパン』に詳しい。以下の文章は主に同書を参考にさせていただいている。

ジミーと呼ばれていたジェームズ・アラキが家族とともに最初に収容されたのはカリフォルニア州のサンタアニタ仮収容所で、彼はそこで十七歳の誕生日を迎えている。その収容所で聴いたラジオでデューク・エリントンやナット・キング・コールの音楽に接したことが、彼がジャズ・ミュージシャンを志すきっかけとなった。

その後、家族はアリゾナ州のヒラリバー収容所へ送られた。収容所といっても、そこには商店街があり学校があり農業も営まれていたから、それはむしろ隔離された小さな町と言ってよかった。その「町」の中で、十七歳のジミーはピアノ、クラリネット、サックス、トランペットなどの楽器の練習を始めた。彼は一種の天才であったらしい。ほどなくして、「ミュージック・メーカーズ」という収容所内のダンス・バンドのリーダーを務めるまでに上達している。

ジミーが米陸軍に徴兵されたのは、日米戦争が始まって二年半が経った一九四四年六月である。彼にまず課せられたのは、陸軍情報部語学学校（ＭＩＳＬＳ）で日本語を学ぶことだった。その頃、米陸軍は日本軍の暗号解読や捕虜の尋問を担う語学兵の育成に力を入れていた。その中心となったのが日系二世である。トルーマン大統領は「二世は我らが秘密兵器」と語ったという。実際に日系二世兵士たちは、アメリカを勝利に導くために大いに力を発揮したらしい。彼らが日独間の暗号を解読することで、ヒトラーが立案した作戦の詳細を東條英機よりも先にルーズベルトやトルーマンが知ることも珍しくなかったと『二世兵士　激戦の記録』（柳田由紀子）にある。ジミーがＭＩＳＬＳで学んだのは、その語学兵になるためだった。

しかし、ＭＩＳＬＳは一般に想起される軍事学校よりも、はるかに通常の学校に近かったようだ。入隊してからベニー・グッドマンのレコードを聴いたことでジャズへの関心をさらに深めたジミーは、学内でダンス・バンドを結成してスウィングを演奏した。担当楽器はアルト・サックスだった。この頃には編曲や作曲の手法も身につけていたとみられる。休暇になると、学校があったミネソタ州から遥か六〇〇キロ離れたシカゴまでジャズを聴きに行くこともあったという。デューク・エリントン・オーケストラなどで活躍していたテナー・サックス奏者のベン・ウェブスターが好きだったと彼は後年語っている。

日本語学習のコースは四五年三月に修了したが、その後彼が戦地に送られずに済んだのは、そのまま語学教官のポストについたからである。ジミーが初めてビ・バップの演奏に触れたのはこの頃で、ビリー・エクスタインのビッグ・バンドに所属していたチャーリー・パーカーのプレイをニューヨークで聴いたのだった。

戦後日本初のジャズのレコーディング

四五年八月の終戦後もＭＩＳＬＳに残ったジミー荒木だったが、翌年六月に日本行きを命じられた。その時点での階級は陸軍曹長だった。

日本の占領政策にはおよそ八〇〇〇人の日系二世が関わったと言われる。ＧＨＱには一部から四部に分かれた参謀部があり、それぞれＧ１からＧ４と呼ばれていたが、日系二世兵がとくに多かったのは情報、保安、検閲を担当するＧ２だった。ジミーが所属したのもそのＧ２で、担当は翻訳と通訳であった。

彼が任務以外に注力したのはやはり音楽で、戦後陸軍から独立した米空軍内に結成されたジャズ・バンドに属して毎晩のようにプレイしたと伝えられる。その過程で日本のミュージシャンとの接点が生まれ、ビ・バップの知識や奏法を伝授する機会もあったらしい。ジミーと直接接したミュージシャンの中には、トランペッターの南里文雄や、アルト・サックス奏者の渡辺貞夫がいた。

彼が本領を発揮したのはレコーディングだった。敗戦直後はジャズのレコードの輸入が途絶えていたため、日本のレコード会社のスタッフは独自のレコード制作を企画した。しかしＧＨＱは、著作権保護の観点から、日本国内でアメリカのスタンダード曲をレコーディングすることをある時期まで禁じていた。レコードをつくるにはオリジナル曲を用意する必要があったが、ジャズの作曲や編曲ができる人材を見つけるのは簡単ではなかった。おそらくジミー荒木の存在がなければ、レコーディングの企画は実現していなかっただろう。

日本ビクターが企画したレコーディングにジミー荒木がオリジナル曲の譜面を提供することになったのは、ゲイ・スターズ・オーケストラというバンドのメンバーだったテナー・サックス奏者の多忠修《おおのただおさ》とのつながりによるものだったようだ。ジミーが用意したのは「A・P・O・500」「ブギー・イン・C」の二曲だった。「A・P・O・500」という曲名は、米軍事郵便局が用いている郵便番号に由来する。

フレーズといい音の重ね方といい、とにかく今までに聴いたスウィング・ジャズとはあまりにもかけ離れた新奇なものだっただけに、初めてジミーが持ってきたスコアを見て、演奏する側も聴く方もびっくりしてしまった。

（『ジャズ・イン・ジャパン　1947-1963』ライナーノーツ）

ジャズ評論家の瀬川昌久はそう書いている。ビクターのスタジオは空襲で失われていたため、レコーディングはライバル会社であった日本コロムビアの東京・内幸町のスタジオを借りて行われた。演奏したのはこのレコーディングのために結成されたビクター・ホット・クラブである。メンバーは、南里文雄（トランペット）、森亨（トロンボーン）、多忠修（テナー・サックス／クラリネット）、松井八郎（ピアノ）、松田孝義（ベース）、田中和男（ドラムス／ヴィブラフォン）の六人だった。一九四七年八月に行われたこのレコーディングが、戦後日本初のジャズの録音となった。

今日の耳で聴けばこれは牧歌的なビ・バップ風といった曲で、当時の驚きを追体験するのは難しい。しかし、とにかくこれが記録に残る日本人初のビ・バップ・スタイルのジャズの演奏だった。三分ほどの曲の中で、トランペット、クラリネット、ヴィブラフォン、トロンボーン、ピアノの順でソロが演奏されるが、「ソロ・プレイのフレーズも、大体のところは、ジミーが譜に書いておいたものではなかろうか」と瀬川昌久は言っている。

ジミー荒木は、ここから一九四九年までの間に計十二の曲の作曲ないしは編曲に関わり、うち四九年に録音された四曲には自らプレーヤーとして参加した。米兵をメンバーに迎えた八人編成のバンドで演奏した「ジミーズ・バップ」などの二曲ではアルト・サックスを、トリオでの二曲ではギターを担当している。これらの曲は、「A・P・O・500」と比べるとかなり本格的なビ・バップに近づいている。ここでジミーが蒔いた種が、数年の時を経て五〇年代半ばに花開くことになる。

激動の時代を生きた六十六年の人生

ジミー荒木は一九四八年秋に米軍を除隊し、文民としてさらに一年間翻訳の仕事に従事した。

自身が演奏に参加した曲がリリースされたのは四九年十一月だったが、それを見届けるようにして彼はアメリカに帰国し、UCLA（カリフォルニア大学ロサンゼルス校）に入学している。日本語の翻訳業務に携わる過程で日本の古典文学への興味を深め、研究者の道を志したのだった。

しかし、一九五〇年六月に朝鮮戦争が勃発し、彼は再び兵役に就くことになった。五一年に韓国に派遣されるが、当地で病を得て北海道勤務となり、五二年八月の除隊までをそこで過ごした。除隊後は再び大学に戻り日本の中世文学を学びながら、音楽活動も続けた。五五年にはヴィブラフォン奏者のライオネル・ハンプトンのバンドに参加している。

三度目の来日は五七年で、これは京都大学の大学院で学ぶためだった。翌年、東京大学に移り勉強を続けた。東京ではクラリネット奏者の北村英治や、宮間利之とニューハードのメンバーらにビ・バップの方法論を伝授したという。五九年にレコーディングした『ミッドナイト・ジャズ・セッション』はジミー荒木の唯一のリーダー作であり、かつ日本で初めて多重録音の方法でつくられたアルバムだった。参加メンバーは、ベースの小野満とドラムスのジョージ川口で、ジミーはアルト・サックスとピアノを担当している。多重録音によってサックスとピアノの演奏を重ねているだけでなく、サックスのアンサンブルも実現した野心的作品であった。

このレコーディング後にジミーは帰米し、日本文学の研究を続けた。後年、ハワイ大学に新設された東アジア言語・文学部の学部長に就任し、川端康成、井上靖、三島由紀夫、立原正秋、梶山季之ら日本の作家とも交流を重ねた。永眠したのは一九九一年十二月二十二日である。二十世紀の最も激しい時代を生きた六十六年間の人生であった。

横浜の慰安施設と頻発したレイプ

ジミー荒木が勤務したGHQ本部は東京・日比谷にあったが、占領軍兵士の数が最も多かったのは横浜だった。占領軍の中核部隊である米第八軍司令部が横浜にあったからで、同部に所属する兵士の数はおよそ九万四〇〇〇人にのぼった。これは占領米兵総数の二十五パーセントに当たり、当時の横浜市の総人口の十五パーセントを占めていた。

戦後の横浜はアメリカという異国を市内に丸抱えしていたということだが、これはすなわち日本人とアメリカ人の接触の機会が多かったことを意味する。人と人の距離が物理的に最も近づくのは性的関係であり、日本人とアメリカ人の間においてその関係の多くは、占領初期には慰安施設という名の売春宿で、慰安施設閉鎖後には街頭や民間経営の娼館で営まれた。

横浜で最初に設置された慰安施設は、中区山下町の「互楽荘」だったという。その後、同様の施設が次々につくられた。前述したように、米兵は避妊に無頓着であったから、望まぬ妊娠をする女性が数多くいた。

日本政府が米兵相手の性的慰安サービスを提供したのは強姦の発生を防ぐためだったが、実際にはレイプ事件が後を絶たなかった。その結果の望まぬ妊娠もまた少なくはなかっただろう。レイプが表沙汰にならなかったのは、GHQによる検閲があったからである。GHQは日本の報道機関の「容認されない言語表現」を厳しく取り締まり、「強姦など米兵による犯罪はいうに及ばず、日本女性との親密な交際、占領軍のかかわる売春、混血児、といった微妙な社会問題も話題にしてはならなかった」とジョン・ダワーは書いている（『敗北を抱きしめて』）。

GIベイビーたちはどこに消えたのか

先に触れた山崎洋子の『天使はブルースを歌う』は、米兵と日本人女性の間に生まれた「GI（米兵）の子どもたち」が嬰児のままで大量に遺棄されていた事実がどうやらあったらしいことを丁寧な取材のもとに伝えている。同書によれば、妊娠した女性の多くは非合法的に中絶するほかなかったようだ。以下は、先に言及した横浜・伊勢佐木町の売春婦グループのリーダー格だった女性の発言である。

「コネを頼って、闇で中絶してくれる医者に頼むしかないんだけどね、麻酔使ってくれないのよ。乱暴だよね。相手はパンパンだっていう意識もあったんだろうね、医者のほうも」

「麻酔なしの手術が怖くて、中絶しようにもできなかった女は何人もいたわ。でもそうしてまごまごしてるうちに、中絶不可能な期間に入っちゃうじゃない。そしたらもう産むしかないのよね。生まれた子？　さあ、どうなったんだろう」

（『天使はブルースを歌う』）

生まれた子はどうなったのか。横浜市には四つの外国人墓地があるが、そのうちの一つ、ＪＲ根岸線山手駅近くにある根岸外国人墓地にそういった子どもたちが集められた可能性があることを山崎洋子は明らかにしている。この墓地に埋められた嬰児の遺体は八〇〇体から九〇〇体に及び、そのほとんどは敗戦から二年ほどの間のものだったと考えられるという。

墓地は中学校が立つ断崖下にあるが、ある時期、その崖に沿って大量の小さな白い十字架が林立していたと墓地の元管理人は証言している。十字架はその後いっせいに撤去され、根岸外国人墓地に関する書類はすべて米軍が回収もしくは焼却した。そうして、生まれてすぐに死んでいったＧＩベイビーの存在は歴史の闇に消え去った。つかの間この世の光を見た九〇〇位《い》の霊たちは、その後どこへ向かったか。昼なお暗い墓地は今も同じ場所にある。

戦後の日本における異文化間の交わりの瞬間ほど、強烈で、結末が予測しにくく、いろいろな解釈が可能で、人を混乱させ、はらはらさせる緊張に満ちた例をみつけるのは難しいだろう。

（『敗北を抱きしめて』）

日本にジャズが甦り、数多くのＧＩベイビーが生まれたのは、ジョン・ダワーが言う「異文化間の交わり」の結果であった。ＧＩベイビーの中には、もちろんその後成長していった子どもたちも多くいた。その数は、占領終了の前年に当たる一九五一年末の時点で十五万人にのぼったという。日本が占領下にあった六年八カ月の間、いったいどれほどの「交わり」が行われたのか。

交わりの一方の結果たる日本のジャズは、その後一九五〇年代に入って新たな局面に入ることになった。日本のモダン・ジャズが本格化するのは、五二年の占領終了後である。ジャズの新たな動きを先導したのは、二人の日本人ミュージシャンだった。

横浜の雑居ビルで記録された「地下室の手記」

伊勢佐木町で行われた一大ジャム・セッション

ＪＲ関内駅から歩いて十分ほど。伊勢佐木町通り、現在は「イセザキ・モール」と呼ばれる街路に面したビルの地下にその店はあった。四階建ての雑居ビルと地下に続く入口は今も残っているが、店ははるか以前に閉店し、現在はレストランとなっている。商店街を行き交うたくさんの通行者の中に、ここが日本のビ・バップの聖地であったことを知る人はいないだろう。

また、それを知ったとしても、その意味合いを解することはないだろう。半世紀以上前にここでジャズの歴史的セッションが行われたことを示すのは、当時の資料と音源、そして関係者の証言のみである。

伊勢佐木町のナイト・クラブ〈モカンボ〉で、当時の先鋭ジャズ・ミュージシャンが一堂に会する一大ジャム・セッションが行われたのは、一九五四年七月二十七日の深夜から翌朝にかけてのことだった。会場には総勢一〇〇人近いミュージシャンが集まり、入れ代わり立ち代わりステージに立って演奏を繰り広げたと伝えられている。

会場にいたことがわかっている名前を楽器別に挙げてみれば、ピアノが守安祥太郎、秋吉敏子、荻原秀樹、大西修、ハンプトン・ホーズ。アルト・サックスが渡辺貞夫、渡辺明、五十嵐明要《あきとし》、海老原啓一郎、山屋清。テナー・サックスが宮沢昭、与田輝雄、秋本薫。ベースが鈴木寿夫、滝本達郎、上田剛、金井英人。ドラムスが清水閏《じゅん》、五十嵐武要《たけとし》、原田寛治、川口潤。ギターが高柳昌行、ヴィブラフォンが杉浦良三などとなる。このセッションが「伝説」とされているのは、夜を徹して演奏されたのが当時の日本ではまだ新しいジャズであったビ・バップだったからであり、その演奏が奇跡的に良質な音源として残されたからである。

当時、営業としてのジャズ演奏の多くは、女性とのダンスと酒を目当てにやってくる客を相手にしたものであった。その演奏が終わり、店がクローズしたのちのいわゆるアフター・アワーズにミュージシャンたちが火花を散らして最先端のジャズに打ち込んだ記録。それが、現在C

Dもしくは LPで聴くことができる『幻の〝モカンボ〟・セッション'54』である。セッションを録音したのは、当時まだ十九歳の学生であった岩味潔だった。

セッションの仕掛け人はハナ肇

セッションを仕掛けたのは、東京・有楽町にあったジャズ喫茶〈コンボ〉のマスター、ショーティ川桐こと川桐徹と、やはり店の常客だったドラマーの野々山定夫だったようだ。野々山はステージ名を「ハナ肇」といった。のちのクレージーキャッツのリーダー、ハナ肇である。

現在、東京交通会館が建つJR有楽町駅前の一帯は、かつては「すし屋横丁」と呼ばれた飲食店街で、〈コンボ〉はその一角にあるわずか十畳ほどの小さな店だった。この店はジャズ・ミュージシャンのたまり場としてよく知られていて、銀座や築地で仕事をするミュージシャンが仕事前や仕事後に立ち寄って、情報を交換し、最新のレコードを聴き、ときに採譜をしたりもしていた。

輸入盤の新しいアルバムをいい音で聴き、最新情報を仕入れるメリットも大きかったが、毎日のように顔を出すミュージシャンや常連たちとの日常的な接触をつうじて生まれる人脈のほうが、ぼくには興味があったし、また宝にもなった。

(『至高の日本ジャズ全史』)

〈コンボ〉の常連であったジャズ評論家の相倉久人はそう書いている。その相倉に連れられて高校生の頃に店に出入りするようになったのが岩味だった。野々山からモカンボ・セッションのことを知らされた岩味は、手製のテープレコーダーを携えて横浜に向かった。彼はジャズ・ファンであるばかりでなく、オーディオ・録音機器のマニア的愛好家だった。

セッションの世話人には、ハナのほか、ベーシストの井出忠、〈モカンボ〉のレギュラー・バンドであったダブル・ビーツのリーダーでギタリストの澤田駿吾、そしてやはり〈モカンボ〉に自身のトリオで出演していた植木等の計四人が名を連ねていた。当日は、参加ミュージシャン全員から参加料として五〇〇円を徴収したというが、その徴収係をのちにハナとともにクレージーキャッツを結成する植木が担当したのは、彼が下戸で、酔って仕事をさぼったり、計算を間違えたりする危険がないからだった。

セッションは七月二十七日の夜中の十二時前からスタートし、翌二十八日の十時頃まで、およそ十時間にわたって続いた。レコーディングの記録が「1954年7月27〜28日」となっているのはそのためである。

交代で演奏するとはいえ、深夜をまたぐ十時間もの間ミュージシャンたちの気力と体力が続いたことは驚愕に値する。多くのミュージシャンがまだ二十代の若者だったことと、参加者全員がビ・バップという新しい音楽に挑戦しようという熱意に溢れていたことがそれを可能にし

た と思われるが、ほかにも「動力」はあったようだ。

売店をつくり、水割り一杯80円、すし100円。俺はヒロポンを仕入れて2階に置き、打ちたい奴には打たせたなあ。

(『幻の〝モカンボ〟・セッション'54』ライナーノーツ)

『幻の〝モカンボ〟・セッション'54』のライナーノーツにハナ肇はそんなコメントを寄せている。ヒロポン、すなわちドラッグとジャズの関係については次章で考察したい。

聴衆不在のアンダーグラウンド・ミュージック

のちに岩味とともにロックウェルレコードを設立して『幻の〝モカンボ〟・セッション'54』を世に出したジャズ評論家の油井正一は、このアルバムを「日本のジャズがいつごろからチャーリー・パーカー、バド・パウエルによる黒人バップ革命にさらされたかを示すほとんど唯一の資料」であり、このセッションは「歴史をゆるがす価値を秘めていた」とライナーノーツに書いた。ビ・バップのセッションは、〈モカンボ〉に先んじて渋谷・道玄坂にあった外国人向けクラブである〈フォリナーズ・クラブ〉でも行われているが、その音源は残されていない。岩味による録音がなければ、モカンボ・セッションの「歴史をゆるがす価値」が後世に伝わることはなかっただろう。

〈モカンボ〉に集ったミュージシャンたちは、酔客相手のダンス・ミュージックを演奏することに飽き、チャーリー・パーカーやバド・パウエルのレコードから必死に学んだ新しいジャズを演奏した。しかしそこにプロとしての職業意識はなかったと思われる。セッションの会場にいたのは、店のスタッフと岩味を除けばミュージシャンだけであった。モカンボ・セッションは、ミュージシャンのミュージシャンによるミュージシャンのためのイベントであり、横浜の雑居ビルの地下で繰り広げられた演奏は、聴衆不在の文字どおりのアンダーグラウンド・ミュージックだった。

伝説は聴く者の存在の空白の上に描かれた。しかしその事実が『幻の〝モカンボ〟セッション'54』の価値をいっそう高めている。この音源がなければ、モカンボ・セッションはあの夜、あの場所にいた関係者だけが知るまさしく「幻」となっていたはずだからだ。モカンボ・セッションはその録音によって、日本ジャズ史における極めて貴重な「地下室の手記」となったのだった。

日本のビ・バップの二人の先駆者――守安祥太郎と秋吉敏子

本物のジャズをやっていたのは守安だけ

日本に来ていろいろなミュージシャンを聴いたが、あらゆる楽器を通じての第一人者は守安祥太郎だ。俺にはあの男が怖ろしい――。

のちにさまざまな文献に引用されることになるこの言葉をハンプトン・ホーズから聞いたのは、ジャズ評論家の久保田二郎だったようだ。駐留米軍の兵士でありジャズ・ピアニストでもあったホーズは、モカンボ・セッションに参加した唯一の外国人で、あの伝説のセッションは彼がピアノを弾く「テンダリー」から始まったのだった。彼がその一曲を最後に現場から姿を消したのは、演奏のあとに楽屋でヘロインを打っているところを米軍関係者に見つかって連行されたからである。

ということは、モカンボ・セッションに参加していた守安祥太郎の演奏をホーズはその場では聴いていなかったことになる。先の言葉を久保田がいつ聞いたのかは不明だが、横浜のジャズ・クラブに頻繁に出入りしていたホーズは、それまで何度も守安のピアノを聴く機会があったのだろう。

「当時、本物のジャズをやっていたのは守安さんただ一人だった」と、やはりモカンボ・セッションに参加したテナー・サックス奏者の宮沢昭は後年語っている。

いまのピアニストとは比べものになりません。夢中になって何コーラスもビャーってやるわけですよ。わたしの想像ですけど、グランドピアノのピアノ線があるでしょ、あれが全部ニクロム線に見えて、燃えて真っ赤になるんです。そこにサンマでも乗せれば焼けちゃいそうな（笑）、そのくらいのイメージがあったんですよ。

（『証言で綴る日本のジャズ2』小川隆夫）

ジャズ・ジャーナリスト小川隆夫のインタビューにそう答えているのは、守安が最後に参加したバンド、ダブル・ビーツのメンバーだったアルト・サックス奏者の五十嵐明要である。五十嵐の表現が決して大げさではないことは、残されたモカンボ・セッションの録音を聴けば誰もが納得するだろう。『幻の〝モカンボ〟・セッション'54』に収録されている二十曲中十曲で、まさに火の出るような守安のプレイを聴くことができる。

非のうちどころのないジャズマン

五十嵐明要が守安に最初に会ったのは、久保田二郎を通じてのことだったようだ。以来、五十嵐は守安の「生徒」となった。一緒に演奏するようになってからは、「休憩時間や帰りの電車のなかで、子犬が母犬にくっつくように守安にひっつき、質問責めにした」と『そして、風が走りぬけて行った』（植田紗加栄）に書かれている。

一九九七年に出版された『そして、風が走りぬけて行った』は、著者が守安の関係者二〇〇人近くに会って彼の人生の詳細に迫った五〇〇ページを超える大著で、ジャズに関する初歩的な記述ミスが散見されはするものの、今なお第一級の資料であるのは、これが守安に関するただ一つの評伝だからだ。先に引いた宮沢昭の言葉もこの本からの引用である。

同書によれば、守安がピアノでショパンのエチュードを練習し始めたのは中学時代のことだった。ジャズを始めたのは戦後になってからで、米軍ラジオ放送から流れてくるジャズに惹かれてコピーを始めたという。その頃彼はすでに二十一歳になっていた。その後、会社勤めをしながら夜は銀座のキャバレーでピアノを弾く生活をしばらく続け、作曲家の團伊玖磨《だんいくま》に和声楽を学んだ。プロとしてデビューしたのは一九四七年。南隆とファイブ・ライトのメンバーとしてだった。

守安が短時間でジャズを自家薬籠中のものとできたのは、天才的な耳があったからだ。ラジオだけでなく、南隆の家にあったテディ・ウィルソンやファッツ・ウォーラーのレコードを聴いて彼はメロディやハーモニーを採譜していった。シンプルなメロディであれば、二回ほど聴けば譜面にできたという。ジャズの「師匠」はまもなくデューク・エリントンやカウント・ベイシーになり、さらに米軍ラジオ放送でビ・バップ最初期の非公式レコーディングであるギタリストのチャーリー・クリスチャンの演奏を聴いて、そのプレイがそれまでのジャズとは大きく異なるものであることを即座に感じ取った。ここから日本最初のビ・バッパーとしての守安の才能が本格的に開花することになる。

五十嵐より一つ年下の渡辺貞夫もまた、守安を師と慕ったひとりだった。彼は自伝にこう書いている。

とにかく彼は非のうちどころのないジャズマンだった。変ないい方かもしれないが、舶来の音がしていた。ものすごく自由奔放で、すばらしくスイングしていた。音楽的にもしっかりしていたし、ぼくがパーカーの演奏をなんとか譜面にとろうと苦労していたときなんか、守安さんにずいぶん助けてもらったりもしたものだ。

（『渡辺貞夫　ぼく自身のためのジャズ』）

ファイブ・ライトから始まり、ジュビリー・ファイブ、ブルー・コーツ、レッド・ハット・ボーイズ、ゲイ・プレイボーイズ、フォー・サウンズと数々のバンドに参加し、当代随一のピアニストという評価を仲間うちで不動にしていたにもかかわらず、当時の音楽雑誌に守安祥太郎の名前がほとんど見当たらないのは、守安が本名を名乗るのを嫌がって「矢野敏」というステージネームで活動していたからだ。ピアノの業界用語である「ヤノピ」をもじった名前だった。

分厚い眼鏡をかけ、銀行員か大学教授のようだと言われたその風貌も含め、守安祥太郎の存在は当時のジャズ界にあって異彩を放っていた。演奏は天才的。人柄はジェントル。泉鏡花や太宰治を愛読するインテリ。本名を名乗りたがらないほどの照れ屋。しかし、「異彩」と言って済ますことのできない変化がある時期から守安に訪れていた。それが破滅の予兆であったことを周囲の人たちが知ったときには、すでに何もかもが手遅れだった。

天才と狂人の紙一重の精神状態

それは数々の奇行としてあらわれた。ピアノの下に潜り込んで、手だけを鍵盤に伸ばして弾く。ピアノに背中を向け、右手と左手を逆にして弾く。突然グランドピアノの上で逆立ちをする。ステージを降りてからも、別のバンドがラテンの曲を演奏し始めると激しく踊り出し、観客のテーブルのサンドイッチを食べてしまう。移動中の電車の中では、見知らぬ人の前でいきなり両手を広げ、吊革にぶら下がって懸垂をし、網棚に上って横たわる――。

天才の乱心に周囲は大いに戸惑ったが、それが何を原因とするのかは誰にもわからなかった。バンドのクオリティを維持することに苦しんでいたと考えた人もいるし、家庭問題に悩んでいたと言う人もいる。当時のジャズ・ミュージシャンの例に漏れず彼もドラッグを使っていて、その影響があったと見る向きもある。

彼は天才と狂人の紙一重の精神状態にあった。嬉しい時は極端にハシャイだし、憂鬱に襲われると気の毒なほど沈みきっていた。１９５５年の春ごろからよく「姿を消すよ」と云い出した。自殺の意味であることは自殺の方法を相談したりするのですぐわかった。この年9月26日のこと。「いよいよ俺は姿を消すよ」とうちしおれて僕の自宅に現われた。止めようとしても止めるすべがなかった。

（『守安祥太郎メモリアル』）

久保田二郎は、のちにロックウェルレコードから出された守安の唯一の単独名義作品であるＥＰ『守安祥太郎メモリアル』にそんな文章を寄せている。守安が目黒駅で山手線の列車に飛び込んだのは、その二日後の一九五五年九月二十八日だった。遺体は身元不明のまま荼毘に付され、残された骨が守安のものと特定されるまでに一週間を要した。

『そして、風が走りぬけて行った』では、戦時中に彼の心にある闇が生じたことが示唆されている。一九四五年一月に陸軍経理学校に入った守安は、東京東部を壊滅させた同年三月十日の東京大空襲の死体処理を命じられた。彼は班の仲間とともに、学校があった小平から隅田川を目指した。「隅田川は地獄との境界線だった」と著者は書く。

硬直した死体をトラックに積み重ねていかなければならない。だが、焼死体の頭と足を二人一組になってそれぞれ抱え、反動をつけてトラックの荷台に放りあげると、完全に炭化しているため、空中でバラバラとこぼれ落ち、その黒い埃が顔にかかってくる。ひどいときは、首がとれ、手が抜けた。

(『そして、風が走りぬけて行った』)

想像を絶するこの経験が彼の奇行と自殺にどうつながっているのか、今となっては知る由もない。日本ジャズ史における最初の本格的ビ・バッパーは、そうして三十一歳で自らの生涯に終止符を打った。今は残された音源で彼の功績の大きさを知るほかはない。守安が自殺したのはチャーリー・パーカーの死からおよそ半年後のことである。戦争終結から十年が経った一九五五年。この年は、日米のジャズ界が最大のスターをともに失った年として記憶されるべきだろう。

守安とモカンボを語らぬ秋吉

「どうしてあなたはわたしを残して死んじゃったの。これから誰を目標に歩んで行ったらいいの？」

（『至高の日本ジャズ全史』）

守安祥太郎が突然の自死を遂げたあと、秋吉敏子はそう言って号泣したとジャズ評論家の相倉久人は伝えている。同様の証言はほかにもいくつかあるが、秋吉自身が守安について自ら語った記録は極めて少ない。

原稿用紙一日十枚を目標に、毎日午前八時から午後三時まで書き続けて半年かかって完成させたという秋吉の自伝『ジャズと生きる』（一九九六年）において守安への言及は皆無であり、モカンボ・セッションについてもまったく触れられていない。具体的な人名や演奏した店の名前がよくもここまでというほど具体的に書かれているにもかかわらずである。二〇一七年には聞き書きでまとめられた『エンドレス・ジャーニー』が出版されたが、ここでも「お兄ちゃんっていうあだ名の眼鏡かけたピアノ守安祥太郎」という記述がわずかにあるばかりだ。

一九五〇年代の日本のジャズ・シーンにあって、ビ・バップを完全に理解し、かつプレイできたピアニストは、守安と秋吉の二人のみだったと言われている。技術的には五歳年上の守安が圧倒的に抜きん出ていたというのがジャズ界における一般的な評価で、モカンボ・セッションのLPの制作において守安参加のセッションが先行して企画されたのもそのためである。

しかし、レコーディングの機会を最初に得たのは秋吉だった。モカンボ・セッションに半年以上先立つ一九五三年十一月、プロデューサーのノーマン・グランツ率いるＪＡＴＰ（ジャズ・アット・ザ・フィルハーモニック）の一員として来日していたオスカー・ピーターソンがライブ・ハウスで秋吉の演奏を聴き、レコード・レーベルの主宰もしていたグランツに彼女を推薦して実現したのがそのレコーディングである。当時のラジオ東京（現ＴＢＳラジオ）で録音された『トシコズ・ピアノ』は、アメリカで最初に発売された日本人ミュージシャンのジャズ・レコードとなった。

当時のジャズ界には、これは一種の運であったという見方が強くあったようだ。相倉久人は先の著書で「なぜピーターソンは秋吉でなく、守安祥太郎をグランツに紹介しなかったか」と書いている。「なんとも惜しいことをしたものだ」と。

実力からいえば明らかに守安の方が上なのに、秋吉敏子が先に世界に知られることになったのは、日本人のしかも女性がバド・パウエルそっくりのピアノを弾いていることをアメリカ人が面白がったから——。そんな陰口は秋吉自身の耳にも間違いなく届いていただろう。だから、彼女はあえて守安について語ることを封印したのではないか。

バンドにピアニストは一人だけだから、守安さんといっしょのバンドになったことはないわけです。だから守安さんのことはよく知りません。若かったからピアノ弾いているときは、余裕がなくて他のことが目に入りませんでしたから。

『そして、風が走りぬけて行った』には、ほとんど冷淡と言っていいそんな秋吉の言葉が紹介されている。秋吉が守安に関して具体的にコメントしたほぼ唯一の記録である。モカンボ・セッション以前にすでにアメリカのレーベルに録音を残していた自分が、あのセッションに歴史性を感じる必要はないし、守安と比較されるいわれもない。彼女の冷ややかなスタンスからは、そんな強い自意識が透けて見えるようにも感じられる。

アメリカへの憧れと成長への希求

人生最初の録音に臨んで秋吉は八曲を用意したが、うち二曲は自作だった。それ以前に結成していた自身のグループ、コージー・カルテットのレパートリーにもオリジナル曲があった。渡米した後の彼女は、ピアニストとしてよりもむしろビッグ・バンドの作編曲家として高く評価されるようになった。

一方の守安は、原信夫とシャープス・アンド・フラッツのためにライオネル・ハンプトンやウディ・ハーマンのビッグ・バンド譜を四〇〇曲も採譜したが、自身で曲をつくることも、編曲することもなかった。生きていたとして、秋吉の「孤軍」「すみ絵」「ミナマタ」などに匹敵する独創的な曲をつくっていたかどうか。五〇年代のあの頃、守安が天才的「プレーヤー」であったとすれば、秋吉は「アーティスト」としての一歩を踏み出そうとしていたように見える。『そして、風が走りぬけて行った』の中で秋吉は、守安を「ライバル」とも「先生」とも思ったことはないと語っている。では、彼女にとって守安はどのような存在だったのか。年の少し離れた「同志」。そんな表現が最もふさわしいように思う。守安が死んだときの秋吉の涙は、ビ・バップをともに志したかけがえのない同志を失った涙ではなかったか。それとも、秋吉はこの見方を「そんなことは考えたこともない」と一蹴するだろうか。

一つ明確に言えることがある。当時の日本のジャズ・ミュージシャンの中で、ジャズの故郷であるアメリカに対する最も強い思いをもっていたのが秋吉だったということだ。その思いを彼女は行動に移した。

一九五〇年秋、日本に駐在する米軍兵士を慰問する一団が来日した。その中には、ジャズのビッグ・バンドも含まれていて、ルー・ゲーリック・スタジアム、現在の横浜スタジアムで演奏することになった。日本人立ち入り禁止のライブをどうしても見たかった秋吉は、塀を乗り越えて会場に入った。

聞きたい一心から、衛兵のいるゲートよりかなり遠い所の塀を乗り越え、暗い夜を利用して、少しずつステージに近寄り、バンドの演奏を聞いた。

（『ジャズと生きる』）

さらに彼女は、演奏終了後の楽屋に行って、メンバーに「私はピアニストだ」と片言の英語で自己紹介をした。自分がジャズに精通していることを示すために、チャーリー・パーカーの「アンソロポロジー」をスキャットした結果、みんなが秋吉をミュージシャンと信じた。その後、バンドのピアニストが彼女の家まで来てピアノを弾いてくれたという。

もう一つ、アメリカへの恋慕と言ってもいい思いを伝えるくだりが自伝にある。ファースト・アルバムを録音した頃の秋吉は、横浜での仕事の際は必ず〈ちぐさ〉に立ち寄って、終電の時間までレコードを聴いていた。ときには終電を逃してしまうこともあったと彼女は振り返っている。

終電を逃がした私は桜木町の駅前でタクシーと交渉し、メーターなし五〇〇円で、外人墓地の所を回りながら、「港の見える丘」まで上がり、そこで、暗いくすんだブルーの空がだんだん薄いブルーに変わっていく夜明けを見つめた。時々、灰色のアメリカの軍艦が何隻か入っていて、私は何となく、遠いアメリカのどこかのレコード店に置いてあるかもしれない私のレコードのことを思ったりした。

（同前）

自伝中、最も美しく、また切ない描写である。日本のジャズ界で孤独感を募らせていた秋吉は、この後ほどなく米バークリー音楽院に留学することになる。のちに数多く輩出することになるバークリー留学生の最初のひとりが彼女だった。秋吉は、渡辺貞夫をはじめとするジャズ・ミュージシャンがのちにバークリーを目指す道筋を単身拓いたのである。秋吉にあって、守安になかったもの。それはオリジナリティよりもむしろ、アメリカへの焦がれるような憧憬と、音楽家としての成長へのあくなき希求であった。そう言ってもいいかもしれない。

守安は秋吉の渡米を見届けることなく三十一歳で死んだ。秋吉はやがてグラミーに何度となくノミネートされるほどの世界的ミュージシャンとなり、九十歳を超えてなお現役で活動を続けている。日本のモダン・ジャズの扉をほとんど力ずくでこじ開けた二人の先駆者の人生は、モカンボ・セッションを最後に二度と交わることはなかった。

第二章

みんなクスリが好きだった

背徳のBGMとしてのジャズ

ジャズとドラッグはどこで出会ったのか

ヘロインはダメ、ヒロポンはOK

戦後の横浜を舞台にした黒澤明監督の『天国と地獄』（一九六三年）には、山﨑努が演じる研修医が、誘拐の共犯者をヘロインの過剰投与で殺害するシーンが出てくる。ヘロインを入手するのは伊勢佐木町に実在した〈根岸屋〉をモデルにした大衆酒場で、ジャズ・バンドが大音量で演奏し人々が踊り狂う喧騒に紛れて、彼は売人からヘロインを入手する。

実際、戦後のある時期まで、横浜は日本で最も質のいい「ブツ」が手に入る街だったようだ。新宿のライブ・ハウスに出演していたあるジャズ・プレーヤーが、クスリが切れたために演奏中にドラマーを横浜まで買いに走らせたというエピソードが伝わる。ドラマーが戻るまで、バンドはドラムレスのセッションを延々続けたという。

日本にヘロインが本格的に密輸されるようになったのは、終戦から十五年が経った一九六〇年頃からだった。六二年には国内でヘロイン中毒と診断された人の数が二五〇〇人にのぼったという。この数字は、『〈麻薬〉のすべて』（船山信次）に紹介されているもので、この章のドラッグに関する記述の多くは同書を参考にさせていただいている。

ヘロイン輸入の入口となったのは国際貿易港であった横浜と神戸である。それ以前にも、占領米兵が持ち込んだヘロインはあったが、それを使っていたのはほぼアメリカ人であり、日本人が使用していたドラッグは主にヒロポンだった。モカンボ・セッションの楽屋には、梱包されたヒロポンがどっさりあったという証言がある。セッションの世話役のひとりであったハナ肇の「俺はヒロポンを仕入れて2階に置き、打ちたい奴には打たせたなあ」というコメントは前章で紹介した。このセッション自体が、実は違法薬物使用で収監されたドラマーの清水閏の出所祝いを名目としたものであった。クスリで逮捕されたミュージシャンの出所祝いのイベントでみんなでクスリをキメるというのは創作落語にでもしたらさぞかし面白そうな話だが、当時はどうやら「ヘロインはアウトだがヒロポンは合法」という感覚があったようだ。

日本人が発明したドラッグ

事実は、一九五一年に施行された「覚醒剤取締法」によって、ヒロポンは明確に違法薬物に指定されていた。モカンボ・セッションがあった五四年には、じつに五万六〇〇〇人が同法違反で検挙されたという。モカンボ・セッションに参加していたミュージシャンたちが逮捕されなかったのは、たんに運がよかっただけと言うべきだろう。

ヒロポンは商品名で、薬名はメタンフェタミンという。いわゆる覚醒剤、スピード、あるいは警察や暴力団用語でいうシャブとまったく同じドラッグである。敗戦後の日本で覚醒剤が蔓延したのは、その発明者が日本人だったからであり、それを兵士に供与していた日本軍が戦後になって市場に大量に放出したからである。

麻黄という漢薬からエフェドリンという成分を抽出し、化学合成したのがメタンフェタミン、すなわち覚醒剤で、その成分抽出に一八八五年に成功したのが、のちに近代薬学の祖と呼ばれることになる薬学者の長井長義である。メタンフェタミンは当初、喘息の薬として使われていたが、一九三〇年代になってこの薬に神経中枢を興奮させる作用があることがわかった。その作用が発見されたのは、ナチス政権下のドイツにおいてであった。

覚醒剤には、メタンフェタミンのほかにアンフェタミンという薬も含まれる。これを全化学合成によって生み出したのはドイツ人だった。いわば、日本人とドイツ人の協力のもとに今日の覚醒剤は生まれたのである。ナチス総統のアドルフ・ヒトラー自身、アンフェタミンを常用していたとも言われている。あの地獄のようなユダヤ人虐殺計画が「シャブ中」の頭によって構想され、実行されたものだったとするなら、覚醒剤はまさしく人類史上最悪の悪魔の薬と呼ばれるべきだろう。

仕事を愛するようになる薬

ヒロポンという商品名は「疲労をポンととる」という意味であるという説があるが、それは俗説で、正しくはギリシア語の「philoponos（フィロポノス）」からとられた名前だ。「philo」は「愛する」、「ponos」は「仕事」で、すなわち「仕事を愛するようになる薬」ということだ。「ponos」にはまた「苦痛」という意味もあって、そうすると「苦しみを愛するようになる薬」となる。製薬会社は前者の意味でヒロポンとつけたに違いないが、覚醒剤中毒とはまさしく「苦しみを愛する」としか言いようのない症状であると語る覚醒剤経験者もいる。

ヒロポンによってなぜ「仕事を愛する」ようになるのかと言えば、この薬には文字どおり覚醒作用があって、夜間でも仕事を続けることができたからだ。日本軍がヒロポンを「猫目錠」と呼んでいたゆえんである。軍は、夜間勤務の軍人、夜間飛行をするパイロット、軍需工場の工員、特攻隊員などにこの薬を支給していたという。戦後の日本のジャズ・シーンには、軍楽隊上がりのミュージシャンも少なくなかった。そのような人たちが軍隊内でヒロポンを経験し、戦後のミュージシャンたちにその経験を伝えた。あるいはそのような事実もあったかもしれない。

日本で最初のビ・バップ・セッションが行われたと言われる渋谷・道玄坂の〈フォリナーズ・クラブ〉では、ミュージシャンたちがごく当たり前のようにヒロポンを打っていたという。自分のバンドを率いてその店に出演していたギタリストの澤田駿吾は、メンバーたちのヒロポン中毒を見かねて、都心から離れた場所で「クスリ抜き」のための合宿生活を断行した。澤田がその後結成したダブル・ビーツは守安祥太郎が最後に在籍したバンドだったが、バンド内では、

「今夜何にする?」「シャブシャブ」だの、「ヒロポーン」「コカインなさーい」「大麻ー」(「ピンポーン」「おかえんなさーい」「ただいまー」)だのといったたわいもないドラッグ・ジョークが流行っていたと『そして、風が走りぬけて行った』には書かれている。守安自身もドラッグの使用者であったことは前にも書いた。同書にはこんな一節がある。文章の乱れは原文ママである。


守安のヒロポンの打つレベルは、こんな具合だ。

キンちゃんと愛称されるドラムの清水閏は、ヤク中毒で塀の中に入るほどだったから打ち慣れていて手際がよく、痛くない。

守安は痛いのが大の苦手だったから、

「キンちゃんじゃないと嫌だ」

とだだをこねるように〝ご指名〟した。

(『そして、風が走りぬけて行った』)


一方、『進駐軍クラブから歌謡曲へ』には、占領期に活動したカントリー&ウエスタンのバンド、ワゴン・マスターズのギタリスト堀威夫《たけお》が先輩のバンドマンと共演したときのエピソードが紹介されている。以下は堀の証言である。

われわれは後輩だから、楽屋に上の世代のジャズメンにあいさつに行きますよね。そうすると「どうぞ、おあがんなさい、一本！」って言われて。何かなと思うと注射器なんですよ。一升ビンこうやって振ってね、なんか白い粉を入れて水で振ってね、湯飲み茶碗でジュッとやって、やってるんですよ。僕は注射が好きじゃなかったっていうこともあって（クスリは）やらなかったね。

（『進駐軍クラブから歌謡曲へ』）

堀威夫は、のちに堀プロダクション、現在のホリプロを設立することになる。同じく占領期に活動していたジャズ・バンド、ゲイ・クインテットのドラマーだった飯山茂雄が演奏中にヒロポンを打っているのを見たと語っているのは、前章でも紹介した日本ビクターのディレクター河野隆次だ。

飯山のオッサンがバンド・ボーイに〝オイ〟と眼くばせをすると、ボーイがパッと走ってきてオッサンの足にヒロポンの注射を打つ。

（『ジャズ・イン・ジャパン　1947-1963』ライナーノーツ）

現在の覚醒剤使用法には、粉を鼻から吸い込む鼻腔吸引や、アルミホイルに載せてライターなどであぶって気化したものを吸い込む加熱吸引といった方法がある。小量でも強烈な効果のある静脈注射には、いわば「一線を越える」恐怖があるため、覚醒剤使用者の中にも躊躇する人が少なくない。しかし当時、ヒロポンを使うといえば、すなわち静脈注射を打つことだった。覚醒剤取締法制定以前には薬局で注射器ごとヒロポンが販売されていて、同じ注射器を仲間で使い回すこともよくあったという。どれもこれも現在の感覚では信じ難い話である。

これは余談だが、重度のヘロイン中毒であったビリー・ホリデイがしばしば長い手袋をしてステージに立ったのは、腕の注射跡を隠すためだったらしい。彼女は「体じゅうの血管という血管を使っていて、あとはもう、性器の両脇しか打つところがなかった」と、同じくヘロイン中毒だったアニタ・オデイは語っている(『ドラッグinジャズ』ハリー・シャピロ)。

ジャズ・カルチャーの一部としてのドラッグ

しかし、なぜジャズ・ミュージシャンたちはドラッグを使わなければならなかったのか。今でこそ、ジャズとドラッグ、あるいはロック、レゲエ、クラブ・ミュージックなどの音楽とドラッグの結びつきは自明のものと考えられている。しかし、その結びつきにはどこかに起源があるはずである。

『そして、風が走りぬけて行った』によれば、守安祥太郎は自ら好んでヒロポンを打っていたわけではなく、仲間内のつき合いのような感覚があったようだ。ヒロポンの影響による食欲減退でプレイがまともにできなくなったサックス奏者の五十嵐明要を「〝薬〟やって音楽にプラスになるなら何もいわないけれど、マイナスなら今すぐやめろ！」とたしなめるような冷静さが彼にはあったと同書は伝える。

推察されるのは二つのことだ。一つは、戦後の日本のジャズ・ミュージシャンたちは、モダン・ジャズをアメリカから学ぶ際に、そのカルチャーの一部であったドラッグを一緒に受容したということである。だから、ドラッグをとくに好まなかった守安も、モダン・ジャズ・カルチャーの一部としてドラッグを受け入れなければならなかった。

もう一つは、ドラッグには音楽にプラスになる効果があると信じられていたということである。根気強い練習とステージにおけるインスピレーションがすべてであるモダン・ジャズの世界を生き抜いていくには、強力な「薬効」が必要であった。あるいはそういうことだったのかもしれない。いずれにしても、ジャズとドラッグの結びつきを明らかにするには、ジャズ＝ドラッグ・カルチャーが生まれたアメリカの事情を探る必要があるだろう。

クスリと音楽をめぐる幻想と真実

パリから戻ってきてから、ハーレムをうろつきまわるようになった。音楽シーンの周りはクスリだらけで、たくさんのミュージシャンが、特にヘロインにどっぷり漬かっていた。ヘロインを打つのがヒップだと信じてるミュージシャンもたくさんいた。

（『マイルス・デイビス自叙伝』）

音楽シーンはヘロインだらけ

一九四九年、二十三歳のマイルス・デイヴィスはパリで開催されたジャズ・フェスティバルに出演した。その初めての海外経験でマイルスは、黒人が演奏する音楽を何の偏見もなく受け入れてくれるオーディエンスの存在に初めて触れることになる。しかし、帰国したアメリカは、依然として白人と黒人の間に厳然たる壁のある差別社会であった。彼がヘロインのヘビー・ユーザーになるのにそう時間はかからなかった。

ヘロインを打つと、バードみたいにすごい演奏ができると信じていた連中もいたが、オレは、そんな盲信にとらわれたことはない。ヘロインにつかまったのは、アメリカに帰ってきて感じた失望と、ジュリエットへの熱い思いからだった。

（同前）

バードはチャーリー・パーカーの愛称、ジュリエットとは、フランスでマイルスと恋仲になり、結局結ばれることのなかったシャンソン歌手のジュリエット・グレコのことである。マイルスの言葉からわかるのは三つのことだ。当時「ヘロインを打つのはヒップ」だと考えられていたこと。ヘロインを打てば「すごい演奏ができる」と信じられていたこと。そして、マイルスはそのどちらでもなく、失意を紛らすためにヘロインにすがったということである。

ミュージシャンがドラッグを使う四つの動機

英国の音楽ジャーナリストであり、ジミ・ヘンドリックスやエリック・クラプトンの評伝で知られるハリー・シャピロは、ミュージシャンがドラッグを使用する動機はおおむね四つに分類されると述べている。すなわち、「プラクティカル」「リクリエーショナル」「シンボリック」「エモーション」である（『ドラッグinロック』）。

「リクリエーショナル」とは、「遊び感覚で手を出してみました」といったことなので、とくに考察に値しない。戦後日本のジャズとドラッグの結びつきに関わると考えられる要素は「シンボリック」である。ドラッグとは、音楽のシンボルであり、アウトローのシンボルであり、ヒップ、すなわち粋でスタイリッシュであることのシンボルであった。一九六八年にマリファナ使用で摘発されて逮捕されたクラプトンは、「おれはアメリカのブルースの伝統にしたがっただけさ」と語ったという。ドラッグを常用していた戦後日本のジャズ・ミュージシャンたちも同じことを言えただろう。「おれたちはアメリカのジャズのスタイルにしたがっただけさ」と。

ドラッグを使うのはヒップなことである――。この感覚には、じつは語源的な根拠があるとハリー・シャピロは述べている。「ヒップ」の語源は、アフリカの部族語の一つであるウォロフ語の「ヒッピ」で、「目を開いた人」を意味する。それがアメリカ南部の黒人奴隷のスラングに入り込み、「事情に明るい」ことを表すヒップに転じた。その後、ヒップという言葉はドラッグと結びつくようになったと彼は言う。

ヒップはアヘンを吸う人間がアヘン窟で尻《ヒップ》を床につけて横たわる習慣を暗にさすようにもなった。

（『ドラッグinジャズ』）

モカンボ・セッションの現場では、ミュージシャンたちはヒロポンをキメて床に座り込み、紫煙をくゆらせ、延々と続くセッションを眺め、ときに自らステージに立った。目撃者が伝えるその風景は、まさしくかつてのアヘン窟そのものではなかったか。意図せずして彼らは、ヒップのスタイルを忠実に、まさしくシンボリックに体現していたのである。

抑圧や不安をはねのけるために

ジャズとドラッグの関係において最も本質的かつ深刻なのは、「プラクティカル」と「エモーション」の二要素である。「プラクティカル」とは、ドラッグ使用に確かな効果があるということで、例えば、アッパー系ドラッグであるコカインには気持ちを高揚させる作用があり、ダウナー系のヘロインには逆に気持ちを静める働きがある。ヘロイン経験者がしばしば「真綿で包まれたような感覚」と表現する効果である。スピードに強力な覚醒作用があることにはすでに触れたが、同じく食欲減退による痩身効果もあって、ジャズ・ボーカリストのダイナ・ワシントンの死は、肥満防止にスピードを常用していたことが原因であると言われている。マイルスがヘロインを使うようになったのは、まさしくこのプラクティカルな効果を求めたためだった。端的に言って、ヘロインを使えば確実に「憂さが晴れた」のである。

モカンボ・セッションに参加した唯一のアメリカ人であり、現場でのヘロイン使用によって米軍関係者に連行され、そのまま強制帰国させられたピアニストのハンプトン・ホーズはこう語っている。

抑圧や不安をはねのけるために、黒人はドラッグをやったんだよ。特にミュージシャンは、感情のおもむくままに演奏したかったら、くだらんことを全部忘れなくっちゃならないからな。

（同前）

このホーズの言葉には、もう一つの要素である「エモーション」につながる見方も含まれている。ミュージシャンがエモーショナルな素晴らしい演奏をするためには、ドラッグが必要だったという見方が。しかし、それは果たして真実なのだろうか。

音楽とドラッグにまつわる誤った三段論法

シャピロの見立てに従うならば、「ヘロインを打つと、バードみたいにすごい演奏ができる」というマイルスが言うところの「盲信」は、真実の陰画にほかならない。シャピロはそれを「誤った三段論法」と表現する。事実は「すごい演奏をするチャーリー・パーカーがたんにヘロイン中毒だった」ということに過ぎないのだと。

われわれは悲しいことに、誤った三段論法から引き出される論理になじみすぎている。バードはジャズの天才だ。バードはヘロインなしでは生きていけない。ゆえに、ヘロインはジャズの天才にはなくてはならないものだという三段論法だ。

（同前）

これは、音楽創造におけるドラッグ神話に対するかなり有効な批判となっている。ドラッグを使えばジャズの神が降りてくる？　そうではない。チャーリー・パーカーはもともとビ・バップをほとんど単身で創造した神だったのだ。その神がたまたまジャンキーだっただけではないか――。しかし、当時のニューヨークには誰もが「たまたまジャンキー」になる環境が整い過ぎていた。

チャーリー・パーカーが生涯愛好したドラッグはヘロインだったが、初めて体験したのはアンフェタミン、つまりスピードだった。その頃アメリカではアンフェタミンが「ベンゼドリン」という商品名で、四十近い症状に効く万能経口薬として販売されていた。それをコーヒーに溶かして飲んだのが彼の最初のドラッグ体験である。

そこからヘロインに彼が移っていったのは、ヘロインが比較的安価で手に入るドラッグだったからだ。当時、〇・一グラムのカプセルが一ドルから三ドル程度で入手できたという。安価で販売できるということは、供給網が整備されているということだ。ヘロインはとくに戦後になると、東南アジアやトルコから南仏マルセイユを経由してニューヨークに運ばれる、いわゆるフレンチ・コネクションのもとで安定的に供給されるようになった。アヘンをトルコなどでモルヒネに加工し、それをさらにマルセイユでヘロインに精製してアメリカに密輸したのである。実話をもとにしたジーン・ハックマン主演の映画『フレンチ・コネクション』（一九七一年）では、その事情がつぶさに描かれている。

そうして、抑圧や不安をはねのけるために、あるいはバードのようなすごい演奏をするために、数多くのジャズ・ミュージシャンがヘロインの泥沼にはまり込んでいった。マイルスもそのひとりだった。

もし誰かが二秒で死なせてくれるなら

マイルスのヘロイン中毒は相当に重篤だったらしい。当初は吸引による使用だったが、「マイルス、吸うために金を使ってたら、きりがないぜ。いくらやっても足りないだろ。打てば、ずっと気分がいいぜ」という売人の勧めによって血管注射に切り替えてからの四年の間は、まさしく地獄のような日々だった。彼はそれを「四年間に及ぶホラー・ショー」と表現している。

クスリが生きる目的のすべてになって、仕事でさえも、クスリが手に入れやすいかどうかで決めていた。

（『マイルス・デイビス自叙伝』）

ヘロインを買う金を稼ぐためにレコードからの楽譜起こしのアルバイトをする。ミュージシャンにとって命の次に大切な楽器を質屋に入れ、仕事があるたびにアート・ファーマーからトランペットを借りる。クスリを抜くには運動が効果的だろうとボクシング・ジムのドアを叩くも、ヤク中には教えられないと拒否される。性欲が減退しセックスができなくなる。演奏中に警察にステージから引きずり降ろされ、袖をまくり上げられ注射跡をチェックされる。「長くて暗くて冷たい、つるつるした道を、まっさかさまに滑り落ち続けていた」とマイルスは振り返る。そんな彼に救いの手を差し伸べたのは父親だった。マイルスは幼少期を過ごした東セントルイスに戻って、父親が所有する農園にある客用の小さな家に閉じこもり、コールド・ターキー、すなわちクスリ抜きを断行する。

ただ暗闇に横になって、めちゃくちゃに汗をかいていた。首も足も、身体中の節々がゴチゴチになって、本当に気分が悪かった。関節炎かひどいインフルエンザがもっとひどくなったような感じだった。あの時の苦痛は、とても言葉じゃ言い表せない。
（同前）

それは死よりも苦しいと思える体験だったとマイルスは言う。「もし誰かが二秒で死なせてくれると言えば、そっちを選んだだろう」と。そうしてある日、すべては終わった。

終った、本当に終ったんだ。いい気分だった。純粋な気分だった。おやじの家まで、清潔な甘い空気の中を歩いていって、おやじも大きな笑みを浮かべて迎えてくれた。ただ、抱き合って、泣いた。

（同前）

この後、彼はニューヨークに戻り、名作『ウォーキン』を録音する。ジャズ評論家の中山康樹は書いている。

ジャンキー生活から抜け出してからのマイルスは、快進撃に次ぐ快進撃で、世界を動かしているのはオレ様なんだ的自信をみなぎらせながら突進していく。このあたりから、いよいよ帝王物語の始まりとなる。イメージとして、本作こそ帝王物語のオープニング・テーマにふさわしい。

（『マイルスを聴け！ Version8』）

彼が、私たちがよく知るマイルス・デイヴィスになっていくのはここからである。多くのミュージシャンが、ヘロインこそが自分の音楽の力を増進させると信じていた中にあって、マイルスはヘロインを自力で断つところから本当のキャリアをスタートさせた。このあとの長い音楽人生の中で、マイルスが常にクリーンであり続けたわけではない。しかし、少なくとも自分の音楽を地獄の業火にみすみす投じるような真似をすることは二度となかった。

十五歳でヘロイン中毒に

マイルスのジャズのキャリアは、チャーリー・パーカーとの共演から始まった。パーカーがヘロインの常用者となったのは十五歳のときである。しかし、アルコール、鎮静剤、興奮剤などにはすでに十二歳の頃から手を出していたと言われる。彼が初めて体験したハード・ドラッグがアンフェタミンだったことにはすでに触れた。今日、覚醒剤もしくはスピードと呼ばれるドラッグは、薬名で言えば日本で開発されたメタンフェタミンとドイツで開発されたアンフェタミンの総称であるが、欧米で主に流通していたのはアンフェタミンで、それをコーヒーに溶かして飲んだのがパーカーの最初のドラッグ体験だった。つまり、彼のドラッグ初体験は覚醒剤だったということである。

そのことをもって、ビ・バップを生んだのは覚醒剤だったとするのは言い過ぎだとしても、パーカーがジャズ・ミュージシャンとしてデビューする以前に、すでにジャンキーとしてのデビューを果たしていたという事実には着目しておいてもいいと思う。

チャーリー・パーカーの三番目の妻であるドリスは、彼がドラッグ中毒になったのは「カンザスシティー特有の雰囲気のせい」であると証言している（『チャーリー・パーカー　モダン・ジャズを創った男』カール・ウォイデック）。その「特有の雰囲気」は、ロバート・アルトマン監督の映画『カンザス・シティ』（一九九六年）で確認できる。舞台となっているのは、悪名高い市議会議員トム・ペンダーガストが闇社会を牛耳っていた一九三〇年代のカンザス・シティで、チャーリー・パーカーはこの地に生まれ、十九歳まで暮らした。映画にはレスター・ヤングの演奏に心酔する少年として登場している。

カンザス・シティは、カウント・ベイシーのビッグ・バンドが活躍した地としてジャズ・ファンには馴染みであり、映画では九〇年代の現役ジャズ・ミュージシャンが三〇年代のレジェンドを演じて話題になった。レスター・ヤングを演じるのはジョシュア・レッドマン、カウント・ベイシーを演じるのはサイラス・チェスナットである。

彼らが延々とジャム・セッションを繰り広げるナイト・クラブを経営するギャングのボス役はハリー・ベラフォンテで、彼がヘロインの粉末を鼻から吸引しているシーンが劇中にしばしば出てくる。主要登場人物のひとりである大統領顧問の妻がアヘン・チンキ（アヘンをアルコールに溶解したドリンク剤）中毒であるというのもリアルな設定で、これは当時白人中年女性の間に蔓延していたドラッグだった。

悪徳政治家とギャングによって支配され、ドラッグの取り締まりも極めて緩かった当時のカンザス・シティには、まさしくジャズマンを夢見る少年を容易にドラッグ中毒にする「特有の雰囲気」があったのである。

誰の邪魔もしないでいい場所へ

物語が進行する裏で一貫してナイト・クラブでのジャム・セッションが続いているのが『カンザス・シティ』の構成で、それは時間感覚を失った者たちの疲れを知らぬバトルとして描かれている。時代はビ・バップ以前のスウィング期だが、この時間軸の狂った空間に観客として身を置いていたチャーリー・パーカーがドラッグ体験を得て生み出したのが、速度、コード・チェンジ、アクセント、音のレンジなどを極端化したビ・バップであった。

ビ・バップを実践するようになる以前、チャーリー・パーカーは、ジャズの演奏には「何か他の方法がある」と考え、その何かが「耳の中で聞こえるんだけど、それを演奏できないんだ」と感じていたという。その感覚を「コードの高い方の音をメロディラインとして使って、それをふさわしいコードチェンジに戻す」という方法で解決したことによって、ビ・バップのイディオムの基礎が生まれたと『チャーリー・パーカー　モダン・ジャズを創った男』の著者は記す。パーカーの耳の中で聞こえていたものを音にしたのがビ・バップであるとすれば、ビ・バップは彼の体内から生まれたことになる。

これは天才のエピソードである。その天才の能力を自らのものとしようとした表現者たちは、ドラッグにすがり、ドラッグの泥沼に沈み、ある者はそこから帰還し、ある者は破滅していった。しかし当のパーカー自身は、そのような行動を厳に戒めていた。小川隆夫は彼のこんな発言を紹介している。

マリファナを吸ったり薬物注射を打ったり、酒を飲んで演奏がよくなるなんていうミュージシャンもいるが、そんなことは真っ赤なうそだ。飲みすぎたときは、よい演奏どころか指も動かない。麻薬に浸っている間は、よい演奏ができていると自分も思い込むことがあっただろうが、いまになってその時期のレコードを聴き返すと、やはりよくない。有望な子供たちがよいプレイヤーになるために麻薬をやるなんて、まったくばかげている。これは本当だ。君たちの大切な人生、創作の時間がそうやって失われていく。

(『ジャズメン死亡診断書』)

パーカーの天才に果たしてドラッグは寄与したのかどうか。それを明らかにすることは不可能だが、確かな事実が一つある。ヘロインとその禁断症状をやわらげるための大量のアルコール摂取によって、彼が三十四歳という若さで人生に終止符を打たなければならなかったという事実だ。

チャーリー・パーカーがヘロインをやめたのは、先天的に心臓に疾患のあった幼い娘をなくしたことがきっかけだった。その後、二度の自殺を企てた彼は、自分の死期を悟っていたらしい。娘の一周忌の前日、チャールズ・ミンガスに彼はこう言ったという。「ミンガス、俺はもうすぐ、誰の邪魔もしないでいい場所に行くよ」――。

「誰の邪魔もしないでいい場所」とはどこか。そのときのミンガスにはわかりようもなかった。ビ・バップの創始者のひとりだった男が死んだのはその六日後である。死因には諸説あるが、アルコールによる胃潰瘍と肝硬変が原因であったという説が有力なようだ。むろん、二十年にわたるヘロインとのつき合いが体中を蝕んでいたことも死の遠因であっただろう。彼の死体を見た検視官は、「推定年齢六十五歳」と死体検案書に書き込んだのだった。

彼は死の間際、短かった自分の人生をどう振り返ったか。私たちにできるのは、彼が残した音楽からそれを思いはかることばかりである。

売春のBGMとしてのジャズ

セックスと深く結びついたジャズの語源

「jazz」という言葉の由来には諸説あって定説はない。由来とされる語源の多くには性的な意味合いがあって、性行為の隠語である「jass」、精液や射精を意味する「jism」、尻の意の「ass」

などがそれである。フランス人ジャーナリストのブリュノ・コストゥマルは、ほかに「ぺちゃくちゃしゃべる」という意のフランス語「jaser（ジャゼ）」、「狩る」「追い立てる」という意の同じくフランス語「chasser（シャセ）」、あるいはアフリカ大陸中南部で使われているバントゥー語の「jaja」（「音楽を演奏する」の意）などがジャズの語源である可能性があると言っている（『だけど、誰がディジーのトランペットをひん曲げたんだ？』）。

一九七〇年代中期のマイルス・デイヴィス・バンドのギタリストであったピート・コージーは、ジャズという言葉はニューオリンズの娼館に発しているのだと、ドキュメント作品『ワイト島のマイルス１９７０』の中で語っていた。彼によれば、規定の時間をオーバーした客に娼館の女主人が「Jazz it up!」と怒鳴ったのが「ジャズ」の由来だという。日本語にすれば「さっさと終わらせな！」といった意味になるようだ。

メキシコ湾を望むアメリカ屈指の貿易港であったニューオリンズに、船員や乗客、港湾労働者などを客とする売春街が形成されたのは十九世紀のことだった。林立していた売春宿を集めて新しい管理売春街区がつくられたのは一八九七年で、その政策を進めた市の助役、シドニー・ストーリーの名にちなんで、その街区は「ストーリーヴィル」と名づけられた。ジャズはそこで生まれたわけではないが、初期のジャズはこの売春街で育ち、この売春街の解体によってアメリカ全土に広がっていった。

一九一七年に米連邦政府がストーリーヴィルの閉鎖を強行したのは、第一次大戦下にあって、売春宿の上顧客だった陸海軍兵士の間に性病が蔓延することを恐れたためだった。その閉鎖直前のストーリーヴィルを描いた映画が、ルイ・アームストロングとビリー・ホリデイが出演している『ニューオリンズ』（一九四七年）と、ヌーヴェルヴァーグの代表的映像作家のひとりであるルイ・マルが監督した『プリティ・ベイビー』（一九七八年）である。

少女売春を寿ぐ音楽

『ニューオリンズ』を見ると、当時のジャズがどういう音楽であったかがよくわかる。ストーリーヴィルの一般的な娼館は、一階がバー、賭博場、ダンスホール、待合スペースなどになっていた。広いダンスホールがある場合はジャズのビッグ・バンドが演奏し、客は好みの女性を見つけてダンスに興じたのち、価格交渉をして二階の個室に上がるのである。

『ニューオリンズ』では、本人役で出演しているルイ・アームストロングがビッグ・バンドを率いてダンスホールで演奏し、さらに、店の名を大書したトラックの荷台で演奏しながら街を練り歩いて客引きをしている。つまり、ジャズとは売春のBGMであり、わが国におけるチンドンと同じ役割をもった宣伝音楽だったということだ。ミュージシャンはすべて黒人で、彼らにとって娼館は格好の稼ぎ場であった。

ブルック・シールズが十二歳の娼婦ヴァイオレットを演じて話題を集めた『プリティ・ベイビー』の舞台となっている娼館では、専属バンドではなく黒人ピアニストがアップライトのピアノでラグタイムを奏でている。高級娼館らしく、ピアノの調律を念入りに行うシーンが印象的だ。

『プリティ・ベイビー』のタイトルは、ストーリーヴィルの娼館の雇われピアニストだったジェリー・ロール・モートンの曲のタイトルからとられていて、映画はモートンに捧げられている。劇中に登場するピアニストのモデルもモートンだ。ちなみに「ジェリー・ロール」という愛称は、語感からわかるように、女性器もしくは性行為の隠語である。

娼館の中では、客との間に生まれた子どもが何人も一緒に生活していて、ヴァイオレットもそのひとりである。ある日、彼女の「処女のオークション」が行われ、中年の白人男が四〇〇ドルでそれを落札する。落札が決まった瞬間に、その日だけ特別に呼ばれていたジャズ・バンドが演奏を始め、彼女の「船出」を高らかに祝福する。少女売春を寿ぐ音楽。ジャズはそんなところから出発したのである。

いずれの映画でも、ストーリーヴィル閉鎖後にミュージシャンたちは当時マネー・タウンと呼ばれていたシカゴに向かう。まもなく米全土に禁酒法が施行されることになり、彼らはギャングが経営するもぐり酒場を主な仕事場にすることになるだろう。売春街という闇社会から、もう一つの闇社会へ。そうして世のダークサイドを渡り歩く中で広まっていったのがジャズという音楽なのだった。

横浜独自の娼館「チャブ屋」

横浜がニューオリンズに通じるのは、第一に国内有数の貿易港である点だ。内外の人々が往来する港において性が商業化するのは普遍的法則で、かつての横浜でそれは「チャブ屋」という独特の形態をとった。

横浜が開港したのは、幕末の一八五八年に締結された日米修好通商条約に基づくもので、同内容の条約が米国のほかに英、仏、露、蘭の計五カ国とほぼ同時期に結ばれた。それらを総称して「安政五カ国条約」と呼ぶ。五カ国の外国人が居留するようになった横浜で、幕府は外国人の行動を制限することを実質的な目的として、総延長九キロの外国人専用の遊歩道をつくり、沿道の民家十三軒を外国人相手の休憩所に指定した。これがチャブ屋の発祥である。

休憩所はほどなくして飲食店となり、日本人女性が接待する酒場となった。そのサービスが売春に発展し、休憩所が私娼宿となるのにそう時間はかからなかった。風営法などの規制がある時代ではない。より儲かる商売を求めた結果として酒場は娼館化した。もっとも、売買春に特化した場所であった遊郭とは異なり、チャブ屋はカフェ、バー、食堂、ダンスホールといった複数の業態を融合させた店で、女性との会話やダンスだけを楽しむ客も少なくなかったようだ。

チャブ屋の語源にもいくつかあって、最も有力とされているのが「Chop House」が転訛したという説である。Chopとは動物の肉片のことで、Chop Houseとなると小規模な食堂といった意味になる。ほかにも「卓袱台《ちゃぶ》」、あるいはアメリカで広まった広東料理「チャプスイ」を語源とするとの説もある。

本牧《ほんもく》、北方町《きたがたちょう》から始まったチャブ屋は、やがて、石川町《いしかわちょう》、元町《もとまち》、寿町《ことぶきちょう》、扇町《おうぎちょう》などにも広がっていった。大正期に入り、警察当局の方針によって集約化が行われ、チャブ屋街区が形成された点はニューオリンズと共通する。新たなチャブ屋街となったのは小港と大丸谷《おおまるだに》で、それぞれ二十六軒、十六軒のチャブ屋が並び、小港では二〇〇人ほど、大丸谷では一〇〇人ほどの女性が働いていたという。大丸谷という地名はすでに消失しているが、石川町に現存する「大丸谷坂」という坂にその名をとどめている。最盛期で四十軒以上を数えたチャブ屋。その店で交わる女たちと男たちの背後で流れていた音楽も、またジャズであった。

チャブ屋に連泊してジャズ浸りに

谷崎潤一郎が小田原から本牧の海岸に居を移したのは一九二一年のことで、自宅から二軒を隔てたところに、当時最もよく知られていたチャブ屋「キヨ・ハウス」があった。「横浜の港へ出入りする外国の船員であったら、知らない者は恐らくなかったであろう」と谷崎は書く。

私の二階の書斎からは、恰もその家のダンス・ホールが真向いに見え、夜が更けるまで踊り狂う乱舞の人影につれて、夥しい足踏みの音や、きゃッきゃッと云う女たちの叫びや、ピアノの響きが毎晩のように聞えるのだった。ピアノは潮風に曝されて錆びているのか、余韻のない、半ば壊れたような騒々しい音を立てて、いつでも多分同じ客が弾くのであろう、フォックス・トロットのホイスパリングを鳴らしていることが多かった。

（「港の人々」）

「フォックス・トロット」とは、当時アメリカで流行していた社交ダンス、もしくはそのための音楽の名称である。「ホイスパリング」は、これも当時アメリカで人気だったポール・ホワイトマンの曲「Whispering」のことだ。同曲の発表は一九二〇年だから、谷崎が本牧で聴いた頃は新曲だったことになる。

ホワイトマンは、ジョージ・ガーシュウィンの「ラプソディ・イン・ブルー」を初演したことで知られるビッグ・バンド・リーダーで、クラシックの編成でジャズを演奏するいわゆるシンフォニック・ジャズのオリジネーターのひとりである。彼には第六章で再び登場してもらう。

谷崎は「Whispering」をチャブ屋の錆びたピアノで客が弾いているのを耳にした。大規模なチャブ屋ではジャズ・バンドに演奏させたこともあったようだが、多くの場合は、一階にピアノが一台あるほかは、蓄音機でジャズのSPレコードを流していた。四十代の後半になってジャズ評論を始めた評論家の植草甚一が、若き日にジャズに本格的に触れたのがチャブ屋だったという。昭和十年代にチャブ屋に十連泊してジャズ浸りになったという武勇伝が伝わる。その頃、チャブ屋は外国人だけでなく、日本人の客の出入りも可能になっていた。しかし、当時のチャブ屋の泊り料金は二十円である。公務員の初任給が七十五円だった時代に、若者が二〇〇円もの大金を果たして払うことができたか。武勇伝は眉に唾をつけて聞くにしても、チャブ屋がジャズが流れ続ける場所であったことは事実だった。ひと夜の快楽を求めてドアを叩いた結果、ジャズという未知の音楽に初めて触れた。そんな日本人も少なくなかったのではないか。

第二次大戦期に入ってチャブ屋は営業停止を余儀なくされ、さらに一九四五年五月の横浜大空襲によってその多くは焼失した。戦後、チャブ屋街は占領米兵の慰安施設街となり、占領が終了したのちもホテル街としての命脈を保ったが、一九五七年四月の売春防止法の施行をもってその最後の灯は消えた。

日本においてジャズがアンダーグラウンド・シーンから本格的に脱するのは五〇年代後半になってからだが、それ以前に「セックスのＢＧＭ」からの脱却があった。セックスのＢＧＭから脱することで大衆化していった、あるいは大衆化することでセックスのＢＧＭでなくなっていったのは米日のジャズに共通する歴史である。しかし、悪所から離れたことをもってジャズがセックスから脱却したとするのは正しい見方だろうか。ジャンルの勃興期においてセックスと深く結びついていたジャズが、セックスとの関係を断ち切ることは可能だろうか。あえてセックスと言わなくてもいい。エロス、官能、恍惚。そういった要素と無縁のジャズはありうるだろうか。ジャズとエロスの関係とは、現在の私たちが考えるよりももっと内在的で根源的なものなのではないだろうか。

今晩、ジャスミンの香りはいかがかしら

ジャスミンの花ことばの一つが「官能的」であるのは、その濃厚な香りが古くから人々を惹きつけてきたからで、クレオパトラがジャスミンの香油を愛用していたことは良く知られている。パスカルがクレオパトラの美貌の象徴としたのは鼻の高さだったが、身に纏ったその香りによって翻弄された男たちも多かったようだ。

ジャズの語源と考えられている言葉の一つに「jass」があり、それが性行為の隠語であることはすでに述べた。先に紹介したフランス人ジャーナリストのブリュノ・コストゥマルによれば、jassという言葉はジャスミン（jasmine）に発しているという。ジャズという言葉の由来の中で「最も詩的な説」として、彼はこんな話を紹介している。

当時のストーリーヴィルの売春婦たちが好んで使っていたフランス製の香水にはジャスミン・オイルが使われており、その香りを指すものとして"jass"という言葉が生まれたらしい。そして彼女たちは、自分に近づいてくる、お客になってくれそうな連中に対し、そそるような声でこんな言葉を放っていたのだ。

「Is jass on your mind tonight, honey?（今晩、ジャスミンの香りはいかがかしら、ハニー？）」

（『だけど、誰がディジーのトランペットをひん曲げたんだ？』）

ニューオリンズの売春婦たちは、フランス製のジャスミン・オイルを愛用していた――。このエピソードに信憑性があるのは、ニューオリンズが長い間フランスの領土だったという事実があるからだ。

ニューオリンズの街を建設したのは、一七一八年にこの地を植民地にしたフランスだった。その後一七六三年にいったんスペイン領となり、一八〇一年に支配権が再びフランスに戻っている。第三代米大統領トマス・ジェファーソンがナポレオン・ボナパルトからニューオリンズを購入したのは一八〇三年である。スペイン領時代にも住民の多くはフランス人であったというから、ニューオリンズは八十五年の間、フランス文化の強い影響下にあったことになる。

ジャズは黒人奴隷のルーツであるアフリカの音楽と西洋クラシック音楽の融合によって生まれたと説明されるが、ニューオリンズに根づいていた西洋文化とはすなわちフランス文化であった。だとすれば、ニューオリンズを故郷とするジャズは、アフリカ的なものとフランス的なものの結合を発端としていると見ることも可能だろう。ジャズが生まれたとされる十九世紀末において最も「フランス的」だった音楽は、ドビュッシーやラヴェルなどのフランス近代音楽もしくは印象主義と呼ばれる音楽であった。

クラシック音楽の通史として評価の高い『西洋音楽史』で著者の岡田暁生は、一八八三年のワーグナー歿後から一九一四年の第一次世界大戦勃発までの三十年あまりを「音楽史上ここまでエキサイティングな時代を、私は他に知らない」と書いている。そして、その時代において「最も鮮烈な潮流」がフランス近代音楽であったと。

その音楽の特徴は、「フランス的な『軽さ』」であり、「独特のダンディズムの感覚」であり、「意識的に軽薄さや通俗性を気取る、きわめて洗練された一種のスノビズム」であった。また、「『場末の音楽』とでもいうべきものに対するドビュッシーらの深い愛情」も、それまでのドイツ文化圏中心のクラシック音楽には見られないものだった。そう岡田は言う。ダンディズム、通俗性、スノビズム、場末の音楽。それらはすべてジャズを形容する表現にもなっている。というよりもむしろ、ジャズがフランス音楽からそういった要素を吸収したと見るべきだろう。それらの「フランス的要素」が、ジャスミン・オイルが乾いた肌に浸み込むようにニューオリンズの土着の音楽に浸み入って、ジャズのエロス的基盤となった――。これは一つの仮説に過ぎないが、ドビュッシー、ラヴェル、サティらの曲を聴けば、かなり確度の高い仮説であると思える。

クレオールが伝えたフランス文化

ジャズのエロスの由来がフランス近代音楽にあるとして、ではその要素をそれ以前のニューオリンズにあったアフリカ的要素と具体的に結びつけたのは誰だったたか。クラシックの基礎を身につけた白人が黒人のミュージシャンとセッションを重ねて、それが次第にジャズという音楽に発展していった？　黒人差別が制度化され、白人と黒人の交わりが厳しく制限されていた当時の米南部にそのような事実があったはずもない。では、異なる文化の融合はどのようにして行われたのか。

油井正一は、異文化融合に当たって大きな役割を果たしたのは「クレオール」であったと指摘している。

フランスの支配期間が長かったニューオリンズに、クリオールが多く生まれ、一般黒人とちがった階級を形成していた事実が、ジャズという音楽を生むのに大きく役立ったのである。

（『ジャズの歴史物語』）

クレオール（英語ではクリオールと発音される）は、カリブや中南米などで生まれ育った欧州人を指すと一般的には説明されるが、ニューオリンズにおけるクレオールとは、旧宗主国であるフランスもしくはスペインの白人とアフリカン・アメリカンの両方のルーツをもつ人々を意味する。その多くは白人主人と黒人使用人の間に生まれた人々の子孫で、ニューオリンズを含むルイジアナ州では、フランス人またはスペイン人を祖先にもつことを証明できる黒人すなわちクレオールは、十九世紀末まで「白人」としての身分を保証されていた。

クレオールの繁栄は一八五〇年頃に絶頂に達し、多くのクレオールは子弟をフランスに留学させた。その中にはそのままフランスに住みついてしまう者も多かったようだ。クレオールは日用語をフランス語とする一種のエリート階級で、経済水準も高く、子どもたちにはバイオリンやピアノを習わせて音楽教育を施した。金を出しあって一〇〇人編成の交響楽団をつくった例もあったという。そのクレオールの身分が一転「黒人に準じる」とされたのは一八九四年であった。

それ以前、一八六三年の奴隷解放宣言によって奴隷制が撤廃され、黒人の地位は少なくとも制度上は引き上げられていた。リンカーンによって「格上げ」されたアフリカ文化の継承者たる奴隷の子孫たちと、フランス文化の教養を身につけた上で「格下げ」され「黒人」となったクレオールたち。その「同類」の音楽的交流によって生まれた音楽こそがジャズであったと油井は説明する。その交流がまた黒人性とフランス的官能性の混淆を促進し、ジャズにエロス的基盤を与えた。そんな説明も可能だろう。

ストーリーヴィルの売春宿でピアノを弾き、「ジャズの創始者」を自称していたジェリー・ロール・モートンはクレオールだった。彼が「ジェリー・ロール」を名乗り露骨な官能性を自らの名前で表現したのは、ジャズがもつエロスの力に誰よりも意識的であったからかもしれない。

「セックス」という名の音楽

「jass」として誕生したジャズ

ジャズの歴史上最初に発売されたレコードは、ニューオリンズ出身の五人組白人バンド、オリジナル・ディキシーランド・ジャズ・バンド（Original Dixieland Jazz Band、以下ＯＤＪＢ）がニューヨークで録音した二曲入りＳＰだった。レコーディングされたのは一九一七年、すなわちアメリカが第一次世界大戦に参戦し、ニューオリンズの売春街区ストーリーヴィルが閉鎖された年である。

ＯＤＪＢの前身は、ステインズ・ディキシーランド・ジャス・バンド（Stein's Dixieland Jass Band）で、リーダーのジョニー・ステインの名を冠したバンドだった。その後、Original Dixieland Jass Bandに改名して録音したのが、「Dixie Jass Band One Step」と「Livery Stable Blues」の二曲である。あえてアルファベットで表記しているのは、ＯＤＪＢがデビューした時点で、まだ「Jazz」という言葉がなかった、もしくは定着していなかったことを示すためである。バンド名も曲名も表記は「Jazz」ではなく「Jass」となっている。

jassがjazzの語源である可能性があり、そこにはもともと性的な意味があったことは前述のとおりである。しかし、一九一七年の時点でjazzという言葉がなかったとするなら、娼館の女将の言葉は「Jass it up!」と表記されるべきだった。

jassという隠語がどこかで音楽のスタイルを示す言葉となり、その表記がどこかでjazzに変わった。それにともなって、Original Dixieland Jass Band の表記もOriginal Dixieland Jazz Bandに改められたのだった。では、jassはいつから音楽ジャンルをあらわす言葉となったのだろうか。

シカゴの酔客が叫んだ「うまい言葉」

「ジャズという言葉はシカゴでつくられた」と油井正一は断言している。場所も特定されていて、シカゴの〈シラーのカフェ〉という店だという。当時はまだスティンズ・バンド・フロム・ディキシー（Stein's Band from Dixie）と名乗っていたのちのODJBが演奏していた晩のことだった。「客の中にいた元ボードビリアンがウイスキーに酔ったあげく"Jass it up!"と声援を送った」と油井は書いている。

「こいつはうまい言葉だ」と直感した彼らは早速バンド名をStein's Dixie Jass Bandと改名し、名のなかった音楽はついにジャズという名称をもった。

（『ジャズの歴史物語』）

ややこしいので整理すると、「Stein's Band from Dixie」が「Stein's Dixie(land) Jass Band」となり、それが「Original Dixieland Jass Band」となり、最終的に「Original Dixieland Jazz Band」となったという流れになる。油井の説によれば、「Jass it up!」と発したのは、ニューオリンズの娼館の女将ではなくシカゴの酔客だった。しかし、このくだりだけでは「Jass it up!」の意味がわからないし、「うまい言葉」である理由も不明である。油井はたんに「Jassとはシカゴの暗黒街の俗語でわいせつな意味をもっていた」と説明するにとどめている。

ストーリーヴィルの娼館の女将が発した「Jass it up!」には「さっさと終わらせな！」といった意味があったらしいことはすでに述べた。では、シカゴのカフェの酔っぱらいが叫んだ「Jass it up!」にはどういう意味があったのだろうか。例えば「Get it up!」と同じ意味と解釈してみるならば、これは「勃起する」となる。つまり、酩酊した元芸人はステージに向かって「勃《た》て！」と叫んだわけだ。あるいは、「勃つ！」だったか。演奏が素晴らし過ぎて興奮抑え難く、ということならば、まあ辻褄は合う。

「娼館の女将説」と「シカゴの酔客説」のどちらが真実なのかはわからない。しかし、両逸話が含むニュアンスから見て、通説のとおり、jassがfから始まる四文字言葉とほぼ同様の意味をもつ言葉だったことは確かだろう。演者と観客との交歓をセックスになぞらえたと考えれば、なるほど「うまい言葉」と言っていい。

「ジャズ」という言葉を忌み嫌った白人たち

十九世紀末から二十世紀初頭にかけての時期、工業都市化が進んでいたシカゴには大量の人口が流入した。この間、シカゴの人口は十年ごとにほぼ五十万人の割合で増加し続けた。流入したのは、職を求めてやって来たアメリカ南部の人々と、海外からの移民である。前者の中のミュージシャンたちがジャズ・シーンを形成し、後者の一部がギャングの母体となった。両者の「共犯関係」については、第四章で考察する。

人の移動にともなって、南部の音楽が北上し、南部のスラングも北上した。そうして生まれたのがjassという音楽であり、それがまもなくjazzと表記されるようになった。ジャズという言葉の由来に定説はないが、とりあえずそれがジャンルとしてのジャズの誕生であると考えたい。

jass以前に南部由来のこのスタイルの音楽は「ディキシー・ミュージック」などと呼ばれていたようだ。ディキシー（Dixie）とはアメリカ南部諸州の通称で、南北戦争以前にルイジアナ州で流通していた十ドル紙幣にフランス語でdix（英語のtenの意）と書かれてあったことに由来する。

一九二〇年代のシカゴで育ったジャズは、三〇年代になって一気に大衆化する。ジャズの大衆化を牽引したのは、ベニー・グッドマンら白人ミュージシャンが率いるビッグ・バンドだった。しかし、グッドマンらの音楽は当初「ジャズ」ではなく「スウィング」もしくは「スウィング・ミュージック」と呼ばれていた。『はじめてのアメリカ音楽史』の共著者であるジェームス・M・バーダマンは、「ジャズという言葉には、黒人音楽であることへの偏見があったし、白人たちは自分たちの家庭に入れたくないという意識がはたらいていた」と言っている。

この時代の「ジャズ」という言葉には、それが黒人の音楽であるという感覚だけでなく、jassという隠語のいわば残り香のようなものがあったのではないか。加えて、それが生まれたのがシカゴの裏社会であったという事実も人々の意識下にあったかもしれない。要するに、「ジャズ」とは堅気の白人や良家の子女が人前で口にすることがはばかられる言葉だったのである。

にもかかわらず、歴史は「ディキシー」や「スウィング」をサブ・ジャンルの座に追いやり、「ジャズ」を大ジャンル名として採用した。それだけジャズという言葉には魅惑的な語感とニュアンスがあったということなのだろう。「ロック」して「ロール」するというかなり露骨でマッチョで男性優位的な性行為の表現をジャンル名に冠したロックンロールと比べて、「ジャズ」という言葉には日本人の耳にも淫靡で猥雑で禍々しい響きが感じられる。そのニュアンスの差がそのまま音楽のスタイルの差になっていると言ってもいいかもしれない。ディキシーランドやスウィングのような「まともな」言葉がジャンル名として固定していたら、果たしてジャズは現在のように多くの人々を魅了する音楽になっていたかどうか。

ジャズという音楽がもつ本源的な官能性は、その名にセックスと同義の言葉を冠することによって、いわば露悪的に表現されることになった。その出自を知らず、人々は今日もジャズを聴いている。

非常時における「快楽」と「不道徳」の行方

一九一七年がもつ意味、再び

ジャズの歴史において一九一七年は、ジャズが故郷ニューオリンズから拡散していった年であり、複製芸術としてのジャズの歴史が始まった年だった。一方、近代史全体で見ても、この年は重要な転機であった。古い意味でのヨーロッパ史は一九一七年に終わり、そこから「世界史」が始まったのだと英国の歴史家A・J・P・テイラーは言っている。それまで歴史の中心にいた欧州各国に替わって、新たな世界史の主役の座を獲得したのがアメリカだった。

一九一七年は、欧州における領土拡張の争いであった第一次世界大戦にアメリカが参戦した年である。この参戦がなければ、おそらくアメリカが今日のような大国になることはなかったし、ジャズが今日のような大衆音楽になることはなかった。ジャズのポピュラー音楽化は、アメリカの大国化のいわば陰画だったと言っていい。ジャズは二十世紀のアメリカを代表する音楽であると同時に、その出自から見て、最も「反アメリカ的」な音楽でもあった。

第一次世界大戦は、一九一四年七月の開戦から一八年十一月の休戦協定までの四年数カ月の間に総数三十カ国以上が参戦したまさに「大戦（Great War）」だったが、その中心となったのは、ドイツ、オーストリアの同盟国と、イギリス、フランス、ロシアの連合国の間の戦いだった。欧州に領土的利害をもたないアメリカにとって、それは当初、遠方の対岸を襲った火事のようなものであり、当時の米大統領ウッドロウ・ウィルソンは、「その起源が我々と全く関係のない戦争」と語ったとされる（『アメリカ合衆国史② 20世紀アメリカの夢』中野耕太郎）。

そのアメリカが連合国側で参戦する方向に傾いた大きなきっかけが、悪名高いドイツの潜水艦Uボートの登場だった。Uボート投入の目的は、ドイツが最大の敵と見なしていたイギリスへの物資輸入ルートを途絶させることで、したがってはじめから民間船への攻撃が想定されていた。一九一五年、イギリスの豪華客船ルシタニア号がUボートの魚雷攻撃で撃沈される事件が起こり、一二〇人を超えるアメリカ人乗客が犠牲になった。これがアメリカにおける反ドイツ感情のたかまりと、参戦を求める世論形成の出発点となった。

なぜ、アメリカは参戦したのか

アメリカは欧州に領土的利害をもたなかったが、経済的利害は大いにあった。開戦後、イギリスの全軍需品の四十パーセント、石油の六十五パーセントを提供していたのはアメリカである。また参戦前の時点で、アメリカは連合国側に二十五億ドルを融資していた。融資額は最終的に総額一一二億ドルに達した。

Uボートによる民間船への攻撃を座して傍観することは、すなわち対英貿易における利益をみすみす海原に投げ捨てるようなものであり、仮にこの戦争にドイツが勝利したら、多額の借款の回収は不可能になるだろう。戦後にアメリカが繁栄を手にするためには、参戦以外の選択肢はない。それがアメリカの実業界や金融界の主張だった。

一方、ウィルソン自身にも、何らかの形でこの戦争に参加しなければ、戦後の世界秩序構築のプロセスにアメリカが参加できなくなるという危惧があった。この経済界と政界の野心がまさしく狙いどおりの結果をもたらしたことは、戦後一九二〇年代のアメリカの繁栄と大国化への歩みをみれば明らかである。

国を参戦に向かわせるに当たって連邦政府が利用したのが、国民の反ドイツ感情であった。第一次世界大戦がそれまでの戦争と大きく異なっていたのは、それが軍人による戦争ではなく、「国民による戦争」であった点である。前線と銃後の一致団結による国家総動員体制のもとで戦争に勝つという思想が生まれたのは、この戦争からだった。

アメリカにおける国家総動員体制は、第二次世界大戦中の日本の軍国主義に匹敵するほどにファナティックなものだった。アメリカの歴史上初めて徴兵制が導入され、戦時防諜法、戦時騒擾《そうじょう》法など市民の思想と行動を厳しく統制する法律が成立した。参戦後、反戦の主張を理由に投獄された人は数百人に及んだと言われる。

徹底されたのは、ドイツ文化の排斥である。ドイツ語の使用が禁止され、全米の図書館からドイツ語の書籍が姿を消した。オーケストラの演目からはドイツ人作曲家の曲が外され、ドイツ系アメリカ人は迫害された。この反ドイツ感情が一九二〇年に発効する禁酒法成立の一因となったことは、とくに強調されるべきである。

ドイツ文化とともに排斥された飲酒文化

アメリカに近代的なビール醸造法を持ち込んだのはドイツ系移民であり、当時のアメリカの醸造会社の経営者の多くはドイツ系だった。大手醸造会社は各地の酒場に資本を投入し系列化していたから、飲酒業界の多くの部分は事実上ドイツ系の人々の支配下にあった。したがって、戦時下におけるドイツ文化の排斥は、そのまま飲酒文化の排斥に直結した。

もっとも、禁酒法成立の過程は単純ではなく、アメリカにおける禁酒運動が独立まもない一八〇〇年代初頭から続いてきたという事実や、醸造酒業界に対するウイスキーなどの蒸留酒業界の動向も踏まえる必要がある。ここでは、ドイツを主要敵とする戦争が禁酒法成立の一要因となったという事実を指摘するにとどめる。

戦争と禁酒法がセットだったことは、その成立過程を見てもわかる。一九一七年四月二日に連邦議会が招集され、対ドイツ戦線布告についての審議が行われたが、同時にそこで初めての禁酒法案が禁酒派から提出されたのだった。

戦争が醸し出す愛国的で禁欲的な雰囲気を最大限に利用して、禁酒法運動家たちが、飲酒という「快楽」を規制することに成功したとも言える。

（『禁酒法』岡本勝）

戦時下における禁酒法制定の動きに着目しているのは、それがジャズ勃興の遠因となっているからである。禁酒法の発効によって、酒の製造と提供は地下化することになった。一九二〇年代に隆盛を極めたその地下経済を支配したのがギャングであり、彼らが自ら経営する店で酒とともに提供したのがジャズであった。戦争が禁酒法を生み、禁酒法がギャングを生む。その因果の中で、歴史のいわば鬼子であったギャングをパトロンとして発展した音楽がジャズだった。禁酒法が発効したのは一九二〇年一月だが、その制定の動きがスタートしたのは、まさにアメリカが第一次大戦に参戦した一九一七年であった。それが、ジャズの歴史において一九一七年という年がもつ一つの意味である。

これは余談だが、海賊版のレコードや映像ソフトなどを意味するブートレグ（bootleg）は、禁酒法時代の酒の密売事業者「ブートレガー＝bootlegger」から転じた言葉だ。ブートレガーとは、酒をブーツ（boot）の脚部（leg）に隠して密売する者の意である。

売春街から閉め出されたジャズ・ミュージシャンたち

ニューオリンズの売春街区ストーリーヴィルが閉鎖されたのも一九一七年だったが、すでに書いたように、これもアメリカの参戦に密接に関連した動きであった。ニューオリンズには軍港があり、アメリカ参戦にともなってそこが欧州戦線への兵士の出発基地となった。軍港近くに花街があるということは、戦いを控えた兵士の間に性病が蔓延するリスクがあるということである。参戦からまもなく、ストーリーヴィルは連邦政府によって強制的に閉鎖された。

しかし、これはニューオリンズに限った話ではなく、全米各地の売春地区の多くが参戦から短期間のうちに閉鎖されたようだ。その動きはアメリカの進歩主義陣営の一種の戦略だったと映画監督のオリバー・ストーンは語っている。進歩主義者たちはおおむね参戦を支持したが、それは戦争が社会改革の絶好の機会になると考えたからだ、と。

この機会をとらえて念願の社会改革を行なった者たちのなかに、モラル改革主義者たち、とりわけ、戦争を性的不道徳と闘う好機と見た者たちがあった。兵士の健康を懸念してと称して、彼らは売春と性病を撲滅せんとする積極的な運動を始めた。

（『オリバー・ストーンが語るもうひとつのアメリカ史 1』）

ストーリーヴィルの娼館は、ジャズ・ミュージシャンたちの仕事場だった。ニューオリンズにおいてジャズは売春のBGMであり、ミュージシャンたちのパトロンの役割を担っていたのが娼館の女将たちだった。そのシステムが戦争とともに崩壊して、多くのジャズ・ミュージシャンは職を失い、一部は別天地を目指した。軍需景気に沸いていた北部の都市、とりわけシカゴである。そこでミュージシャンたちは、禁酒法下のギャングという新たなパトロンのもとで音楽活動を続けた。

戦争にともなう売春街区の閉鎖と禁酒法の成立がなければ、ジャズはニューオリンズのローカル音楽にとどまっていた可能性がある。ジャズはシカゴという大都市で、イリーガルな形ではあったが、初めて多くの白人聴衆を得た。白人の中には、黒人のプレイを真似てジャズを演奏し始めた者たちもあった。一九三〇年代にジャズを「スウィング」の名で国民的大衆音楽にしたベニー・グッドマンもそのひとりだった。シカゴにおいて、ジャズは大衆音楽への道を歩み始めた。その起点が一九一七年であった。

アメリカの矛盾を一手に引き受けた音楽

アメリカの参戦から一年半ほどのちの一九一八年十一月に第一次大戦は終わり、新たな世界の構築に向けた動きが始まった。しかし、戦争の中心にいた各国は、その動きを担うにはあまりにも大きな痛手を負っていた。戦争による兵士の犠牲者数は、ドイツ一八〇万人、ロシア一七〇万人、フランス一三五万人、イギリス九十万人。戦争による総死者数は、兵士一〇〇〇万人、民間人二〇〇〇万人に及んだ。一方、戦争が始まって三年近く経ってから参加したアメリカ軍の犠牲者は五万人にとどまり、民間人の犠牲者はほとんどいなかった。アメリカ本土が戦地にならなかったからである。英首相ロイド・ジョージは戦争が終わったとき、「アメリカは掘っ建て小屋一つ破壊されなかった」と語ったという。

五万人という死者数を少ない犠牲とするのははばかられるが、その数が他国に比べて相対的かつ圧倒的に少なかったのは確かである。その犠牲に対して、アメリカが得たものは大きかった。この大戦を通じてアメリカは債務国から債権国に転じ、農業国から工業国へと変じた。大戦前の世界の工業生産の中心地はイギリスだったが、戦争を経てその地位を完全に奪ったのがアメリカだった。現在の私たちがイメージするアメリカの歴史が始まるのはここからである。

「ジャズのポピュラー音楽化は、アメリカの大国化のいわば陰画だった」と先に述べたのは、大国アメリカの出発点となった戦争の陰で表社会から排斥された売春宿、酒場といった悪所がまさしく「ジャズのハコ」だったからであり、しかしその排斥によってジャズに新たな歴史が開かれたからである。売春と酒という戦時下のアメリカが最も嫌った「快楽」と「不道徳」を養分としながら、ジャズは大衆音楽として成長していった。その始まりの時点で、ジャズは「反アメリカ的音楽」であり、アメリカの矛盾を一手に引き受けた音楽だったのである。

ニューオリンズに落ちた売春婦の哀歌

「赤」は売春街の色

ニューオリンズの売春街区ストーリーヴィルが設立されたのは一八九七年だった。それから米連邦政府によって強制閉鎖されるまでの二十年間、この地区はニューオリンズにおける最大の歓楽街としてにぎわった。売買春という商行為が特定の街区に囲い込まれたのは、セックス・ビジネスが地域社会の公序良俗を乱すことを避けるためであり、性病の一般社会への蔓延を防ぐためだった。管理された売春街区は歴史の早い時期から欧州各国にもあったし、アメリカの他地区にももちろんあった。その多くでは、売春婦の定期的な性病検査が義務づけられていた。

ストーリーヴィルを「赤線」と表現する解説をたまに見かけるが、これは半分正しく、半分誤っている。赤線とは、日本でRAAの慰安施設が閉鎖された一九四六年から売春防止法が施行される五八年までの十二年間だけ存在した「特殊飲食店街」のことで、警察がその地域を地図上に赤い線で囲ったことから「赤線」と呼ばれるようになったのだった。赤線は当局公認の売春街区であったが、ほかに未公認の売春地区もあって、これは青い線で囲われたから「青線」と呼ばれた。公認売春街区という点でストーリーヴィルは赤線と共通するが、赤線は日本の歴史上の特殊な用語であって一般名詞ではない。

英語では、公認売春街区を「Red-light district」という。これが赤線の語源になったという説もあるが、それなら「赤線」ではなく「紅灯区」とか「赤灯地区」とならなければおかしいので、これは俗説とすべきだろう。「Red-light」の由来は、売春宿の常客であった汽車の運転士が、赤く点灯する信号用カンテラを宿に入るときにドアにかけておいたことだと言われている（『売春の社会史』バーン＆ボニー・ブーロー）。

「警察」からの連想というわけではないが、ポリスのデビュー曲「ロクサーヌ」は売春婦への恋心を歌った曲で、冒頭の歌詞は「今日は赤い灯（Red-light）をつける必要はない、あの日々はもう終わったのだから」となっていて、サビでも「Red-light」のリフレインが繰り返される。洋の東西と古今とを問わず、赤は売春の色であるらしい。

ラフカディオが目撃した原初のジャズ

ストーリーヴィルの設立時、ここ以外での売春行為は今後非合法とするというアナウンスがニューオリンズ市からなされると、およそ二二〇〇人の売春婦がこの地区に集まってきたという。そうしてストーリーヴィルは一大歓楽街となったわけだが、「集まってきた」ということは、それ以前は市内の各所に売春宿があり、街娼がいたということだ。

欧州から一八六九年に渡米し、一八七七年から八七年までのおよそ十年間、地方紙「ザ・デイリー・シティ・アイテム」の編集人助手としてこの地に滞在したラフカディオ・ハーンは、市中における阿片や売春の蔓延を告発する記事を書き、いくつかの阿片窟と売春宿を閉鎖に追い込んでいる。そのような記事によって醸成された世論を受けて売春宿の囲い込みが実現したとすれば、ハーンはストーリーヴィル設立に間接的に寄与したとも言える。彼が日本に帰化して「小泉八雲」となる十年ほど前の話である。

かつての地図を見ると、ストーリーヴィルがあった地区は、コンゴ広場、現在のルイ・アームストロング公園に近いことがわかる。コンゴ広場は、奴隷解放以前に黒人奴隷が自由時間に集まって歌い踊ることを認められていた稀有な場所だった。他州、他地域で奴隷が集まることが禁じられていたのは、それが暴動につながる恐れがあると考えられていたからだ。このコンゴ広場がジャズ発祥の場の一つだったことが音楽史における定説となっている。

黒人たちの演奏と歌を聴いたハーンは、「コンゴ広場」というコラムで「そのエンドレスな音は、あるときはうら悲しい、こみあげてくる嗚咽のように聞こえ、またあるときは猛り狂ったようにも聞こえた」と表現している（『はじめてのアメリカ音楽史』ジェームス・M・バーダマン、里中哲彦）。また、ハーンが一八八一年に友人の音楽評論家に送った手紙に「ニグロが楽譜に頼らないでピアノを演奏するのを聴いたことがあるかい？」という一節が見られると、ポピュラー音楽研究者の大和田俊之が言及している。「彼らはピアノをまるでバンジョーのように演奏するんだ。あれはバンジョーの演奏としては優れているかもしれないが、まともなピアノの演奏とはいえないがね」とハーンは書いているという（『アメリカ音楽史』）。いずれも、原初のジャズの姿を記した貴重な証言である。

コンゴ広場における「うら悲しい、こみあげてくる嗚咽」がブルースの原形となり、「バンジョーのようなピアノ演奏」がジャズの原形となった。そう考えることも可能だろう。そのピアノ演奏が先行するピアノ音楽であったラグタイムと融合することによって、今日知られるジャズ・ピアノの基礎が成立した。ストーリーヴィルの売春宿がその実践の場所だった。そう整理できるように思う。

大和田は、コンゴ広場に象徴されるような自由な雰囲気は、アメリカ以前にニューオリンズを領有していたフランスやスペインのカトリシズムの影響によるものであると述べている。一方、禁酒運動や売春撲滅運動を主導したのは、主にアングロサクソンのプロテスタンティズムであった。ジャズの母胎となったカトリシズムと、快楽と不道徳、すなわち「ジャズ的なもの」を抑圧したプロテスタンティズム——。その対置はジャズの歴史を論ずるに当たって極めて重要な視点になると思われる。

十九世紀から歌われてきたトラディショナル

ストーリーヴィル以前のニューオリンズの売春宿を歌った曲としてよく知られているのが、今日まで数々のミュージシャンによって歌われてきた「朝日の当たる家（The House of the Rising

Sun)」である。冒頭の歌詞は次のようなものだ。

There is a house in New Orleans
They call it the Rising Sun
And it's been the ruin of many a poor girl
And me, oh God, I'm One

ニューオリンズにある一軒の家
そこは「朝日のあたる家」と呼ばれている
貧しい少女たちが集まるあばら屋
そう、私もそのひとり

続く歌詞には長短異同さまざまなバリエーションがある。最も短いバージョンをいくぶんの意訳を含む拙訳にて紹介しておく。

お母さんの言うことを聞いておけば
今も家にいられたのに

私は若くてお馬鹿さんだったの
見知らぬ人に連れられるままに迷い込んでしまった

かわいい妹に伝えて
私みたいに生きちゃだめって
あのニューオリンズの家に近づいてはいけない
「朝日のあたる家」と呼ばれているあの家には

私はニューオリンズに戻ろうと思うの
私の人生ももう終ろうとしている
あそこに戻って残りの日々を過ごすわ
あの「朝日のあたる家」で

作者不詳のトラディショナル・ソングである「朝日のあたる家」は、十九世紀からアメリカ南部で歌われてきたという説もある。英語版のウィキペディアによれば、テキストとして残されている最も古い記録は、アメリカの民謡収集家であるロバート・ウィンスロー・ゴードンによる一九二五年のもので、鉱山労働者の間で知られていた歌を聞き書きしたらしい。歌詞を一見すれば、ニューオリンズの売春宿に落ちた女性の哀歌であることがわかるが、この曲にはそのような解釈を拒む別バージョンもある。最大のヒットとなったアニマルズの一九六四年のバージョンである。

「売春宿」ではなく「刑務所」

アニマルズのバージョンが、ときにこの歌の世界観を壊したと言われるのは、最初のヴァースの「many a poor girl」を「many a poor boy」に変えているからである。この一節が「boy」では、確かに売春婦の歌は成立しない。では、「貧しい少年たちが集まるあばら屋」とは何か。古代から今日まで、成人男性による少年を対象とした買春行為が長らく行われてきた事実を踏まえれば「男娼の館」とすることも不可能ではないが、通常これは「刑務所」ないし「孤児院」と解されている。とくに、歌詞の後半に「ball and chain」というフレーズがあるバージョンがあって、アニマルズがそれを採用したことによって「刑務所」とする解釈が強化された。ball and chainとは刑務所で囚人を拘束する足枷のことだが、本来これは身をひさぐ世界に女性がはまり込んだことを示すメタファーである。

アニマルズが歌詞を改変したのは、曲が放送禁止になることを防ぐための措置だった。アニマルズのドラマーだったジョン・スティールは、もとの歌詞ではBBCラジオでかけてもらえるはずがなかったから、ボーカルのエリック・バードンが歌詞を変えたのだと「レコード・コレクターズ」のインタビューで答えている（二〇二二年二月号）。このシングルが世界中で大ヒットしたことによって、「朝日のあたる家」のその後のカバーでは、boyバージョンが多く採用されることになった。日本でもザ・ピーナッツ、キャンディーズ、沢田研二、八代亜紀らがこの曲を歌っているが、みなアニマルズのバージョンを下敷きにしているとみえて、歌詞はすべて「boy」である。

キャンディーズがこの曲を歌ったのは一九七八年の解散コンサートだった。イントロで伊藤蘭が「ひとりぼっちの私は、ニューオリンズにある一軒の家を訪ねた。娼家だった。そして人々は、そこを〝朝日のあたる家〟と呼んでいた」という語りを入れる一方で、歌詞はboyバージョンで歌われている。「普通の女の子に戻りたい」と言って解散を決めたアイドル・グループが最後のコンサートで売春婦の歌を歌うという点も含めて二重三重の倒錯が見られるが、後楽園球場に集まった五万五〇〇〇人のファンの中に英語詞の内容を気にする人がいたとも思われないので、それでよかったのだろう。

なぜ歌詞は書き換えられたのか

アニマルズが、この名曲を台無しにしてしまった——。しかし、その見方が実は正しくないのは、「朝日のあたる家」の歴史をさかのぼると、boyバージョンがアニマルズ以前にすでにあったことがわかるからである。現存する最も古いレコーディングは、白人のフォーク・シンガー、クラレンス・アシュリーによる一九三二年のもので、歌詞は「boy」となっている。キーは現在知られているマイナーではなくメジャーである。

ロバート・ウィンスロー・ゴードンの一九二五年のテキストでは、歌詞は「girl」と記録されていた。それが「boy」と歌われたのはなぜか。放送禁止などという概念のなかった時代に、なぜ歌詞は書き換えられなければならなかったのか。

考えられるのは二つのことだ。この曲の歌詞には、もともとgirlバージョン、すなわち売春婦をテーマにしたものと、boyバージョン、すなわち刑務所ないし孤児院をテーマにしたものがあったということが一つ。もう一つは、社会悪を憎む保守的禁欲主義によって、売春を示唆する歌詞が忌避されたということである。この曲を最初にレコーディングしたクラレンス・アシュリーは、旧世界の保守的なプロテスタント文化を色濃く残すアパラチア地方の出身であった。

歌詞から浮かび上がる「WASP対非WASP」の構図

若きボブ・ディランが「盗んだ」歌

ボブ・ディランがファースト・アルバムをレコーディングしたのは、一九六一年十一月のことである。収録された十三曲中オリジナルは二曲のみで、ほかはトラディショナルや古いブルースのカバーだった。すでに自分で曲を書いていたのだからオリジナル曲をもっと入れればよかった、とマーティン・スコセッシが監督したドキュメント映画『ノー・ディレクション・ホーム』（二〇〇五年）でディランは語っている。ソングライターとしての彼の才能が一気に開花するのは、セカンド・アルバムの『フリーホイーリン・ボブ・ディラン』からである。

ディランがレコーディングで取り上げた中の一曲が「朝日のあたる家」で、この曲は黎明期のフォーク・ムーブメントの中心地だったニューヨーク、グリニッジ・ヴィレッジのクラブで当時盛んに歌われていたらしい。彼が手本にしたのは、フォーク・シーンの中心にいたシンガー、デイヴ・ヴァン・ロンクの演奏で、クラブでヴァン・ロンクが歌う「朝日のあたる家」を毎晩のように聴いていたと、これも先のドキュメントでディランは話している。しかしヴァン・ロンクに言わせれば、それは一種の剽窃であった。

ボブは俺のコード進行を使いやがった。曲ってのは、歌詞とメロディが同じでも、使うコードによって印象がかなり変わるもんだ。あいつは、「あんたのコード進行で録音してもいいか」と俺に聞いてきた。俺は「やめてくれ、録音する予定なんだ」と言ったんだが、あいつはそれを無視してレコーディングしやがった。それ以来、俺はあの曲を演れなくなっちまった。ボブの曲を盗んだと言われるからな。あとになってアニマルズがあの曲を録音するど、今度はボブが「アニマルズの真似と言われるからもう歌えない」と言うようになったよ。ハッハッハ。

（『ノー・ディレクション・ホーム』）

『ノー・ディレクション・ホーム』でヴァン・ロンクはそう語っているが、コード進行に著作権はないのでこれは盗作ではないし、「朝日のあたる家」はむろんヴァン・ロンクの曲ではない。彼は、音楽学者がフィールド調査の中で採録したトラディショナル・ソングにコードをつけただけである。

一九三〇年代に「発見」された曲

デイヴ・ヴァン・ロンクの自伝をベースにしたコーエン兄弟の映画『インサイド・ルーウィン・デイヴィス 名もなき男の歌』（二〇一三年）を見ると、一九六〇年代初頭のニューヨークのフォーク・シーンの様子がよくわかる。当時はまだ古謡の弾き語りとフォーク・ソングの間に明確な区分はなく、民謡酒場のような古色蒼然たるクラブに新風を吹き込んだのがディランだった。彼のあの独特の歌声がクラブに響き、時代が大きく変わることを示唆して映画は終わる。

「朝日のあたる家」は、ポピュラー・ミュージックとしての「フォーク・ソング」というジャンルが形成される以前、フォークがまだトラディショナルと地続きだった時代に多くのシンガーによって歌われた歌だった。ディラン以前に何度もレコーディングされていて、一九四〇年代には黒人シンガーのレッドベリーやディランのヒーローであったウディ・ガスリーが、五〇年代にはガスリーとグループを組んでいたこともあるピート・シーガーが、ディランのレコーディングの前年には、のちに彼とともにフォーク・ムーブメントを牽引することになるジョーン・バエズがこの曲を録音している。いずれも歌詞が異なるのは、この曲に複数の原典があったことを示している。

先に言及した大和田俊之の『アメリカ音楽史』によれば、地方のトラディショナルやブルースの発掘がアメリカで盛んになったのは一九三〇年代に入ってからのことで、それは二九年に始まった世界大恐慌に対処するニューディール政策の一環だったという。経済政策によって不況を乗り切るだけでなく、古いアメリカの文化を再発見することでアメリカの国力を増進させようというのが狙いだった。そのいわばディスカバー・アメリカの運動の中で「発見」された曲の一つが「朝日のあたる家」だった。おそらく、複数の音楽学者が複数の「朝日のあたる家」を採録して出版したことで、歌詞のバリエーションが生まれたのではないだろうか。

山岳地帯で歌い継がれてきた古謡

もっとも、アメリカにおける文化発掘の活動はニューディール以前からあったようだ。映画『Songcatcher　歌追い人』（二〇〇〇年）は、アパラチア地方の山岳地帯に口承されてきた古いバラッド（民謡）の採集に情熱を燃やす女性音楽学者を描いた作品で、舞台は一九〇七年に設定されている。

ニューヨーク州からミシシッピ州に連なるアパラチア山脈の山岳地帯は、比較的初期のイギリス人移住者が入植した場所で、その後新たな入植の動きがほとんどなかったことから、古い英国文化が大きな変容を遂げずに保存されてきた。この地方に伝わるバラッドは、イングランド、スコットランド、アイルランドなどの民謡のメロディを色濃く残しながら、歌詞にはアメリカの土着の生活が歌い込まれ、それがのちのフォーク・ソングの源流となったのだった。

アパラチア地方には、その成り立ちから非常に保守的な文化特性があって、米国務省の日本版ウェブ・サイトでは、「アパラチア住民の生活態度は保守的である。米国で最も保守的なプロテスタント教会の多くは、アパラチア地方に由来を持つ」と説明されている。『Songcatcher』でも、村の学校の二人の女性教師が同性愛関係にあることを悪魔の所業であるとして、村人が学校に火を放つシーンがある。

すでに述べたように、「朝日のあたる家」を最初にレコーディングしたクラレンス・アシュリーはアパラチアの出身だった。彼がこの曲をboyバージョンで、すなわち売春婦の歌であることを隠蔽して歌ったことの背景には、アパラチアの、つまり古い英国の保守的プロテスタントの心性があったと見ることも可能だろう。彼にこの歌を教えたのは祖父だったという。「女が身を売ることを歌った歌など歌ってはならない」、つまり、快楽や不道徳や社会悪を顕在化させてはならないという英国白人プロテスタントの、のちに一般的になる呼称で言うならばWASP（ワスプ＝ホワイト・アングロサクソン・プロテスタント）の保守的価値観とともにアシュリーがこの歌を覚えた可能性は大いにあると思う。

非WASP系ミュージシャンが選択したgirlバージョン

アメリカの政界や経済界の中心に居続けてきたのがWASPであることをあらためて語る必要はないだろう。四十六人の歴代米大統領のうち、非WASPはわずかに三人を数えるのみだ。カトリック・アイリッシュであったジョン・F・ケネディ、アフリカ系プロテスタントであるバラク・オバマ、そしてケネディと同じくカトリック・アイリッシュのジョー・バイデンである。

「朝日のあたる家」を歌ってきたミュージシャンがどのような歌詞を選択しているかを検証すると、そこにWASP対非WASPの構図があることが見えてくる。WASPのクラレンス・アシュリーがレコーディングしたのはboyバージョンだった。黒人のレッドベリーはこの歌を二回レコーディングしていて、最初の録音がboyバージョンなのはおそらくアシュリーの歌を参考にしたからである。二回目の歌詞はgirlバージョンに変更されている。

それ以降は、ウディ・ガスリーが「many a poor soul」と性別を特定できない形で歌っているのを例外として、「朝日のあたる家」はほぼgirlバージョンで歌われている。girlバージョンで歌ったディランはユダヤ系、ジョーン・バエズはメキシコ移民の家系、ピート・シーガーは中流WASPの出だが、ある時期までWASPが忌み嫌う共産党員だった。そうして非WASP系もしくは反WASP系ミュージシャンたちがgirlバージョンで歌っていた「朝日のあたる家」の歌詞を再びboyバージョンに変えたのが、WASPのルーツたる英国白人のバンド、アニマルズであった。

天才黒人女性シンガーによる決定的歌唱

ディランが「朝日のあたる家」をレコーディングする半年ほど前、ニューヨークのジャズ・クラブ、〈ヴィレッジ・ゲイト〉でこの曲をライブ・レコーディングした黒人女性シンガーがいた。翌年に発売された『ニーナ・アット・ザ・ヴィレッジ・ゲイト』に収録されたその「朝日のあたる家」は、この曲の決定的バージョンと言うべき名演であった。「ニーナ」とは、もちろんニーナ・シモンのことである。

この曲のクレジットに「トラディショナル」ではなく、複数の作曲家ないし編曲者の名前が記されているのは、ニーナが先行する録音をベースにしたからだろう。クレジットにある黒人フォーク・シンガーのジョシュ・ホワイトの録音がそれだったと思われる。ホワイトの歌詞もむろんgirlバージョンだった。ニーナはあえてピアノを弾かず、ベースとギターの伴奏のみでこの曲を歌っている。

その日の最後の客を送り出して、窓のカーテンを開ければ、明るい朝日が部屋に射し込み、長い夜と辛い仕事が終わったことを告げる。人々が動き出す時間に、売春婦たちは眠りにつかなければならない。夜になってまた新たな客を迎え入れるために。いつかはあたしの生活にもあんな明るい朝日が射すことはあるかしら。いいえ、そんなこと――。

ニーナが歌う「朝日のあたる家」の歌詞の行間からは、そんな風景と心象が滲み出ているように感じられる。ディランの激しいバージョンが怒りの歌であったとすれば、ニーナの「朝日のあたる家」は哀しみの歌である。そこには、クラシック・ピアニストを目指しながら、黒人で女性であったために叶わなかったニーナ自身の哀しみも投影されていたかもしれない。ニーナが歌う「朝日のあたる家」は、この歌が絶対にgirlバージョン、すなわち売春婦の歌でなければならない理由に満ちている。いかなる不道徳も社会悪も哀しみも苦しみも、それをあるがままに歌い奏でなければならない。なぜなら、それが大衆音楽家の役割なのだから。ニーナの声はそう語っているように聞こえる。

「アングラの女王」が日本語で歌った売春婦の歌

最後に、ニーナのバージョンに匹敵する録音を紹介してこの章を締めたく思う。二〇一〇年に亡くなった「アングラの女王」浅川マキが一九七一年に新宿紀伊國屋ホールでライブ録音したバージョンである。浅川マキは、この曲の物語とフィーリングをオリジナルの短い日本語詩

（彼女は「作詞」ではなく「作詩」と表記している）に翻案し、ほぼアカペラで歌った。ちあきなおみが同じ歌詞で歌った優れたバージョンもあるが、暗黒の奈落に引きずり込むような浅川マキの歌唱を超えてはいない。歌詞は以下の如くである。

あたしが着いたのはニューオーリンズの
朝日楼という名の女郎屋だった

愛した男が帰らなかった
あん時あたしは故郷を出たのさ
汽車に乗ってまた汽車に乗って

（中略）

誰か言っとくれ妹に
こんなになったらおしまいだってね

（「朝日楼（朝日のあたる家）」作詩：浅川マキ（『Long Good-bye』所収））

第三章

戦後芸能の光と影

クレージーキャッツと美空ひばり

戦後エンターテイメントの二卵性双生児

半世紀以上のときを経ての共演

渡辺貞夫がクレージーキャッツの犬塚弘に「ぼくと一緒にやらないか？」と声をかけたのは二〇一〇年のことである。きっかけは、同年に公開された映画『ふたたび swing me again』での共演だった。ハンセン病にかかって五十年にわたって療養所で隔離生活を送ってきた元ジャズ・トランペッターが、出所してかつてのバンド・メンバーを訪ね歩くという物語である。半世紀ぶりに再会したメンバーたちがライブを行うジャズ・クラブのオーナー役が渡辺貞夫、バンドのベーシストが犬塚弘だった。

映画のラスト近く、バンドのリハーサルに渡辺が参加するシーンがある。出演者中、本職のミュージシャンは渡辺と犬塚の二人だけで、二人は実際にセッションをしたという。その共演に好感触を得た渡辺が犬塚に「一緒にやらないか」と声をかけたのだった。八十歳になっていた「最後のクレージー」は年齢を理由に断ったが、渡辺の申し出に「天にも昇る思いでした」と振り返っている（『証言で綴る日本のジャズ2』）。

渡辺は映画のタイトルにあやかって、誘いの言葉に「もう一度（again）」とつけ加えてもよかったかもしれない。映画の登場人物たちと同じように、二人には半世紀以上前に共演した経験があったからである。

話は日本におけるモダン・ジャズ黎明期の一九五四年にさかのぼる。当時、犬塚弘は萩原哲晶《はぎわらひろあき》とデューク・セプテットというバンドのベーシストだった。リーダーの萩原哲晶はのちに作曲家に転身し、青島幸男との鉄壁のタッグで「スーダラ節」「ハイそれまでョ」などクレージーキャッツの数々の名曲を世に送り出すことになる。このバンドがレギュラー出演していたのが、当時築地にあったクラブ〈華僑会館〉だった。店の営業は夜中の二時までだったが、一時を過ぎるとジャズ・ミュージシャンたちが楽器をもってよく遊びに来ていたという。その中に渡辺貞夫の姿もあった。渡辺はバンドが演奏するステージにしばしば飛び入りしてプレイしたと犬塚は振り返っている。

もうひとり、犬塚がその店でよく姿を見かけた「レジェンド」がいた。当時からミュージシャンの仲間内で別格の天才と見なされていた守安祥太郎である。

守安さんが現れると、ステージ上のプレイヤーは必ず頭を軽く下げて、挨拶をする。尊敬しているんです。守安さんはステージに上がると、ピアニストの右側に座る。すると、そのピアニストが左にずれる。それで守安さんが右手をヒョイと上げて、弾き出すんです。

途中からでも、なんの曲だかわかっちゃう。綺麗なタッチでしたよ。一緒に演奏しながら、聴き惚れていました。

（『証言で綴る日本のジャズ2』）

犬塚はそう振り返っている。彼は守安からベースの手ほどきも受けた。犬塚のプレイを聴いた守安は、ポジションや音はいいがビートが遅れ気味だと指摘し、店の控室でジャズのノリについて懇切丁寧に教えてくれたという。「これが、ぼくにとってジャズ・ベースマンとしてのスタートです」と犬塚は語っている。

守安はさらに、秋吉敏子からも教えを乞うよう犬塚を促し、秋吉に犬塚を紹介したのだった。秋吉もまた「自分の手で拍子を取りながら」ジャズのビートについて詳しく解説してくれたという。この後、犬塚は秋吉トリオのベーシストを一時期務めることになる。トリオのドラマーは清水閏で、すでに書いたように、五四年七月に横浜・伊勢佐木町で開催されたモカンボ・セッションは、違法薬物使用で収監されていた清水の出所祝いとして企画されたのだった。企画者のひとりが、のちのクレージーキャッツのリーダーにしてドラマーであったハナ肇だったことにもすでに触れた。

モダン・ジャズと芸能界の分水嶺となったイベント

「五五年体制」という言葉があるように、戦後日本政治の基本的な形が決まったのは一九五五年だった。同じように、一九五四年から五五年を中心とする前後数年間は、日本のモダン・ジャズ・シーンの形成期であったばかりでなく、戦後芸能界の胚胎期でもあった。その最も象徴的なイベントがモカンボ・セッションだった。

セッションの現場には、守安祥太郎、秋吉敏子、渡辺貞夫らのミュージシャンのほか、企画者で進行役のハナ肇と、完全な下戸であるという理由にもならないような理由でハナ肇から受付係に指名された植木等がいた。植木がリーダーを務めるトリオ、ニュー・サウンズは、当時のモカンボのレギュラー・バンドの一つだった。ハナと植木は、のちに一世を風靡するクレージーキャッツの二枚看板となる。

作曲家として戦後歌謡界に一時代を築くことになる浜口庫之助《くらのすけ》が主宰するバンドのドラマーであったハナ肇にしても、シンガーとしてはペリー・コモ、ギタリストとしてはタル・ファーロウを目指していた植木等にしても、れっきとしたプロのミュージシャンだったが、彼らがセッションに参加しようとした形跡はない。ハナは一切ドラムを叩かず、ステージに上がって曲ごとにメンバーを選定する役割に徹していた。

これはあくまで想像だが、ハナと植木は、守安、秋吉、渡辺らのまさしく真剣をもって斬り結ぶような演奏に圧倒されて、のちの植木のギャグ・フレーズを借りるならば「お呼びでない?」

と感じたのではなかっただろうか。ハナ肇が自分のバンド結成を思い立って犬塚弘を誘ったのはモカンボ・セッション後、同じく、植木等がコミック・バンド、フランキー堺とシティ・スリッカーズに加入したのもモカンボ・セッションのあとである。ハナが結成したバンド名はハナ肇とキューバンキャッツだった。これが、ほどなくしてハナ肇とクレージーキャッツと改名されることになる。

以上の事実を踏まえるならば、モカンボ・セッションの一夜こそは、混沌とした戦後の大衆音楽シーンから「モダン・ジャズ」と「芸能界」という二つの流れが生まれる分水嶺であったと見ることも不可能ではない。守安、秋吉、渡辺の三人が日本初のモダン・ジャズ・プレーヤーだったのと同様、クレージーキャッツは、事実上、戦後日本の最初の「芸能人」であったからである。

「ジャズマン救済」から始まった戦後の芸能界

戦後、米軍クラブに出入りするようになり、松本英彦、中村八大らと「渡辺晋《しん》とシックス・ジョーズ」を結成したベーシストの渡辺晋が「日本初の近代芸能事務所」といわれる渡辺プロダクションを設立し、マネジメント業に転身したのが一九五五年（昭和三十年）である。タレントと正式に契約して、月給制で収入を保証する方針を明確にした初めての芸能事務所が渡辺プロだった。

彼は、バンド・マスターの頃から「演奏よりも、バンドの仕事をとってくるというマネジメントの方に力を入れていた」らしい（『進駐軍クラブから歌謡曲へ』）。経営者としての才覚がもともとあったということなのだろう。芸能プロダクションを立ち上げたのは、一種の「救済事業」だったと渡辺は語っている。

昭和三十年というとジャズブームも下火で、仕事にあぶれてる連中も多かった。そんななかで、私も二十代でロマンみたいなのがあったんですね。ヨシ、みんな俺んとこにこいって、胸を張ってたわけです。

（『ハナ肇とクレージーキャッツ物語』山下勝利）

戦後の第一次ジャズ・ブームが起きたのが一九五二年。きっかけは、ベニー・グッドマン楽団で名を成したドラマー、ジーン・クルーパがトリオで来日したことだった。海外のジャズ・ミュージシャンが一般の日本人オーディエンスを前にして演奏したのは、これが戦後初である。そこから日本人のジャズ熱に火が点いた。「日本人があれほどジャズに熱中した時代はありません」と犬塚弘は語っている（『最後のクレイジー　犬塚弘』犬塚弘、佐藤利明）。しかし、熱狂は長くは続かなかった。翌五三年をピークにジャズ・ブームは徐々に下火になっていく。以下の渡辺の発言は、『植木等伝』（戸井十月）からのもの。

ブームがだんだん下り坂になってきたでしょう。そうすると、マーケットがなくなってくる。ジャズマンがみんな失業してきたので、「うん、これはマネージャーが必要だな。よし俺がやろう」と思ったわけです。それで渡辺プロをつくったんです。

（『植木等伝』）

渡辺が最初の「救済」の対象としたのがハナ肇だった。『ハナ肇とクレージーキャッツ物語』には、「店の前でハナとばったり会って、ヨオ、どうしてる、一度会社に来いよって声をかけたのがクレージーのきっかけ」という渡辺の言葉が紹介されている。「店」とは、有楽町にあったジャズ喫茶〈コンボ〉のことである。この店の最初期の客がハナ肇で、ほかに数多くのジャズ・ミュージシャンがここを根城にしていたことは第一章で書いた。渡辺貞夫も秋吉敏子も守安祥太郎もこの店の常連であり、モカンボ・セッションはこの店の常連ミュージシャンが中心になって行われたものだった。そう考えれば、〈コンボ〉とそのマスター、ショーティ川桐もまた、モダン・ジャズと戦後芸能界生成の「共犯者」だったことになる。

戦後エンタメ界の「五五年体制」

資料を見ると、渡辺プロダクションが会社として設立されたのは一九五五年一月、ハナ肇とキューバンキャッツが結成されたのは同年四月である。ハナ肇とキューバンキャッツ、そしてその後のハナ肇とクレージーキャッツこそ、「日本初の近代芸能事務所」に所属した第一号ミュージシャンであった。戦後日本最初の「芸能人」がクレージーキャッツであったというそれが理由である。

結成当初のキューバンキャッツの中で、のちのクレージーキャッツに残るのは、リーダーでドラマーのハナ肇とベースの犬塚弘のみである。萩原哲晶も初期メンバーに名を連ねているが、この後作曲家に転身したことは前述のとおりだ。翌五六年、フランキー堺とシティ・スリッカーズのメンバーであったトロンボーンの谷啓と、ジャズ喫茶〈ちぐさ〉の常連であったピアノの石橋エータローが加入し、さらに五七年になってギター、ボーカルの植木等がフランキー堺とシティ・スリッカーズから移籍した。ハッピー・フーリナンスというバンドでサックスとクラリネットを吹いていた安田伸も加わって、ようやくクレージーキャッツの六人のオリジナル・メンバーが揃うことになる。あらためて顔触れを整理しておく。

ハナ肇（ドラムス／リーダー）
植木等（ボーカル、ギター）
犬塚弘（ベース）
谷啓（トロンボーン）

安田伸（サックス、クラリネット）
石橋エータロー（ピアノ）

クレージーキャッツが米軍キャンプやジャズ喫茶回りを続けて、徐々に「ジャズもできるコミック・バンド」に変化を遂げていく一方、ジャズ界では五五年九月に守安祥太郎が山手線に身を投げて自殺し、五六年には秋吉敏子が渡米している。秋吉が率いていたコージー・カルテットの二代目リーダーとなり、日本のビ・バップを切り拓いたツートップなきあとのモダン・ジャズ界を牽引することになったのが渡辺貞夫だった。

ジャズしかやらないバンドはクビ

秋吉さんはジャズしかやらないのでよくクラブを首になった。仕事があまりなく、あっちこっちで演奏したが、結局仕事がなくなり、解散したり、また一緒に演奏したりのくり返しだった。

（『渡辺貞夫　ぼく自身のためのジャズ』）

秋吉敏子のリーダー・バンド、コージー・カルテットでアルト・サックスを吹いていた頃を振り返った渡辺貞夫の証言である。ジャズ・ミュージシャンが「ジャズしかやらない」のは当たり前だろう、というのは現代の感覚で、当時まだジャズは人々が尊敬をもって鑑賞するアートではなく、店が酔客をもてなすためのBGMであり、ダンスの伴奏音楽だった。それはハワイアンやタンゴやカントリー、ときには日本の歌謡曲とも代替可能な音楽であり、多くのバンドは客の求めに応じてジャズではない曲を演奏した。しかし秋吉と、そのバンドを引き継いだ渡辺は違った。

秋吉さんが渡米して、自分でバンドをもった時は、みんなに給料を払うと、月に千五百円くらいしか残らなかった。バンド・リーダーのつらいところだが、それでもポピュラーはやらないで、ジャズだけをやっていた。それでよくクラブを首になった。流行歌は絶対やらないし、お客がリクエストしても演奏しないから、首になるのが当然だった。（同前）

では、コージー・カルテットと同時代に活動していたクレージーキャッツはどうだったか。その活躍をリアルタイムでつぶさに見ていたエッセイストの小林信彦は、「クレージー・キャッツは、敗戦後のバンド・ブーム、のちのジャズ・ブームが生んだ鬼っ子である」と言っている（『日本の喜劇人』）。戦後のジャズ・シーンの中から生まれながら、結果としてジャズとは異なる場所で成功を収めたバンドだったからだ。

彼らが演奏に喜劇的要素を加えていったのは、もともと米軍クラブの客を喜ばせるためだった。その方面に才能があったのは、リーダーでドラマーのハナ肇とトロンボーンの谷啓である。ハナの喜劇性はもって生まれたキャラクターの面白さに由来するものだったが、谷は子どもの頃から、ジャズと同じくらいバッド・アボットとルー・コステロのボードビルや、マルクス兄弟のコメディ映画を愛好していて、喜劇の勘どころをよく知っていた。クレージーキャッツに入る以前、ビッグ・バンドでトロンボーンのスライド管を足で操作する谷の姿が目撃されている。「なぜ足を使うんだい?」と聞かれた谷は「だって、つまんないんだもん」と答えたという。小林信彦は、クレージーキャッツのクレージーたる部分の多くは、谷啓の一種の幼児的感覚に発していると言っている。

その二人以外にコメディの素養がもともとあったメンバーはいなかった。サックスの安田伸は東京藝術大学の器楽科を卒業したエリートであり、植木等はビング・クロスビーやトニー・ベネットのようなクルーナー（crooner）になりたがっていた。croonとは小声の低音で歌うボーカル・スタイルのことで、ほかにフランク・シナトラが代表的クルーナーとして知られる。

ベースの犬塚弘もピアノの石橋エータローも、当初はコメディをやることに大いに戸惑っていたようだ。石橋が結核で倒れたときにクレージーキャッツに加入し、石橋復帰後もメンバーとしてバンドに残った「七人目のクレージー」桜井センリは、ロンドン生まれで小学生の頃からピアノを習い、秋吉敏子の後釜でビッグ・バンド、ゲイ・スターズのピアニストとなった才人だった。犬塚は、「桜井さんにコントをやらせるのが申しわけなくて仕方がなかった」と後年振り返っている。

初期のメンバーであった稲垣次郎もコメディをやることが嫌でバンドを離れている。「僕は、どっちかというとまともなジャズやブルースをやりたかったから、そのバンドからも離れていったわけ」と彼は語っている（『植木等伝』）。稲垣はのちに日本のジャズ・シーンを代表するサックス・プレーヤーとなる。

テレビ時代とともに始まった快進撃

この頃のクレージーキャッツの定番のネタの一つが「枯葉」だった。植木がクルーナー・ヴォイスで「枯葉」を歌い始める。一番が終わって間奏になるとハナ肇が葉の枚数を二枚、四枚、八枚と数え始める。枚数はそのまま倍々で増えていき。三桁の半ばになった頃に植木が「もう、おしまい」と口上を中断させ、何ごともなかったかのように二番を歌い始める。「おしまい」が枯葉を数える「枚」に掛かっていることは言うまでもない。こうして文章で説明してしまっては台無しであるという以前に、現代の感覚ではとくに面白くもないギャグだが、小林信彦は「まったく類のない笑いだと、私はたちまち、とりこになった」という。演奏力のあるジャズ・バンドがこのようなギャグをステージでやるということ自体が当時は新しかったのだろう。

これは言葉の芸だが、米軍クラブでのステージでは日本語は通じない。畢竟、身振り手振りを駆使した滑稽なアクションで笑いをとりにいくことになる。その様子を見た米兵が笑い転げながら「クレージー！」と叫んだことがクレージーキャッツのバンド名の由来である。

この「動きで笑わせる」芸はその後、渡辺プロの後輩バンドであるドリフターズに引き継がれることになる。代表的なものが、洗面器で頭を叩くギャグだ。ドリフはそれを天井から落ちる金盥に転換して自分たちの定番ギャグとした。ドリフのオリジナル・メンバーの芸名はすべてハナ肇が考えたものであり、国民的番組となった『8時だョ！全員集合』のタイトルはハナ肇の口癖「全員集合！」からとられている。ドリフがクレージーから得たものは大きかったのである。

クレージーキャッツの快進撃が始まるのは、本格的なテレビの時代に入ってからである。NHK、日本テレビ、ラジオ東京（現TBS）に続いてフジテレビがテレビ放送を開始したのは一九五九年三月。放送開始の翌日にスタートしたのが、クレージーキャッツ初のレギュラー番組「おとなの漫画」だった。毎週月曜から土曜の十二時五十分に始まる五分間の生放送で、時事ネタをテーマにしたコント番組である。この番組によって、クレージーキャッツは全国区の人気芸能人になったのと同時に、本格的なコメディ・グループになった。ジャズ界と芸能界を分かったあのモカンボ・セッションから五年後のことである。

その後、ザ・ピーナッツとともにレギュラーを務めた日本テレビの「シャボン玉ホリデー」と、六二年の東宝映画『ニッポン無責任時代』を皮切りとする映画出演によって、クレージーキャッツは不動の国民的スターとなっていく。六二年からの十年間で製作された「クレージー映画」は実に三十本に及んだ。

テレビ視聴者という新しいオーディエンス

クレージーキャッツの歩みをたどると、彼らは米軍クラブやキャバレーの観客との妥協と引き換えに成功を手にしたように見える。秋吉敏子や渡辺貞夫や稲垣次郎は、オーディエンスに媚びることなく困難な狭い道を行き、いわばアートに誇り高く殉じる生き方を選んだ。しかしクレージーキャッツは、稲垣が言う「まともなジャズ」をいわば裏切ることによって、芸能人となりスターとなった――。

しかし、この見方が的を射ているとは言えないのは、彼らが選んだエンターテイメントの道もまた狭い道にほかならなかったからである。彼らが決してオーディエンスに媚びを売っていたわけではないことを示す植木のこんな発言がある。

僕らはね、いよいよとなったら楽器の演奏すりゃいいや、ってな気持ちだったからね。だから、必要なこと以外あんまりバタバタしない、必要なこと以外余計なことは喋らないみたいなね、ある意味愛想なしのところがあったの。分からなけりゃ分からなくていいや、みたいなね。無理にウケようとか、客に媚びるとか、そういうことは殆どなかったね。ずーっとマイペースでやってたから。

（『植木等伝』）

バンドのイメージを覆すようなこの発言を晩年の植木等から引き出したルポライターの戸井十月は、こう書いている。

「クレージーキャッツ」のギャグは、どれだけベタなことをやってもハチャメチャやっても、どこか垢抜けていてクールでスマートだった。（中略）「クレージーキャッツ」は、ステージの上でドタバタするコミックバンドであるより以前に、シャイでニヒルな実力派ミュージシャンたちの集まりだったのである。

（同前）

その実力を半ば封印し、バラエティ番組の定型が一切ない時代に、テレビ視聴者という新しいオーディエンスを楽しませるという道なき道を彼らは行った。秋吉敏子や渡辺貞夫が「日本人によるモダン・ジャズ」という道なき道を行ったように。それぞれの選択は、自分たちが何をやりたいか、何を自分の生きがいとするか、何を人々に与えたいかと考えた結果であるという点で等価だった。選んだ生きざまが異なっただけである。

日本が高度成長時代に入ろうとしていた一九五〇年代の半ば、戦後のジャズ・シーンでしのぎを削っていたミュージシャンたちはおのおのの道を歩み始めた。その足跡が、戦後日本のジャズと芸能の両史に確かに残されたのである。

クレージーキャッツと高度成長時代

ビートルズに匹敵する革命

戸井十月は、クレージーキャッツは「垢ぬけて」いて「クール」で「スマート」だったと評した。それをひと言で「ヒップ」と言ってかまわないだろう。クレージーキャッツのヒップネス。その本質を彼らの楽曲に見たのが大瀧詠一だった。

クレージー全盛期の曲の多くは、萩原哲晶とデューク・オクテット（のちセプテット）のリーダーであり、クレージーの初期メンバーだったクラリネット奏者、萩原哲晶と、「おとなの漫画」や「シャボン玉ホリデー」の放送作家だった青島幸男のコンビによってつくられたものだ。現在のテレビ業界で「作家」といえばすなわち放送作家を意味するが、テレビ番組の構成担当者が放送作家を名乗ったのは青島が最初だったという説もある。ジャズ・バンド出身の作曲家と、放送作家兼業の作詞家。「スーダラ節」「ドント節」「無責任一代男」「ハイそれまでョ」「だまって俺についてこい」といった数々のクレージー・ソングは、その黄金コンビによってつくられた。大瀧詠一は、それら一連の楽曲を「ポップ・ソングの革命」と言う。

これまでの、日本の唄は、歌われる内容が決まっていて型があった。そこへクレイジー・ソング（作詞：青島幸男）は本音をそのまま歌にした。これは日本音楽史上、初めてのことでまさに〈革命〉であった。〈ポップ・ソングの革命〉ということでいえばクレイジーの業績はビートルズに匹敵する。

（『クレイジーキャッツスーパーデラックス』ライナーノーツ）

自身が監修した編集盤『クレイジーキャッツスーパーデラックス』のライナーノーツに彼はそう書いた。「本音をそのまま歌にした」と大瀧が言う歌の歌詞とは、例えばこのようなものだった。

チョイト一杯の　つもりで飲んで
いつの間にやら　ハシゴ酒
気がつきゃ　ホームのベンチでゴロ寝
これじゃ身体に　いいわきゃないよ
分っちゃいるけど　やめられねぇ

俺は　この世で一番
無責任と　言われた男
ガキの頃から　調子よく
楽してもうける　スタイル

（「スーダラ節」）

サラリーマンは
気楽な稼業と　きたもんだ
二日酔いでも　寝ぼけていても
タイムレコーダー　ガチャンと押せば
どうにか格好が　つくものさ
チョッコラ　チョイと
パァにはなりゃしねェ　アッソレ

（「無責任一代男」）

（「ドント節」）

思えば一連のクレイジー・ソングは〈サラリーマン〉や〈無責任〉の名を借りて〈自由〉について考え、そして追究した歌といえ、どんな民主主義の国でもこれほどムチャクチャに自由な歌は無いのではないか。ひょっとするとこれは《世界一自由な歌》かもしれない。

（『クレイジーキャッツスーパーデラックス』ライナーノーツ）

大瀧詠一は、植木等が歌い手として、さらに映画の主人公として演じた「無責任男」を戦後日本の自由の象徴と捉えた。小林信彦は、「無責任」という言葉を過剰なほどに肯定した青島幸男の詞作に体制への批判精神を見た。

クレージーキャッツが表現したのは、ついその十五年ほど前まで日本国を隅々まで覆っていた軍国主義の「野暮」に対する、無責任という名の「粋」だった。そう言ってもいいかもしれない。「粋」とは、垢ぬけていて、クールで、スマートであること、すなわちヒップと同義である。

「これは真理を突いた素晴らしい歌だ！」

よく知られているように、植木等本人は酒にもクスリにも瀟洒な生活にも無縁な堅物であった。社会活動家であり浄土真宗の僧侶であった父・徹誠《てつじょう》の薫陶を受けて育った彼は、クレージーのデビュー・シングル「スーダラ節」を歌うことに当初抵抗があったという。青島がつくった

「分かっちゃいるけどやめられねえ」というふざけた歌詞を自分が歌っていいものかと悩んだ末に、彼は実家に足を運んで父に意見を請うた。目の前で「スーダラ節」を歌ってみせた植木に、徹誠はこう説いたという。

人間てものはな、みんな、わかっちゃいるけどやめられないものなんだ。医者にこれやっちゃいかん、先生にこれしちゃいかんと言われてもやりたくなるものなんだ。宗祖親鸞上人は九〇歳で亡くなったけど、亡くなる時に、〝我が生涯は、わかっちゃいるけどやめられない人生であった〟と言ったんだ。それが人間てものなんだよ。青島君て人は実に才能がある。これは真理を突いた素晴らしい歌だ。ヒット間違いなしだから、自信を持って歌ってこい！

（『植木等伝』）

果たして「スーダラ節」はその言葉どおりの大ヒットとなり、累計売り上げは八十万枚に達した。クレージーのフロントマン植木等は、かくして戦後最大のヒップスターのひとりとなったのである。植木等をヒップスターとしたのは徹誠のひと言だった。そう考えれば、本当にヒップだったのは、この左翼坊主の方だったのかもしれない。あるいは、その背後にいた親鸞こそ日本初のヒップスターだったと言うべきか。「善人なおもて往生を遂ぐ、いわんや悪人をや」、すなわち悪人こそが救われるという彼の教えには、「落語とは人間の〈業〉の肯定である」という立川談志の言葉に通ずるものがある。クレージー・ソングが市井の人々の心を捉えたのは、だらしなさ、無責任さ、いい加減さといった人間の〈業〉を、あっけらかんと、かつ粋に肯定してみせたからではなかったか。ヒップネスと強靱な大衆性。本来相反するその二つのスタイルを一身で表現してみせたのがクレージーだった。

高度成長とともに終わったクレージーな青春

クレージーキャッツの快進撃が続いたのは、「スーダラ節」がヒットしてからちょうど十年の間である。植木等主演のクレージー映画シリーズは、一九七一年十二月公開の『日本一のショック男』で最後となり、翌年の「シャボン玉ホリデー」の放送終了をもってテレビのレギュラー番組もゼロとなった。ハナ肇は、クレージーのピークは日本の高度成長期とぴったり一致しているとのちに語っている。第一次オイルショックが起きて戦後の高度成長に終止符が打たれるのは七三年である。戦争は遠く過去のものとなり、テレビではドリフターズの時代が始まっていた。料理研究家となるためにすでにグループを脱退していた石橋エータローを除くメンバーたちは、十年間のまさしくクレージーな日々を経て、俳優としてそれぞれの道を歩み始めることになる。全員がすでに四十代に入っていた。戦後日本の成長期の終焉とともに、多忙だった彼らの青春も終わったのである。

昭和期を生き抜いたメンバーに欠員が出始めたのは、平成に入ってからである。一九九三年九月、ハナ肇が肝細胞癌で逝去した。翌九四年には石橋エータローが、さらに二年後の九六年には安田伸が死んだ。二〇〇〇年代に入って〇七年には植木等が、一〇年には谷啓が、一二年には桜井センリが死んだ。谷啓の死因は自宅の階段から転落して頭を強打したことだったが、その直前まで、岩味潔の自宅にいたことが岩味自身の証言から明らかになっている。モカンボ・セッションをレコーディングしたあの岩味潔である。岩味とクレージーのメンバーの親交は一九五〇年代から続いていた。有楽町の〈コンボ〉と伊勢佐木町の〈モカンボ〉からスタートしたモダン・ジャズと戦後芸能界の歴史。彼らの間には、その歴史を共有したことによる同志的友情があったのだろう。

平成とは、クレージーキャッツのメンバーが一人ひとりこの世から去っていくのを見せつけられた時代だった——。クレージーの熱狂的なファンであることを公言している音楽家・文筆家の菊地成孔は、いろいろな場所でそう語っている。そして、できるなら「最後のクレージー」となったベーシスト、犬塚弘と共演したかった、と。

二〇二〇年七月に公開された大林宣彦監督の遺作『海辺の映画館——キネマの玉手箱』に、犬塚は「映画館で幸せそうに居眠りする客」として出演した。この映画を最後に、彼は芸能界からの引退を表明している。二〇一九年十月のサンケイスポーツの取材で、「クレージーのおかげで、いろんな仕事ができた。感謝しています。でも、これからはゆっくりして、あと三年ぐらいで、あの世に行く」と彼は話している。九十歳を過ぎた男の言葉としてとくに不自然ではないし、妻を亡くした独り身の晩年が孤独に蝕まれているわけでもない。彼は、谷啓の得意曲だった「スターダスト」のメロディを遠くに聴きながら語る。

目を閉じれば、ハナ肇、植木、谷啓、エータロー、安さん、桜井さんと、忙しく過ごした日々が甦ってきます。頭の中には「スターダスト」が流れてきます。ぼくの人生はクレイジーとともにあるのです。これまでも、そしてこれからも……。

（『最後のクレイジー　犬塚弘』）

ジャズから出発した男たちは、ビートを「笑い」に、セッションを「コント」に、アドリブを「演技」に変えて、人々の心を鷲掴みにした。戦後最初の芸能人にして最大のヒップスターであったクレージーキャッツの歩みは、日本のジャズの歴史とともに語られるべきである。

ジャズと「反社」と芸能界

芸能界と「反社」の関係

「反社」という言葉が日本語の語彙として定着したのはいつ頃からだっただろうか。以前はたんに「暴力団」もしくは「ヤクザ」と言っておけばよかった人々を、「反社会的勢力」と別の言葉で呼ばなければならなくなったきっかけは、一九九二年に施行された「暴力団員による不当な行為の防止等に関する法律」、いわゆる暴対法だった。

この法律によって暴力団への取り締まりが強化され、稼業のみならず彼らの生活にも多くの制限がかかった。そんな伝統的な暴力団の弱体化の隙をついて、「半グレ」と呼ばれる犯罪集団や海外の犯罪組織が活発に活動することになった。それによって、どの集団がヤクザで、どの集団がそうではなく、またどの犯罪がヤクザによるもので、どの犯罪がそうではないかが不明瞭になった。結果、犯罪的アウトロー集団の定義をより拡大して捉える言葉として「反社会的勢力」が流通することになったのである。

「反社」というその略称を中学生や高校生が日常的に発するようになったのは、芸能人と反社との関わりが次々とゴシップ記事となった近年のことだろう。しかし、芸能界と裏社会との関係は昨日今日に始まったものではない。芸能人のコンサート、芝居、イベントなどの興行が、以前は暴力団の主要な財源の一つだったことは広く知られる事実である。

戦後初の近代的芸能プロダクションと言われた渡辺プロが「近代的」であったのは、創設者であった渡辺晋が、タレントと契約を結び収入を保証したからだったが、彼が進めた近代化はそれだけではなかった。

晋がもうひとつ導入した新しい試みは、やくざが関係する興行と一切、手をきることだった。当時、全国で行われる興行の大半はやくざかそれに関係する興行師が仕切っていた。しかし、新興の芸能プロ社長である晋がたったひとりで反旗を翻すのは無謀だ。彼はまず米軍クラブというやくざの手が回らない場所から仕事を始め、慎重に仕事を拡大していった。

（『芸能ビジネスを創った男』野地秩嘉）

戦後のジャズ・シーンから出発して芸能プロを立ち上げた渡辺晋は、ベース・プレーヤーとしてモダン・ジャズの世界で名を成すことは叶わなかったが、芸能界の「モダン化」には大いに手腕を発揮した。

ヤクザと距離を置く方法は二つあった。一つは、企業がスポンサードする「販促興行」というシステムを活用することだった。企業の販促・宣伝活動と歌手のコンサートなどを組み合わせてイベント化したのが販促興行で、これにヤクザは手を出すことができなかった。もう一つは、ヤクザとの関係を「プロ」に肩代わりしてもらう方法である。戦後興行界のドンと呼ばれた興行師、永田貞雄こそ、渡辺が頼りにしたプロであった。

渡辺と永田の出会いは一九五五年、渡辺率いるシックス・ジョーズがまだ活動している頃だった。植木等や谷啓が在籍したフランキー堺とシティ・スリッカーズや、トランペットの南里文雄のホット・ペッパーズなど八組のバンド、シンガーらによる地方巡業を担当したのが永田だった。そこで永田の仕事ぶりに渡辺が感心したことから、のちに二人は関係を深めていくことになった。永田の事務所で働いたことがあるという興行会社社長はこう語る。

> 永田さんと渡邊晋さんは親しい関係でした。一時は永田さんが闇の世界から渡邊さんを守ったこともあったようです。（同前）

永田が渡辺を「闇の世界」から守ることができたのは、半身をその世界に置いていたからである。

永田はヤクザではないが、二代目山口組の山口登組長と〝兄弟盃〟を交した間柄であった。

これは大きな意味を持っていた。二代目の子分だった田岡一雄三代目山口組組長でさえも、永田の〝オイっ子〟ということになるからである。永田はかつて山口組が興行に乗り出したとき三代目から相談を受け、パートナー兼アドバイザー的役割を果たしていた。

（『ナベプロ帝国の興亡』軍司貞則）

佐賀県の炭鉱町で生まれた永田貞雄は、当初は浪曲師を目指していたが、のち浪曲の興行師に転じ、その対象をほかの芸能やプロレスに広げながら、興行界の顔となっていった。彼のこんなコメントが残されている。

「渡辺さんはジャズの世界、わたしは浪曲から始まってプロレス、演歌の世界と違う畑を歩いてきたんだが、彼も一緒にいてだんだん僕のことをわかってきたんだろうね。〝荷物〟を僕に預けるのが一番安全だということが……」

（同前）

「荷物」とはタレントの隠語だが、永田が預かった「荷物」はタレントだけではなかった。

初代が切り拓いた興行への道

戦後の興行の歴史を紐解いていくと、頻繁に永田貞雄の名を目にすることになる。永田が戦後興行界のドンと呼ばれる地位を築くことができた理由の一つに、山口組と密接な関係があったことが挙げられるが、永田が山口組の威光を頼りにして興行界をのし上がっていったというのは事実と異なる。永田に近づいていったのは山口組の方からだった。

山口組の創設者である山口春吉が興行の世界と関わりをもつようになったのは、一九二二年、元号で言えば大正十一年頃のことである。神戸の新開地で劇場を経営していた市議会議員の福森庄太郎の知遇を得たことで、春吉は興行界への足掛かりを得たのだった。福森は新開地の親分として知られたヤクザである。当時はそのような「親分議員」が全国に多数いた。

その頃の興行の花形といえば浪曲であった。春吉から二十三歳の若さで山口組を継いだ実子・登は、浪曲興行に本格的に取り組むために東京の永田貞雄のもとを訪れ、親交を結んだ。永田は浪曲界のスターであった天中軒雲月の弟子であり、その頃は自ら興行を手がけるようになっていた。永田の力を得て山口組二代目・登が初めて成功させた興行が、神戸の湊川で開催された「東西浪曲一流大会」だった。そのイベントを取り仕切ったのが、山口組興行部、のちの神戸芸能社である。登と永田は兄弟盃を交わして義兄弟になることによって、関係を深めていった。

登がさらにもうひとりの興行界の大物と出会って、関西興行界での地歩を固めるきっかけを得たのは一九三四年のことだった。その大物とは吉本興業の創業者である吉本せいである。この出会いは、せいの側からのアプローチによるものだったらしい。せいは、やはり当時の浪曲界のスターのひとりであった二代目広沢虎造の興行権を獲得するために、登を通じて虎造のマネジメントをしていた浅草の浪花家興行社とのつながりをつくりたいと考えたのである。ここから山口組と吉本興業の深い関係が始まることになる。

しかし、その関係が結果的に登の命を縮めることとなった。吉本せいは登を介して浪花家と交渉し、二代目虎造の大劇場での興行や映画出演の権利を獲得した。それを知らなかった下関の籠寅組が、虎造と映画出演の口約束をしたのがトラブルの発端だった。その話を浪花家から聞いた吉本せいは、契約違反を理由に出演をやめさせるよう浪花家に迫った。浪花家が問題解決を委ねたのが山口登である。山口組は、吉本興業とのつながりができた時点で用心棒のような役割を引き受けていたので、吉本の周辺で何かトラブルが起きたら山口組に相談することが暗黙の了解となっていたのである。

登はボディガード役の子分を連れて、浅草にあった籠寅組の東京事務所に交渉におもむいたが、話し合いの途中で籠寅組の若い衆に日本刀で切りつけられ、ドスを脇腹に突き立てられて重傷を負った。めった突きにされた子分は即死状態だった。登はその二年後に脳内出血で四十一歳の若さで死んだが、このときの傷が死の遠因であったとも言われている。

登の存命中に山口組と籠寅組は関東国粋会を仲介役として和解することになるが、その和解の場を調整したのが永田貞雄であった。

「吉本とヤクザの関係は、距離が近すぎた」

吉本せいの弟であり、吉本興業二代目社長の林正之助は、山口登の志を継いで興行に力を入れた山口組三代目・田岡一雄と深い親交を結んだ。以前の兵庫県警の内部資料には、林正之助は「山口組準構成員」であるという記述があったというし、吉本興業の社史には正之助と田岡一雄の交流の事実がはっきり書かれているという。「ヤクザと興行の関係は、何も吉本に限ったことではない」が、「吉本とヤクザの関係は、距離が近すぎた」と演劇研究者の笹山敬輔は書いている（『興行師列伝』）。

吉本興業の創業は一九一二年、山口組創設は一九一五年である。「ほぼ同時期に関西で誕生した吉本と山口組は、それぞれの世界で天下をとった。両者がその覇業を成し遂げたのは、旧態依然とした世界で、いち早く近代へと対応したことにある」と笹山は言う。吉本興業が社名を「興行」ではなく「興業」としているのは、芸能を「業」、すなわちビジネスとすることを明確にするためだったと言われる。同様に、山口組も三代目の時代になって興行の近代化に本腰を入れることになった。

田岡一雄が、登の死後空席となっていた山口組トップの座について三代目となったのは、敗戦後まもない一九四六年だった。翌年、田岡は永田貞雄の協力を得て、二代目七回忌の追善浪曲興行を成功させる。先に触れたように、先代・登と永田は義兄弟の関係であり、永田と田岡は「叔父」と「甥」の間柄であった。この後も、田岡はさまざまな場面で永田を頼りにすることになる。

登がつくった山口組興行部を田岡が神戸芸能社という組織にあらためたのは一九五五年、株式会社化したのは五七年である。きっかけは、戦後の歌謡史に残るある事件だった。

全国の民放ラジオ局によって設立された日本民間放送連盟（民放連）は、五五年、「十大歌手による民放祭」と題する催しを企画した。ファン投票によって選ばれた十人の歌手を集めて行う一大イベントという触れ込みだったが、はがきによる投票のシステムは不正を容易に許すものだった。ある歌手の後援会は差出人名だけを変えて大量に投票したというし、歌手本人が同じ手法で自分の投票数を稼いだケースもあったと言われる。発表された「十大歌手」の中に、当時の大スターで山口組興行部が興行権をもっていた三橋美智也の名前がないことを知った田岡一雄は、民放連に対抗する別の歌謡祭を開催するために動き出した。

三橋君、それならこっちはこっちで別にやろうじゃないか。だれがみてもおかしくない十大歌手をわたしが集めよう。実質的な十大歌手をこっちでやってみせようじゃないか。

（『完本　山口組三代目　田岡一雄自伝』）

田岡の動きは迅速だった。すぐに、三橋のほか、美空ひばり、江利チエミ、雪村いづみ、春日八郎、近江俊郎、田端義夫といったスターのスケジュールを押さえて、「十大歌手による民放祭」と同じ日に「十大歌手競演歌謡ショー」を開催することを発表した。あからさまなイベントつぶしに狼狽した民放連は、ショーの中止を田岡に要請し、それが突っぱねられると、延期の要望を伝えてきた。しかし、田岡は頑として要望に応じようとはしなかった。この事態を収拾したのは、またも永田貞雄である。

永田は、「このあたりが潮時だ」と、財界の大御所だった日本精工の今里広記を通じて民放連側と接触し、合意点をさぐった。

(『山口組概論』猪野健治)

結果、田岡が企画した「十大歌手競演歌謡ショー」を中止する代わりに、民放連のイベントを「二十大歌手による民放祭」にあらため、かつそのイベントを民放連と田岡一雄の合同主催とすることが取り決められた。田岡の完全勝利だった。

非の打ちどころのない近代的企業

民放連との合意書に署名する際に「山口組興行部」と書くわけにはいかず、神戸芸能社という社名を使ったのが同社のスタートとなった。二年後に正式に法人化した神戸芸能社は社長を田岡一雄、取締役を妻の文子と田岡の舎弟の岡精義《きよし》が務めたが、実務を担ったのは三人の社員で、いずれもヤクザ組織とは無関係の堅気だった。社員の給料は高く、大企業の社員の初任給が一万二〇〇〇円から一万三〇〇〇円ほどだった時代に、四万円から六万円を支払っていたという。また、芸能人に支払う興行のギャラも、他社と比べて十パーセントほど高かった（『山口組概論』）。

田岡は社員に対しては常に「さん」づけで接し、芸能人に対する態度も極めてジェントルだったという。当時、ヤクザが興行を行う場合、収益はギャラのカスリ、つまり中間マージンによるものだったが、田岡は「わしはケチなカスリなんか欲しゅうない」「わしはホンモノの新しい興行をやりたいんや」と話していた。興行はあくまでビジネスであり、収支は透明であるべきであるというのが田岡のスタンスだった。「神戸芸能社は、芸能社としては珍しい非の打ちどころのない近代的な企業体であった」と猪野健治は言っている（『実録小説　神戸芸能社』あとがき）。神戸芸能社設立翌年の年間収益は二〇〇〇万円台だったが、それからわずか五年で年収一億を超える企業に成長した。

神戸芸能社の急成長は田岡一雄による近代的経営が奏功したものであったが、その成功を実演者の側から支えたある人物がいた。天才の名をほしいままにしていた横浜出身の歌手、美空ひばりである。ひばりは一九五八年に自分を社長に、マネージャーでもあった母・加藤喜美枝を副社長として個人事務所「ひばりプロ」を設立した際、事務所の役員のポストを田岡一雄に委ねている。美空ひばりの興行権は神戸芸能社のもとにあり、ひばりと田岡はある時期、まさしく父と娘のような一心同体の関係にあった。

美空ひばりの戦後——アメリカに背を向けた天才シンガー

魚屋の長女として生まれた国民的スター

横浜・黄金町から桜木町を流れて横浜港にそそぐ大岡川。その分流である掘割川がほぼ直線を描いて根岸湾へと流れているのは、この川が人工河川だからである。水運と埋め立て用の土砂の確保のために明治初期につくられた全長三キロに満たないその川の西岸、磯子区滝頭《たきがしら》に美空ひばりが生まれたのは一九三七年五月である。後年、生前最後のシングルとして発表した「川の流れのように」を歌うひばりの胸中に、生まれ故郷を流れるこの川のイメージがあったかどうか。

ひばりは、滝頭の「屋根なし市場」と呼ばれた市場の魚屋の長女として生まれた。

滝頭町というところは、横浜でも庶民的な味わいのある気楽な住宅地です。工場の工員さんや地味な勤め人の奥さんたちが、つっかけサンダルで、割烹着のまま、この市場へとびこんで来る夕方などは、肉屋さんのあげるコロッケやフライのにおいや、お豆腐屋のあぶらげのおいしそうなにおいなどがプン、とにおって来るような、そんな雰囲気です。

（『ひばり自伝　わたしと影』）

アーケードはなく、見上げれば青空があった。だから「屋根なし市場」と呼ばれたのだとひばりは語っている。その市場跡は、現在は静かな住宅街となっている。近くにあった滝頭市場は二〇〇七年まで存続していたが、放火によって再建不能となり、現在もこの地区にある丸山市場は店舗のほとんどがシャッターを下ろしている。滝頭から一キロほど海側にあり、やはり放火の被害にあいながら再建した浜マーケットのみが、かつての磯子の市場の面影を今日に残す。

滝頭に住んでいる人々はみんな歌や芸能が好きでした。よろこびも悲しみも歌の旋律にのせて日々をすごしている人々でした。

（同前）

とくにひばりの父・増吉は芸能を好む趣味人だった。ギターを弾き、都々逸を歌うのが得意で、浪曲の熱狂的なファンでもあった。家には手巻きのポータブル蓄音機があって、ひばりは幼い頃から流行歌のレコードを繰り返し聴き、そらんじて歌えるようになったという。

たとえば、ジャズの王様・ルイ・アームストロングが、石炭ひろいの母親の背中でブルースのリズムをおぼえたように、美空ひばりは、もの心つかぬころから「歌い手」だった。

（『完本　美空ひばり』）


数ある「ひばり本」の中で白眉とされている『完本　美空ひばり』の著者であり、ひばりと生前親交のあったルポライターの竹中労はそう書いている。「ひばりは正真正銘の街の子であり、大衆の子だった。彼女の『原体験』は、戦火に破壊される前の庶民社会で形成された」とも。

戦争が終わって復員した増吉は、配給の魚を横流しした資金で楽器を買いそろえ、地域でアマチュア楽団を結成した。そこで歌ったのがひばりの舞台デビューだった。数えで九歳のときである。旗揚げ公演が行われたのは一九四五年十二月、会場は磯子に当時あった〈杉田劇場〉だった。〈杉田劇場〉は一九五二年に閉館したが、現在は横浜市磯子区民文化センターの愛称としてその名が復活している。

アメリカ人ではなく日本人のために

ひばりのプロとしてのデビューは正確には何年だったのか。情報は資料によってばらつきがあるが、一九四七年十月に伴淳三郎が座長格の日劇小劇場「新風ショー」に出演して初めて自分の持ち歌を歌ったとの記述が公式サイトにはある。「美空ひばり」という芸名を名乗ったのはこのときからのようだ。これを彼女のプロ・デビューとしていいと思う。最初のヒット曲「悲しき口笛」がリリースされたのはその二年後の四九年九月である。この曲は彼女の同名初主演映画の主題歌でもあった。この後のひばりのキャリアは映画とともにあり、生涯の出演本数は一六二本に及んだ。

ひばりが生まれ育った磯子区は、伊勢佐木町や本牧など米軍クラブが多数あった地区に近いが、ひばりがそういった米軍のクラブやキャンプで歌ったという記録はない。戦後の日本のシンガーやジャズ・ミュージシャンが、米軍関連施設でアメリカ人を聴衆として歌や演奏を磨いたのに対し、ひばりは地元滝頭や横浜の人々に向けて歌うところから出発し、その後は映画のスクリーンやラジオを通じて日本の大衆に向けて歌った。同じ一九三七年の生まれで、のちにひばりを含めて「三人娘」と呼ばれるようになった雪村いづみや江利チエミが占領米兵相手にキャリアをスタートさせたのとは対照的である。

アメリカ人を喜ばせるためにではなく、日本の民衆のために歌う。それは、少なくとも戦後初期に流行歌手を目指した歌い手の中にあって特別なことだった。それによって占領という歴史の断絶の影響を被ることなく、戦前から続く日本の歌の文化を戦後につなげることができた。そう考えることもできる。竹中は言う。「ひばり一人孤塁を守り、日本庶民のうたは辛うじて焦土に復帰した」、だから戦後の民衆史は『屋根なし市場』から、美空ひばりが民衆とともに歌でひらいた廃墟の一ページ」を起点にしなければならないのだと。

美空ひばりは、民主主義《アメリカナイズ》に背を向けてうたいつづけ、もう一つの戦後、庶民昭和史の女王となった。

（同前）

竹中の言う「民主主義」とは、アメリカ主導で日本に定着した戦後民主主義のことであり、アメリカ人にいわば媚びを売った戦後の日本文化のあり方を彼は「芸術的植民地主義」と呼ぶ。その論で言えば、米軍クラブで生まれた戦後日本のジャズは、まさしく芸術的植民地主義の申し子であった。一方のひばりは、竹中が言う芸術的植民地主義と完全に無縁だったとは言えないまでも、意識的に距離を置いていたように思える。一九五三年に最初のジャズのシングル「スターダスト」をリリースして以来、彼女は数多くのジャズ・ソングをレコーディングしたが、その中には日本語詞を用いたものが少なくなかった。もしすべてを英語で歌ったら、「工場の工員さんや地味な勤め人の奥さんたち」の心には届かない。あるいはそんな思いがあったのかもしれない。ひばりとジャズとの関係についてはのちに考察したい。

戦後日本社会の表裏を代表する二人の巨人

美空ひばりと彼女のマネージャーであった実母・加藤喜美枝が、横浜国際劇場の支配人であった福島通人に連れられて山口組三代目・田岡一雄のもとを訪れたのは、一九四八年冬のことである。山口組の息のかかった神戸松竹劇場への出演に際しての挨拶が目的だった。これが、その後六〇年代まで続くひばりと田岡の蜜月の始まりとなった。「応接間のソファにちょこなんと坐ったひばりは、まだあどけない少女であった。そのときまで、わたしは美空ひばりという少女の名前さえ知らなかった」と田岡は自伝で振り返っている。

以来、ひばりの後見人として、田岡三代目は公私にわたり面倒をみることになる。神戸と横浜というミナトを出発点とする、戦後日本社会の表と裏を代表する二人の巨人の縁がここから始まった。

（『山口組概論』）

「親分」「お嬢」と互いに呼び合う二人の関係はときに実の親子のようだった。実際、一九六二年のひばりと小林旭の結婚会見には田岡が同席し、二年後に別々に行われた離婚会見の際にも両会見に田岡が同席している。田岡との関係はのちにひばりのキャリアの汚点として語られるようになるが、少なくとも六〇年代という時代、日本を代表するスター同士の結婚会見にヤクザ組織のトップが同席することを、マスコミも、そして大衆も容認していた。
「田岡が美空ひばりというスターに目をつけたのは、むろん、興行ヤクザとしての打算が根底にはたらいていたのだろうが、それだけではない何かが、彼をとらえていたことも事実である」と竹中は言う。その「何か」とは何だったのか。ひばりの地方公演にもしばしば随伴していた田岡のステージ袖での姿を竹中は目撃している。

彼は舞台の袖に立ってひばりの歌をきいていた。ふと気がつくと、親分はひばりの歌にあわせて、楽しそうにうなずきながら足で拍子をとっているのだった。

（『完本　美空ひばり』）

日本初のコミック・バンドと美空ひばり

「私のたった一人の先生でした」

特定の音楽家に師事することなく、横浜のはずれの下町の人々の前で歌うことによって歌い手としての地歩を固めた美空ひばりだったが、彼女が唯一「師匠」と呼んだ人物がいる。戦前に活躍した「あきれたぼういず」のメンバーであり、ギター浪曲の生みの親であった川田《かわだ》晴久《はるひさ》である。戦前は川田義雄の名であきれたぼういずのリーダー格として活躍し、戦後になって改名してからも、映画や舞台などで大いに人気を集めた。

あきれたぼういずを紹介する際は、「ボードビル・アクティング・グループ」「ボーカル・インストルメンタル・グループ」「ジャズ漫才チーム」などさまざまな表現が用いられるが、今日の言葉で言えば要するにコミック・バンドである。その後のクレージーキャッツや初期ドリフターズのように、「演奏し、歌い、笑わせる」芸を日本で最初に確立したグループがぼういずだった。

しかし、その音楽的、文芸的教養の広さと深さにおいて、ぼういずを凌ぐグループはおそらく以後の日本にはない。「チョイと出ましたあきれたぼういず／暑さ寒さもチョイと吹き飛ばし／春夏秋冬明けても暮れても／歌いまくるがあきれたぼういず」という決まりのコーラスからスタートし、浪曲、琵琶歌、新内節《しんないぶし》、童謡、軍歌、ジャズ、シャンソン、タンゴ、ルンバ、ハワイアン、ヨーデル、クラシック、さらには百人一首、石川啄木の短歌、ポパイやドナルド・ダックなどのアニメ・キャラクターや、活動弁士、アナウンサー、ニワトリ、アヒル、猫、カエルの声帯模写と、一つの曲の中に雑多極まる要素をぶち込みながら、全体に笑いの味つけを施して客を楽しませる芸は、手の込んだミクスチャー・ミュージックであり、複雑なコラージュ・アートであった。

そのセンスは、クレージーやドリフよりもむしろ、七〇年代のタモリの密室芸や、八〇年代のスネークマンショーに引き継がれていると言えるかもしれない。「中洲産業大学助教授」に扮して、世界中の音楽をでたらめな曲名とでたらめな言葉で歌いながら解説するタモリの「教養講座『音楽の変遷』」などの芸は、あきれたぼういずの明らかな影響下にあるように思える。

しかし、ぼういず、とりわけ川田晴久の音楽にでたらめな要素は一切なかった。浪曲界のスター広沢虎造のテクニックから学んだと言われる歌と、ギター・プレイ、演奏のテンポと間合いは、まさに一流の音楽家の技と言ってよかった。ギャグのパートに今日笑える部分は一つもないが、笑いが時代とともにある以上、時代が変われればおかしみも変わる。変わらないのは音楽の価値である。

オリジナル・メンバーによるあきれたぼういずの本格的な活動期間は、日中戦争開戦の翌年に当たる一九三八年から三九年までのわずか一年弱に過ぎなかったが、川田はその後もソロ、さらにミルク・ブラザーズ、ダイナ・ブラザーズといったバンドで活動を続けた。「地球の上に朝がくる／その裏側は夜だろう」という一節で有名な「地球の上に朝がくる」はミルク・ブラザーズ時代の代表的な曲で、これによって「川田ぶし」が完成したと言われる。「川田ぶしの異常な人気は、その陽気な歌声が戦時中という檻にさしこんだ一筋の光明として、大衆にうけとられたからである」と竹中労は書いている（『完本　美空ひばり』）。

その川田晴久と美空ひばりが出会ったのは一九四八年、横浜国際劇場での公演においてである。川田らベテラン勢に加えて地元の少女歌手が出演するという趣向の五日間の公演だった。

十一歳の天才歌手の歌を聴いた川田は、その後、ひばりを公私両面でバックアップすることになる。ひばりと母・喜美枝の二人は、川田が経営する神楽坂の旅館に寄宿していたこともあった。

川田さんと親しくしていただけたことは、つらい芸の世界に生きる上での一つのあたたかい灯のようなものでした。わたしのたった一人の先生でした。

（『ひばり自伝　わたしと影』）

のみの市から世に出た歴史的音源

ひばり母娘と川田の三人がハワイに向けて旅立ったのは、その二年後、一九五〇年五月のことである。日系アメリカ人二世を中心に編成された米第一〇〇歩兵大隊が主催する公演に出演するためだった。もちろん、ひばりにとって初の海外公演である。

最初の会場は野外でした。ものすごい入りでわたしはびっくりしました。どこまでも人の頭で埋まっているのです。こんなことはめったにないことだということでした。

（同前）

三人はその後アメリカ本土に渡り、西海岸をおよそ二カ月にわたってツアーした。事実としては知られていたが、音は残っていないと思われていたひばり初のアメリカでのライブ。その「幻の音源」が発見されたのは、今世紀に入ってからである。

二〇〇八年、カナダの録音機器マニアがネット・オークションのイーベイでワイヤー・レコーダーを落札した。ワイヤー・レコーダーとは、戦後の一時期流行した鋼鉄線に音を磁気録音する機器で、その付属品の古いリールの一つに日本語らしい歌が入っていることにそのカナダ人は気づいた。その後ユーチューブで音源に当たって、歌の主が美空ひばりというシンガーであることを彼は突き止めたのだった。

MCの内容から、カリフォルニア州サクラメント市でのステージであることもわかった。オークションへの出品者に問い合わせたところ、レコーダー、リールともにサクラメント市のフリーマーケットで入手したもので、出どころはわからないとの答えだった。録音者不明の歴史的記録がカリフォルニアののみの市から日の当たる場所に出たのは、まったくの偶然だった。

現在、日本コロムビアから発売されているその音源『美空ひばり&川田晴久inアメリカ一九五〇』を聴いて驚くのは、音質のよさだけではなく、小学校を卒業したばかりのひばりの歌の素晴らしさである。当時十三歳だった彼女の持ち歌は、デビュー曲の「河童ブギウギ」と四十五万枚の大ヒットとなった「悲しき口笛」のわずか二曲だけだったが、ほかに岡晴夫の「港シャンソン」や笠置シヅ子の「ヘイヘイブギー」「コペカチータ」、ダイナ・ショアの「ボタンとリボン」などを歌っている。

笠置シヅ子の二曲はオリジナルも相当の名唱だが、ひばりの歌はそれよりも塩辛くブルージーな味わいがあってエッジが効いている。笠置シヅ子はこの小さな天才歌手に恐れをなして、自分の曲を歌うことを禁じた。その歌をひばりが歌えたのは、そこがアメリカだったからだ。その点でも、これは極めて貴重な音源と言うべきである。

観客の多くは日本語を解する日系二世、三世で、川田の漫談に即座に反応していることでそれがわかる。観客たちは、ひばりが一曲歌い終えるたびに割れるような拍手を送る。その観客の温かさと、そばに川田がいる安心感によって、ひばりはもてる力をすべて発揮できたに違いない。竹中労は、ひばりの歌における川田の存在の大きさをこう説明する。

日本の音律は、巷の音楽家であった父親によって選択され、濾過されて、ひばりの幼い生命にそそがれた。そして、歌手としての出発の時に、川田晴久という、不世出の大衆芸術家にめぐりあった。いわば、歌のエンサイクロペディア（百科辞典）であった川田から、ひばりはありったけの知識と技術を吸収した。美空ひばりの「芸」は、そうして形成された。

（『完本　美空ひばり』）

しかし、川田晴久が美空ひばりに与えたものは、歌の知識や技術だけではなかった。ひばりと山口組三代目・田岡一雄の太い絆。そのつながりのきっかけもまた川田に発していた。

山口組三代目と美空ひばり、その宿命的関係

お嬢の身は命に換えても守る

山口組三代目・田岡一雄が「ひそかなファンであった」という川田晴久の舞台を大阪劇場で見たのは一九四八年だった。その時期、川田は持病の脊椎カリエスを悪化させていて、車椅子で舞台に立っていた。その姿を見て「思わず絶句した」と田岡は振り返っている。

華やかな彼の全盛時代を知るわたしたちの年代にとって、車椅子に乗って舞台をつとめる川田の姿はあまりにも痛々しかった。

（『完本　山口組三代目　田岡一雄自伝』）

田岡は楽屋に赴いて一ファンとして川田を元気づけようと思ったが、「もう、いけませんなァ」と弱々しい言葉を吐く川田を見て「じぶんの力で再起できぬというならば、わたしが首に縄つけてもこの男を再起させてやろう」と考えたという。当時、川田は山口組と関係の深い吉本興

業の所属だった。田岡は吉本興業と話をつけて川田の身柄を引き受け、旧知の福島通人にマネジメントを依頼した。元横浜国際劇場の支配人であり、その後美空ひばりを売り出すために新芸術プロダクションを立ち上げたのが福島通人である。彼を介して、田岡とひばりの間に長きにわたって続く縁が生まれることになる。ひばり母娘が田岡のもとを初めて訪れたときの様子は前に書いた。

ひばりと田岡の関係が決定的に深くなったのは、出会いから九年後、ひばりファンにはよく知られている「塩酸事件」が起こってからだった。ひばりの熱狂的なファンであった十代の少女が、浅草国際劇場の舞台の揚幕裏で出番を待つひばりの顔に塩酸を浴びせかけた事件である。「あの美しい顔をみにくくしてやりたい」というのが犯行の動機で、ひばりは複雑に屈折したファン心理の犠牲となったのだった。

同劇場の上階で福島らとポーカーに興じていた田岡は、事件の一報を聞いてすぐにひばりのもとに駆けつけた。幸いひばりは軽傷ですんだが、田岡は深い自責の念に駆られた。「お嬢にもママにも、二度とこんな悲しい思いはさせへんでえ。お嬢に仇をなそうとする者には、誰であっても、指一本ふれさせせん。ワイの命に換えてもな……」と田岡は語ったと『実録小説　神戸芸能社』（山平重樹）には描写されている。

傷も癒えて、ひばりが再び舞台に立つことができるようになると、その公演には田岡が付くのはもとより、山口組の若い衆が前以上にあたりにくまなく眼を光らせ、ひばりを厳重にガードするようになった。

（『実録小説　神戸芸能社』）

一九五七年、ひばりが十九歳のときの出来事であった。

勢力拡大のために欠かせない存在

ひばりにとって田岡は、芸能活動に協力的ではなかった実父・増吉に代わる父親のような存在であり、ある時期の田岡とひばり母娘は疑似的な家族のような関係にあった。しかし、それは必ずしも人間的絆のみによって結ばれた関係ではなかったようだ。

「田岡一雄の美空ひばりに対する可愛がり方は普通じゃなかった。だから彼の個人的な美空ひばりへの愛情という部分もあったでしょうが、それ以上に、山口組という組織にとって、美空ひばりという芸能人は、その勢力拡大のために欠かすべからざる存在であった」

（『「戦後」美空ひばりとその時代』本田靖春）

そんな発言を残しているのは、『往生際の達人』などの著書で知られる芸能評論家の桑原稲敏である。

「美空ひばりが地方の劇場で公演をやる。そこで地元の暴力団組織がどう対応するか。もし黙って看過するなら、それは山口組に対して、争う意思がないということであり、何らかの妨害をすれば、争うという意思表示になる。山口組にとって、敵か味方かという判断は、先方の組事務所と事を構えるといった面倒な手続きを踏まなくても、美空ひばりの公演をやれば、はっきりつくというわけです」（同前）

一方、ひばりにとっても田岡のバックアップはスターを目指す身として欠かせないものだった。「美空ひばりが歌謡界の女王になるまでを、日本最大の暴力組織山口組を抜きにしては一言も語れないし、また、山口組の後押しがなければ、今日の美空ひばりはあり得なかったと断言できます」と桑原は言う。

山口組が勢力を拡大するに当たって、興行部門である神戸芸能社が果たした役割は極めて大きかった。神戸芸能社がマネジメントする芸能人（ひばりはその筆頭だった）の地方公演の際には、山口組系列のヤクザがその土地土地のヤクザ組織に対し、「通れるだけの道をあけてください。でないと、大きな岩を動かしますよ」と告げたと言われる。「大きな岩」が何を意味するかは言うまでもないだろう。そうして拓かれた「道」を悠然と歩きながら、ひばりは日本全国での公演を成功させていったのだった。

竹中労は、「私はひばりと山口組との関係を、『必要悪』であったと考える」と言っている。「芸能界、とくにステージや地方巡業と不可分の関係にある歌手・楽団の場合、ヤクザ集団との連帯がなければ、事実上公演ができない」からというのがその理由だ。同時に、ひばりのような芸能人と山口組のようなヤクザ組織は、「資本主義社会が生んだ一卵性双生児」であり、その結びつきには必然性があるというのが竹中の見立てである。

ヤクザとスターは「庶民の夢のネガ（陰画）とポジ（陽画）」であり、「貧しい階級に生まれた少年少女が、その出世の願望を手っとり早く果たす手段は、ヤクザになるかスター志願か、二つに一つである」と竹中は言う。徳島の貧農の家に生まれた田岡一雄はヤクザとなり、横浜の下町の小さな魚屋の娘として生まれたひばりはスターを志願した。その二人の結びつきは、いわば陰陽の結合が円を形づくる太極図のようなものだったということだ。

「周縁社会」の住人としてのヤクザと芸能人

同様の「階級論」は、宮崎学の『ヤクザと日本』の中にも見られる。「近代大衆芸能をになう芸能者たちは、近代の都市下層社会、それももっとも下層の底辺社会から生まれてきた」のであり、「その都市下層社会、底辺社会は、近代ヤクザが生まれてきた場でもあった」のだと宮崎は言う。

ヤクザ界と芸能界のルーツは、いずれも江戸期の「周縁的社会集団」にある。すなわち、武士、百姓、公家、僧侶、職人、家持町人といった身分に分類されない社会外の民ということだ。明治維新によって近世の身分制度は解体されたが、ヤクザと芸能人がともに「周縁社会」の住人であるという事実は近代以降も変わらない。そう宮崎は説明する。

市民社会から弾かれた周縁の住人同士、相惹かれ合うものがあった――。その見方が、美空ひばりと田岡一雄の、あるいは芸能界とヤクザ界の結びつきを説明するのに妥当なのかどうかはわからない。一つ言えるのは、芸能と反社会的勢力がつながり合う構造には普遍性があるということである。

竹中は、美空ひばりと田岡一雄の関係を、禁酒法時代のアメリカの「暗黒街の顔役」であったアル・カポネとジャズ・ミュージシャンたちとの関係になぞらえてみせる。


ジャズの草創期、ルイ・アームストロングたちがシカゴに進出したときも、同様の事情があったのである。ナイト・クラブで演奏するジャズメンたちはカポネのシンジケートにわたりをつけなくてはならなかった。そして、その庇護のもとに、彼らの音楽を完成していったのである。ギャングたちは、熱狂的なジャズのファンでもあった。一九二〇～三〇年代のアメリカ社会で、ジャズは疎外された無法者（アウト・ロー）たちの音楽であった。なべて、庶民社会の芸能は無法の群れ――ヤクザ集団と結びついていく傾向を持つ。

（『完本　美空ひばり』）

今から百年前。禁酒法時代のアメリカにおけるギャング界とジャズ界の関係とは、果たしてどのようなものだったのか。その事実を考察する前に、美空ひばりとジャズの関係をあらためて掘り下げることで、この章を締めたく思う。キーパーソンは、二〇二一年に九十四歳で没したシャープス・アンド・フラッツの原信夫である。

美空ひばりはなぜ日本語でスタンダードを歌ったのか

アメリカ人のために変えた名前

原信夫が生前「ツカさん」と呼ばれていたのは、彼の本名が塚原信夫だったからである。「塚」をとってステージネームとした理由は、戦後彼のバンドの主な聴衆であったアメリカ人が「ツカ」をうまく発音できなかったからで、「トゥカハラ」や「チュカハラ」では何とも恰好がつかないからあっさりとってしまうことにした、と『シャープス＆フラッツ物語』（長門竜也）にはある。

マイルス・デイヴィス、ジョン・コルトレーンと生年を同じくする原が敗戦を迎えたのは、十八歳のときである。海軍の軍楽隊員だった彼は、昨日の敵が今日の隣人となる激しい変化にほかの日本人同様よく適応し、戦後は米軍キャンプでジャズ演奏の腕を磨いた。アメリカの音楽をアメリカ人に向けて演奏することを生業とした彼にとって、「昨日の敵」のために名前を変えることにとくにためらいはなかったのだろう。

一九五一年に原が立ち上げた原信夫・ウィズ・シャープス・アンド・フラッツ、のちの原信夫とシャープス・アンド・フラッツが美空ひばりのバック・バンドを務めるようになったのは六〇年代に入ってからだった。「三人娘」のひばり、雪村いづみ、江利チエミのうち、ジャズに最も真剣に取り組んでいたのは江利チエミで、シャープス・アンド・フラッツは早い時期からチエミの伴奏をしていた。このバンドの最初のレコーディングは、チエミのクリスマス企画レコードのためのものだった。

あるとき、ひばりと母・喜美枝、チエミ、原がいっしょになる酒席があった。その席で、「ねえ原さん、たまにはお嬢の伴奏もしてやってよ」と切り出したのは喜美枝で、「そうよツカさん、やってあげなさいよ」と後押ししたのはチエミだった。いずれも酔いに任せた軽口だったが、一年ほどのちにそれは現実になった。喜美枝が原にオファーしたスケジュールは度を越していたようで、「少ししてチエミからもスケジュール調整の連絡がきて、彼女はその大部分がひばりの伴奏で取られているのを知ることになった」という(『シャープス&フラッツ物語』)。

娘のライバルから優秀なバック・バンドを奪おうという意図が喜美枝にあったのかどうか。いずれにしても、原信夫とシャープス・アンド・フラッツはその後チエミのもとを離れ、ひばりのバック・バンドとしての活動に力を入れることになる。

占領米兵を相手にジャズのスキルを磨き、渡米してレコーディングまでした江利チエミに対して、ひばりはそれまで本格的にジャズに取り組んだ経験はほとんどなかった。中学三年生のときに「タンゴに二人を」と「スターダスト」という二曲のスタンダードをSPで発売したのが彼女の最初のジャズの仕事で、自伝には「(中等部を卒業した)この年には、初めてジャズを吹き込むこともしました」とごく簡単に記されている。これ以外、自伝中にジャズに関する言及はない。

その後も「薔薇色の人生」/「A列車で行こう」、「愛のタンゴ」/「愛さないなら棄てて」の二枚のジャズSPを発表しているが、それはひばりの膨大なディスコグラフィのほんの小さな一部を成すに過ぎない。彼女が本格的なジャズ・アルバムの制作に取り組んだのは六一年になってからで、それがシャープス・アンド・フラッツとの最初の共同作業となった。アルバムのタイトルは『ひばりとシャープ　虹の彼方』である。

もともとのLPは八曲、二〇二一年に再プレスされたアナログ盤は十曲入りで、よく知られたスタンダードが選曲されているが、そのすべてが日本語詞で歌われている。それ以前にレコーディングされたSPは英語詞が主体であったものの、そこにももれなく日本語詞が加えられていた。この四年後にやはりシャープス・アンド・フラッツとともに録音された『ナット・キング・コールをしのんで　ひばりジャズを歌う』には、完全英語詞で歌われた五曲が収録されている。しかし、それでも全十二曲の半分に満たない。

日本語でジャズを歌うことへのこだわりに、ひばりの独自性を見る意見は多い。『ナット・キング・コールをしのんで』のオリジナル・ライナーノーツで竹中労はこう書いている。

ジャズ歌手としての美空ひばりは、あまり知られていなかった。それは、彼女がジャズを日本語になおしてうたってきたからである。歌は、メロディとリズムだけではなく、解釈でうたうものだ。歌詞がチンプンカンで、心がこもるわけはない。彼女はがんこに、そう主張してきた。

（『ナット・キング・コールをしのんで』ライナーノーツ）

好きな曲を「自分自身の歌」として歌う

しかし、彼女の日本語によるジャズは、生粋のジャズ・ファンにとっては必ずしも受け入れやすいものではなかったようだ。油井正一は『ひばりとシャープ』のジャケットに寄せた文章で、レコードを聴いて「率直にいって、最初の一回は、肩すかしを喰ったような意外さを感じました」と書いている。

しかし、「一回ききとおしたあと、わたくしには初めてこのLPのベースがわかりました。ひばりさんは外国メロディーのうちで、最も好きな曲をえらんで『彼女自身の歌』として歌っているのです。二度目からは、このベースに何の苦もなくひたることができました」と。そして「聴けば聴くほどすばらしいレコード……とは、こういうものをいうのです」と最大限の賛辞を加えている。

日本ジャズ評論の巨人のこの感想は、ひばりとジャズの関係の本質を語っているように思える。油井正一が言っているのは、「ジャズを聴こうと思って聴いたから違和を感じたのであって、これがジャズ・ボーカルのアルバムではなく美空ひばりのアルバムであると思って聴けば、実に素晴らしい作品である」ということだろう。

ジャズの街・横浜に生まれながら、米軍キャンプや米兵クラブとほとんど関わりなくシンガーとしてのキャリアを築いた美空ひばりにとって、アメリカ人は、そしてアメリカの音楽であるジャズは、決して特権的なものではなかった。彼女にとって歌とは、父が買ってくれた蓄音機から流れていた日本の古い歌であり、彼女にとって聴衆の原像とは、幼い彼女の歌に耳を傾け拍手をしてくれた下町・滝頭の隣人たちであった。江利チエミや原信夫のようなアメリカに対する過大な思い入れがなかったことが、彼女を「日本の大衆に向けて歌う歌い手」とした。

ジャズを歌うことによって、キャリアやオーディエンス層の幅を広げようとするポップ・シンガーや演歌歌手は今日もなお多い。ジャズには、シンガーのステータスを一段上げてくれる力があると思われているふしがどうやらある。しかし、ひばりにそのような意識は毛頭なかった。ジャズであろうがポップスであろうが民謡であろうが、要するに歌は歌であって、自分の心の奥底を通過し、自分の肉声に乗れば、彼女にとってそれは自分の歌であった。油井正一の「好きな曲をえらんで『彼女自身の歌』として歌っている」という言葉は、まさしくそれを言いあらわしている。

そのような自由なスタイルが、しかし美空ひばりをどこかヌエ的な存在にしてしまったことも確かだ。日本の古い歌であると思われている演歌が、実は一九六〇年代に音楽産業によってつくられた新しいジャンルであることを丹念に実証した『創られた「日本の心」神話』で、音楽研究家の輪島裕介はこう書いている。

美空ひばりの驚くべきレパートリーの広さは、ここ数年復刻が進んでいるジャズ／スタンダード曲集や「リズム歌謡」曲集によってもうかがい知ることができますが、それは彼女自身の主体的な選択の結果というよりも、「その時々に流行しているものならばなんでも取り入れる」という昭和三〇年代までのレコード産業（及び映画産業）の基本姿勢を最も忠実に反映していたためであり、彼女は万能選手であることによって歌謡界と映画界に君臨していたのです。

（『創られた「日本の心」神話』）

やや長くなるが、引用を続ける。

笠置シヅ子の物真似からはじまって、米軍キャンプ出身の江利チエミ、雪村いづみが台頭するや「三人娘」を組んでジャズ調に接近し、また、その一方で、主に上原げんとの作曲による股旅物やマドロスもの、あるいは船村徹の「田舎調」の楽曲を歌いこなしてきた彼女は、ある意味では近代日本のあらゆる芸能の総合者と位置づけることも可能ですが、逆に、彼女はきわめて優秀な解釈者にすぎず、笠置シヅ子の「ブギ」や江利チエミの「ジャズ」、三橋美智也の「民謡調」、三波春夫の「歌謡浪曲」といった、歌手の個性と特権的に結びつき、かつ後続に影響を与える独創的なスタイルをついに生み出さなかった、ということもできます。（同前）

楽曲の命を生き生きと躍動させる天才

美空ひばりの最大のヒット曲の一つである「真赤な太陽」は、原信夫が作曲し、当時ジャッキー吉川とブルー・コメッツのメンバーであった井上忠夫、のちの井上大輔がグループサウンズ調にアレンジしたものである。編年で編集されたひばりのベスト盤では、この曲は「柔」「悲しい酒」と「芸道一代」の間に挟まれるのが常で、名曲ながら唐突な印象を聴き手に与える。輪島の論を受けて、この一種のちぐはぐさこそが彼女の個性であると言うことも可能だろう。美空ひばりは、実はデヴィッド・ボウイのように変幻自在で融通無碍なアメーバの如き表現者であった――。そのような見方は一般のひばり像にいくぶんの改変を迫るが、決して冒瀆には当たらないと思う。

「クライ・ミー・ア・リヴァー」はジュリー・ロンドンの歌唱で知られる名曲だが、英語圏の人々がどのような感覚をもって彼女の「クライ・ミー・ア・リヴァー」を聴いているかを、日本語を母語とする者が本当に理解することは困難である。しかし、『ひばりとシャープ』でひばりが歌う日本語詞の「クライ・ミー・ア・リバー」を聴けば、おそらくこれこそがまさしく、この曲が本来もつフィーリングなのだろうと感じられる。

彼女は何よりも、楽曲の命を生き生きと躍動させる天才であった。その楽曲はジャズ・ソングか。その歌唱はジャズ・ボーカルか。そういった問いは、ひばりにあってはまったく無意味だった。美空ひばりはまさしく、焦土の戦後横浜が生んだ不世出の歌い手であった。

第四章

ならず者たちの庇護のもとで

ギャングが育てた音楽

「狂騒の二〇年代」のシカゴとジャズ

「みんな、うちのナイトクラブの専属さ」

「一九二〇～三〇年代のアメリカ社会で、ジャズは疎外された無法者（アウト・ロー）たちの音楽であった」と竹中労は書いた。「一九二〇～三〇年代のアメリカ社会」とは、第一次世界大戦後の未曾有の好景気に沸く社会であり、一九二〇年に施行され三三年まで約十四年間続いた禁酒法によって酒の製造と流通が地下化した社会でもあった。二九年に起こった大恐慌によってその好景気に終止符が打たれ、「ローリング・トウェンティーズ＝狂騒の二〇年代」と呼ばれた時代は終わった。しばしば誤解されるが、「ローリング」とは「Roaring（叫ぶ）」であって「Rolling（転がる）」ではない。誰もが浮かれ騒ぎをしていた時代ということである。ジャズが今日知られるジャズとなったのは、まさしくこの時代だった。

スコット・フィッツジェラルドがこの時代を「ジャズ・エイジ」と呼んだことはよく知られている。これもよく誤解されるが、この頃ニューヨークはまだジャズの中心地ではなかった。ジャズ・エイジとは「ニューヨーク・エイジ」ではなく「シカゴ・エイジ」であり、「カポネ・エイジ」であった。

ローリング・トウェンティーズの間、アメリカの工業生産の中心地の一つであったシカゴを支配したのが、アメリカのギャング史において最も名の知られた男アル・カポネである。それは文字どおりの支配で、彼の影響力は裏社会のみではなく、表のビジネス、市政、警察、司法にまで及んだ。人々は口々にカポネを「影の市長」と呼び、彼の君臨を「パクス・カポネ（カポネによる平和）」と表現した。

二〇年代のシカゴはまた、南部の黒人を労働力として大量に受け入れた街だった。シカゴに移住した黒人の中には、ニューオリンズで仕事を失ったジャズ・ミュージシャンも多く含まれていた。彼らはギャングが経営するもぐり酒場を演奏の場とし、ギャングの庇護のもとで安定的に活動することができた。そのような酒場は、スピークイージー（speakeasy）と呼ばれた。

西洋を舞台にした歴史小説で知られる佐藤賢一は、アル・カポネとその宿敵であった司法省の役人エリオット・ネスを主人公とした小説『カポネ』で、カポネ自身にこう語らせている。

ルイ・アームストロング、ジェリー・ロール・モートン、キング・オリヴァー、デューク・エリントン、みんな、うちのナイトクラブの専属さ。しけたニューオーリーンズなんかみかぎって、みんな南部から上ってくる。いったんニューヨークに流れても、それからシカゴに鞍替えする手合いだって、最近は少なくないんだぜ。

（『カポネ』）

カポネはジャズ・ミュージシャンを手厚く保護した。デューク・エリントンの自伝には、彼から金をせびろうとするチンピラを、「エリントンには手を出すんじゃねえ」とカポネが黙らせたといった記述がある。カポネの本拠であったシカゴのサウス・サイドの当時の様子を語るエリントンの言葉を一つ紹介しておく。

思うに、シカゴでもっとも印象的だったのはサウス・サイドではみんな一心同体だということだった。そこは、ほんとうにだれのためでもなく、わたしたちが自分たちのためにある社会だった。そこにはニグロの億万長者が一二人いたが、腹を空かしたニグロも不平をいうニグロも悲嘆に暮れるニグロもアンクル・トムのニグロもいない社会《コミュニティ》だった。また、尊敬し合う男女の社会《コミュニティ》であり、威厳のあるひとたち——医者、弁護士、政策決定者、靴磨き、床屋、美容師、バーテンダー、酒場経営者、遅番の店員、タクシー会社の経営者と運転手、屠殺場の労働者、終夜営業店《アフター・アワーズ》の経営者、密造酒屋——が住んでいた。なんでもあったし、どんなひとたちもいたけど、ジャンキーはいなかった。

(『A列車で行こう　デューク・エリントン自伝』)

パクス・カポネが実現した平等社会と言うべきか。それは実際には、暴力によって支配され、殺人が日常茶飯事であった暗黒社会だったのだが。

カポネとジャズの関係をスルーしてきた映画界

この時代を描いた映画がこれまで数多くつくられてきた。最も初期につくられた映画の一つが『暗黒街の顔役』（一九三二年）で、主人公ルイ・コステロのモデルがカポネである。この映画はカポネ存命中に公開され、カポネ自身も見たと言われている。彼は子分役のジョージ・ラフトをいたく気に入ったらしい。ラフトは二十七年後につくられた『お熱いのがお好き』（一九五九年）でカポネをモデルにした人物を演じている。

カポネと行政の対決を行政の側から描いたのが『アンタッチャブル』（一九八七年）だ。司法省の役人エリオット・ネスをケヴィン・コスナーが、彼とチームを組む警察官をショーン・コネリーとアンディ・ガルシアが、カポネをロバート・デ・ニーロが演じている。カポネは若い頃のトラブルで左頬に三つの大きな切り傷があり、「スカーフェイス（傷のある顔）」と呼ばれていた。その事実を踏まえて『暗黒街の顔役』の原題は「Scarface」となっていて、主人公の顔には目立つ傷があった。『アンタッチャブル』でそのスカーフェイスを演じたデ・ニーロは、ほとんどカポネの生き写しのようで、人好きのする笑みを湛えながら平気で人を殺す残忍さも含め、カポネ在りし日の姿を見事に再現していた。

『シカゴ』（二〇〇二年）は二〇年代のシカゴを舞台にしたブロードウェイ・ミュージカルを映

画化したもので、映画自体も全編ミュージカル仕立てになっている。監獄の中でも看守を買収し放題だったという設定には、時代考証のリアリズムがある。

二〇二〇年には、「ブルースの母」マ・レイニーが二〇年代のシカゴでレコーディングする様子を描いた『マ・レイニーのブラックボトム』がネットフリックスで配信された。これも舞台を映画化したものであり、物語のほとんどがスタジオと楽屋で進行する一種の対話劇である。

カポネ時代のシカゴを舞台にしたこれらの映画の中には、意外にもジャズとカポネの関係を描いたものは一つもない。『シカゴ』ではナイト・クラブのショーの様子が出てくるものの、カポネの名は台詞に一度登場するだけであり、『マ・レイニーのブラックボトム』にはナイト・クラブもスピークイージーもカポネも登場しない。

カポネを描くに当たって、あるいは二〇年代のシカゴを描くに当たって、ジャズというアイテムは必ずしも必要ではなかったということか。一つ例外的な作品が、二〇二〇年に公開された『カポネ』である。脱税で逮捕されたカポネが出所後にフロリダの豪邸で余生を過ごす様子を描いた作品だが、これは一種のB級ホラーとでも言うべき映画であった。梅毒に侵された脳で見るカポネの妄想が現実と入り混じる異様な映像が続くからで、そこに過去の数々の悪事が再現される趣向となっている。見どころの一つが、フラッシュバックにサッチモ（ルイ・アームストロング）が登場する場面だ。カポネが経営するクラブでサッチモが歌うのは「ブルーベリー・ヒル」で、「All of those vows you made were never to be（お前の誓いは何一つ実現しなかった）」という歌詞に尾羽打ち枯らした晩年のカポネの思いが重ね合わされていた。

史実を巧みに織り込んだコメディ映画

二〇年代のシカゴを描いた映画のほとんどがジャズとカポネの関係に注意を払っていない中、唯一、搦め手とでも言うべき手腕でその関係を描いてみせたのが巨匠ビリー・ワイルダーであった。先に少し触れた『お熱いのがお好き』である。

ジャック・レモン演じるベーシストとトニー・カーティス演じるテナー・サックス奏者が出演しているスピークイージーに警察の手入れが入りそうになるところから物語は始まる。摘発されれば店の営業はできなくなり、ミュージシャンの仕事もなくなる。次の仕事を二人で探している間に、偶然彼らは殺人現場に居合わせてしまう。密造酒倉庫でアイルランド人ギャングと一般人の計七人がマシンガンで蜂の巣にされた「聖バレンタインデーの虐殺」の現場である。これは実際に一九二九年に起こった事件で、殺人を指示したのはカポネだと言われている。虐殺の場面を目撃した二人は、カポネに追われる身となる。

ここまではかなり史実に基づいたストーリーで、カポネをモデルにしたスパッツ・コロンボを演じているのが『暗黒街の顔役』のジョージ・ラフトであることもすでに書いた。この先、物語はワイルダーが得意とするテンポのいい喜劇へと転調していく。

二人は女性だけのビッグ・バンドの求人を見つけ、女装してそのメンバーとなってフロリダへの演奏旅行に潜り込むことに成功する。このバンドのウクレレ奏者兼ボーカリストがマリリン・モンローである。この後は女装したレモンの怪演が延々と続き、女性だけのビッグ・バンドという当時としてはあり得ない設定も含めて一種のファンタジーの様相を呈するが、ワイルダーの脚本と映像のリズムが見る人を飽きさせない。ワイルダー、モンロー、レモンそれぞれの代表作であり、異色のギャング映画である。

ピューリタニズムの反作用としてのジャズ

ジャズが今日知られるジャズとなったのは、まさしくこの時代だった——。先にそう書いたのは、第二章で見たように「ジャズ」というジャンル名が誕生したのが二〇年代のシカゴだと考えられるからであり、もし禁酒法がなく、カポネらのギャングがいなければ、また、のちにジャズマンと呼ばれるようになるミュージシャンたちがシカゴに集まらなければ、ジャズという音楽が今日のような姿になっていなかった可能性があるからである。

ジャズという音楽スタイルとジャンル名の成立の背景にあったのは、一九二〇年に始まり一九三三年に廃止された禁酒法だった。酒を禁じる法律が、イリーガルな酒の供給の担い手としてのギャングを育て、ギャングがジャズを育てた。

つくづく不可解なのは、なぜ禁酒法のような法律が「自由の国」アメリカで生まれたのかということである。いや、禁酒法はたんなる法律ではない。禁酒法の施行はアメリカ合衆国憲法修正第十八条によって確定し、その廃止は同修正二十一条によって決められた。つまり、憲法改正によって成立したルールということだ。アメリカの憲法とわが国の憲法を同列に語ることはできないとしても、酒の販売・提供を禁じる文言が憲法に書き込まれるという感覚を即座に理解することは困難である。

なぜ、クー・クラックス・クラン（KKK）のような殺人的差別集団が今も存続しているのか。なぜ、銃犯罪による犠牲者が後を絶たないのに銃は規制されないのか。なぜ、つい数年前まで進化論の否定論者が肯定論者を上回っていたのか——。禁酒法は、それらの「アメリカの謎」と同列に語られるべき大いなる謎と言っていいと思う。

歴史書を読めば禁酒法が生まれた背景と経緯はわかる。しかし、「酒を禁じる」というほとんど絵空事と言っていい事業に情熱を傾けた人々の、その聖人的情熱が何に由来するのかは容易にはわからない。アメリカを建国した英国人のピューリタニズム（清教徒主義）が根底にあると説明する人もいるが、なぜ二十世紀のピューリタンたちは、そこまでして快楽や不道徳や社会悪を抑圧し、封じ込め、隠蔽しようとしたのか。社会から酒を放逐することは、民衆のささやかな楽しみを奪うだけでなく、莫大な税収と、酒造業・飲酒業の雇用を喪失させることになるにもかかわらず。

表向きは聖人的であったが、事実は半ば狂気の沙汰であった歪んだ情熱によって快楽と不道徳は抑圧され、酒文化は壊滅の危機に晒された。その狂気に対する反作用として生まれ育ったのが、ギャングとジャズというわば別種の狂気であった。

ピアニストが見た「ジャズの偉大なパトロン」

閉店後に姿を見せるオーナー

テディ・ウィルソンは一九三〇年代のスウィング期から数多くの録音を残してきた黒人ピアニストで、ジャズ・ファンの間では、テナー・サックス奏者のレスター・ヤングとレコーディングした『プレス・アンド・テディ』（一九五六年）などのアルバムがよく知られている。彼がキャリア初期に腕を磨いたのが一九二〇年代の、つまりアル・カポネ支配下にあった禁酒法時代のシカゴだった。彼は、クラリネット奏者のジミー・ヌーンやルイ・アームストロングのバンドにピアニストとして参加していたが、雇用主はナイト・クラブのオーナー、すなわちギャングだった。

二〇年代のシカゴのギャングは「ジャズの偉大なパトロン」であり、彼らは「ミュージシャンやエンターテイナーには親切で寛大だった」とテディは自著『Teddy Wilson Talks Jazz』で振り返っている。この本にはカポネ時代のシカゴにおけるギャングとジャズ・ミュージシャンの関係を示す貴重な証言が含まれているが、残念ながら未邦訳である。以下、拙訳にてその証言を紹介したい。

テディが契約していたクラブの一つが〈ゴールド・コースト・クラブ〉で、そこがカポネの店であることを彼は当初知らなかったらしい。しかし、ギャングが経営する店であることは知っていて、小遣い稼ぎでバイオリン・ケースにマシンガンを入れて運ぶ仕事を引き受けたりもしていた。カポネがオーナーであることを知ったのは、次のような出来事が何度もあったからだ。

演奏が終わって一般の客が帰ると、ドアがロックされて、十五人の屈強なボディガードを従えたカポネが店に入ってくる。彼はボディガードのほかに二十人ほどの客を引き連れていて、その客人にショーや食事、酒を提供するのだった。その騒ぎは日が昇るまで続いた。

(『Teddy Wilson Talks Jazz』)

テディらはその客を相手に演奏を続けなければならなかったが、演奏の途中でカポネはステージに歩み寄って、すべてのバンド・メンバーに二十ドル札を配ったという。そうして彼はテーブルに戻り、大きなシガーを吹かして微笑みを湛えながら、客人が楽しんでいるのを満足そうに眺めるのだった。

ジャズ好きなギャングたち

店の一階はバーになっていて、テディらが演奏を終えてそのバーに行くと、外でボディガードたちが防弾仕様のキャデラックに乗ってボスの帰りを待っているのが見えた。テディは彼らと話す機会があったが、そのギャングたちがいかにジャズ好きかを知って驚いたという。

彼らは、ジョニー・ホッジスとベニー・カーターのどちらがアルト・サックス奏者として優れているかを議論し、ルイ・アームストロングとジャボ・スミスについて熱心に語りあっていた。グランド・テラスで演奏していたアール・ハインズのすべてを知っていたし、どのレコードで彼の曲が聴けるかも知っていた。ビックス・バイダーベックも、エディ・ラングのギター・プレイも、ジョー・ヴェヌーティのバイオリンの技についてもよく知っていた。彼らはのちにハリウッド映画で描かれるようなギャングスターではなかった。銀行員か大学教授、あるいはビジネスマンのように見えた。（同前）

ミュージシャンの演奏時間は通常夜の十時からだったが、ステージが終わった後に先のようなパーティやギャンブルが続くこともしばしばで、いつ仕事が終わるかはわからなかった。しかし、そのアフター・アワーズの演奏でミュージシャンが手にするチップは、ひと晩で一週間のギャラを超えることもあったという。テディはその蓄財によって車を買うことができたのだった。

カポネは興味深い人物だった。もちろん彼は犯罪集団のキングで、血に飢えた殺人者というイメージがあった。敵対するギャングを一掃してシカゴを牛耳り、ウイスキーを闇で販売し、ギャンブル、麻薬、売春を手がける男。しかし彼はそのような犯罪を、如才なく、ビジネスライクにこなしていた。まるで銀行で働くように。

（同前）

特筆すべきは、彼が黒人に対して非常に寛大なことだったとテディは言う。カポネは自分の支配下にあるギャング以外に闇ウイスキーの取り引きをすることを許さなかったが、黒人の犯罪集団にだけはそれを許可した。黒人居住区があったシカゴのサウス・サイドでは、カポネは黒人大衆からたいへんな人気を集めていた。彼が黒人に優しかったのは、イタリア人と黒人がアメリカ社会の最下層の地位を共有していたからだとテディは語る。

当時、アメリカの民族的ヒエラルキーの一番下にいたのが黒人だった。その次にイタリア人が続き、さらにユダヤ人、アイルランド人が続いた。ヒエラルキーのトップにいるのは、それ以外のアメリカ人だった。カポネが黒人に酒の商売を自由にやらせたのは、たぶん、黒人に対して同じ社会的弱者（underdog）としてのシンパシーがあったからではないだろうか。まあそれは俺の解釈で、本当のところはわからないが。

（同前）

カポネはなぜ偏見と無縁だったのか

カポネ一家がイタリアのナポリからアメリカに渡ってきたのは一八九三年である。一家はニューヨークのブルックリンに居を定め、父ガブリエルはそこに理髪店を開いた。まもなく一家に四番目の男子が生まれた。男の子にはアルフォンスという名がつけられた。一八九九年のことだ。その子が生まれてすぐカポネ家は、アイルランド人、スウェーデン人、ドイツ人などが住むエリアに引っ越した。アルと呼ばれるようになった男の子は、家族とともに幼少期をその街で過ごすことになった。

アルは子供時代の最初の六〜七年間を「外国人」にまじって過ごした。移民のほとんどは出身国別に固まって暮らす傾向があったが、アルはこの孤立癖とはまったく無縁に育った。これが後年の事業展開で彼に決定的な影響を与える。

（『ミスター・カポネ』）

邦訳上下巻で八〇〇ページを超える大著『ミスター・カポネ』の著者であるロバート・J・シェーンバーグはそう書いている。シェーンバーグによれば、イタリア人には、外国人はもとより、国内の「よそ者」を恐れ軽蔑する傾向がある。ナポリ人はカラブリア人を恐れ、カラブリア人はプーリア人を忌み嫌い、プーリア人はバジリカータ人を罵倒する。そしてあらゆるイタリア人がシチリア人を疑い、シチリア人もまた自分たち以外のイタリア人を信用しない――。

子供アルは、この体質をナポリ出身の両親から受け継ぐが、その負の要素は「よそ者」のど真ん中で人格形成期の大部分を過ごすことで打ち消される。これが後年の彼の性格に見られる民族的・地域的・宗教的偏見とは無縁の背景であり、成功の顕著な要素でもあった。（同前）

長じてアルが君臨することになる一九二〇年代のシカゴは、ポーランド人、ドイツ人、アイルランド人、イタリア人、アジア人、黒人といった多人種、多民族が雑然と交じり合って生活する都市だった。そこでアルが成功できたのは、幼少期の経験によって人種的、民族的偏見から自由だったからだとシェーンバーグは見る。

どの国にルーツをもとうが、敵は敵であり、味方は味方である。敵と味方を隔てるのは、あくまでもビジネスにおける利害である。ビジネスの邪魔者である敵を殺すことに躊躇はなく、味方を保護することにも迷いはない。それがアルのスタイルだった。

テディ・ウィルソンの証言によってもそれは裏づけられる。アルにとって黒人ミュージシャンや黒人市民は「仲間」だった。だから彼は黒人を手厚く遇した。それがジャズに対する愛情、もしくはテディが言うように社会の最下層にいる者同士のシンパシーによるものだったのか、それともビジネス上の冷静な判断のみに基づくものだったのかはわからない。しかし、彼が多くの白人のように、黒人をただ黒人であるという理由によって差別することがなかったのは確かな事実である。そのアティチュードが、彼を勃興期のジャズの庇護者とした。

ジャズ史上初の人種混合バンド

アル・カポネの庇護のもとでジャズ・ミュージシャンとしての地歩を固めたテディ・ウィルソンは、一九三二年にニューヨークに移り、数年後に自身のビッグ・バンド「テディ・ウィルソン&ヒズ・オーケストラ」を結成する。ロイ・エルドリッジをトランペットに、ベン・ウェブスターをテナー・サックスに、ビリー・ホリデイやエラ・フィッツジェラルドをボーカルに迎えた豪華なバンドだった。

その活動と並行して、テディは三五年から三九年にかけて、「スウィングの王」のベニー・グッドマンのトリオに参加している。白人がリーダーを務めるバンドの正式メンバーに黒人が招かれるのは、これが歴史上初めてだった。そのあとにメンバーに加わった黒人ヴィブラフォン奏者のライオネル・ハンプトンと並んで、テディは白人社会と黒人社会の壁を越えたジャズ・ミュージシャンとして歴史に名を残すことになった。

それは初めての人種混交（Inter-racial）バンドで、アメリカにおける人種関係の重要な一里塚でもあった。しかし、そんなことを私たちが気にしていたわけではない。私たちにとって重要なのは音楽だった。

（『Teddy Wilson Talks Jazz』）

『Teddy Wilson Talks Jazz』の序文に、ベニー・グッドマンはそんな言葉を寄せている。テディを自らのグループに招いたのはグッドマンだったが、テディ自身に白人社会に適応するスキル、人種間の壁を越えるスキルがなければ「初めての人種混交バンド」が実現したかどうか。彼はそのスキルを「民族的・地域的・宗教的偏見とは無縁」だったアル・カポネのもとで磨いた。そう考えることも可能だろう。

直接間接に総計三〇〇人を殺したと伝えられる「血に飢えた殺人者」は、ジャズが黒人と白人の垣根を越えて大衆音楽となる第一歩を後押しした、まさしく「ジャズの偉大なパトロン」でもあった。

黒人を志願したユダヤ人ジャズマン

「シチリアの奴等を信用してはならん」

ロシアの犯罪組織はロシアン・マフィア、中国の犯罪組織はチャイニーズ・マフィア、日本のヤクザはジャパニーズ・マフィアと呼ばれる。「マフィア」という言葉は、犯罪組織を意味する一般名詞としてほぼ定着している。

犯罪組織ばかりではない。例えば、電子決済サービスのペイパルを立ち上げたメンバーらを称して「ペイパル・マフィア」と呼ぶようなケースもある。ペイパル・マフィアのメンバーには、テスラやスペースXのトップであるイーロン・マスク、ユーチューブ創設者のチャド・ハーリー、リンクドインの創設者のリード・ホフマンらが含まれる。天才起業家集団を家族的犯罪組織になぞらえて「マフィア」と表現したということらしい。

しかし本来、マフィアとはイタリアのシチリア島出身者からなる犯罪組織を示す固有名詞である。ロバート・デ・ニーロ主演の『ワンス・アポン・ア・タイム・イン・アメリカ』（一九八四年）は、禁酒法時代のニューヨークのユダヤ・ギャングを描いた大作だが、デ・ニーロ演じるユダヤ人らがつくった犯罪組織は、自称他称ともあくまで「ギャング」であって「マフィア」

ではない。

対して、マフィア映画の代表作『ゴッドファーザー』(一九七二年)は、ファミリーのルーツがシチリアであることを明確に描いた映画だった。三部作の大長編の最後の幕は、アル・パチーノが演じるマイケル・コルレオーネがシチリアで孤独に死ぬシーンで閉じられている。

民族的、地域的、宗教的偏見とは無縁であったアル・カポネが、例外的にシチリア人に敵愾心をもっていたのは、彼がナポリにルーツをもつイタリア人であったために、マフィアの構成員になれなかったからだと言われている。「シチリアの奴等を信用してはならん。イタリア人とは違って悪い奴等だ」とアルがしばしば語っていたという部下の証言が残されていると評伝『ミスター・カポネ』にある。「これが事実とすれば、カポネについて記録が残っている唯一の偏見である」と著者のロバート・J・シェーンバーグは書いている。

シチリア人をイタリア人とすら見なさない口調に憎悪の色の濃さがあらわれているが、実際の犯罪ビジネスの場面では、アルはシチリア人グループと協力関係を保つこともあった。本音と建て前をうまく使い分けることができたのも、彼が成功した大きな理由だった。

ニューヨーク生まれでありながら、ニューヨーク・マフィアの一員にはなれなかった男がシカゴでギャングの王となれたのは、シカゴにマフィアの確固たる基盤がなかったからである。禁酒法時代、アルが犯罪界のスターとしてメディアを賑わしていることに対し、ニューヨーク・マフィアは苦言を呈したと言われる。アルは聞く耳をもたなかったようだが。

感化院で知った黒人音楽の素晴らしさ

ミルトン・メズローという名前は、ジャズ・ファンの中でもあるいは知らない人の方が多いかもしれない。本名よりもメズ・メズローという愛称で呼ばれることが多かったが、それでもピンと来る人は少ないだろうか。サックスからスタートし、のちにクラリネット奏者となった白人ジャズ・プレーヤーである。

メズローがシカゴで生まれたのは一八九九年だった。幼少期から犯罪を繰り返していた彼は、十六歳で感化院に収容される。そこで出会ったのが、当時はまだジャズとは呼ばれていなかった黒人音楽だった。

> あの数カ月間の感化院での生活のおかげで、おれは黒人たちの才能に触れる機会を持つことができた。彼らは自分の悩みを音楽で伝えながら、元気と活力を維持する精神力と生活力を養うというすばらしい人たちだった。
>
> (『ドラッグinジャズ』)

のちに著した自伝『Really the Blues』でメズローはそう振り返っている。邦訳がないので、メズローに一章を割いているハリー・シャピロの『ドラッグinジャズ』からの引用を交えて彼の証言を紹介する。メズローはさらにこう言う。

これから一生、黒人に密着した生活を送ることになることはわかっていた。連中とおれは、同じ種類の人間だ。これからは彼らの音楽を勉強して演奏する。おれはそう決意していた。（同前）

これが、自分を「志願黒人（Voluntary Negro）」と呼んだジャズ・クラリネット奏者、メズ・メズローの出発点となった。彼が本格的にジャズの勉強を始めたのは、シカゴの街中でキング・オリヴァーのバンドの演奏を聴いてからだった。そのバンドには、セカンド・コルネット奏者であるルイ・アームストロングがいた。ソプラノ・サックスを必死に練習し、禁酒法の施行とほぼ時を同じくして二十代になったメズローは、シカゴのサウス・サイドの店の常連プレーヤーとなった。

「王」に楯突いたユダヤ人

サウス・サイドはアル・カポネがシカゴ全域を掌握する以前から、彼の「シマ」だったエリアである。カポネが実質的なオーナーだった数多くの店の一つ〈アローヘッド・イン〉は、メズローのバンドが常連で演奏していたハコだった。バンドには、リリアンという女性シンガーがいた。彼女と恋仲になった男は、名前をジョンといった。フルネームはジョン・カポネ。アルの二歳年下の弟である。
ジョンは兄と違って仕事ができない男で、カポネ家の厄介者だったようだ。アルが彼に与えたのが、キャバレーや売春宿に届けるビールを官憲から護衛するという簡単な仕事だった。その仕事の過程で、ジョンはリリアンと知り合い恋に落ちた。
家族思いのカポネは、弟とジャズ・シンガーの仲を心配し、シンガーの方の追い出しにかかった。女をクビにしろ。弟との関わりが続くようなら、おまえにも出て行ってもらう。アルはバンド・リーダーのメズローにそう告げた。その後のやりとりは、以下のようなものだった。

メズロー「リリアンをクビにはしないよ。彼女はこのあたりでは最高のエンターテイナーのひとりだ。あんたが弟さんとリリアンの仲を心配するなら、彼をここに近づけなけりゃあいいだろう」
カポネ「いずれにせよ、彼女はもうこの店じゃあ歌えんよ」
メズロー「歌えねえだと。冗談じゃねえ。あんたはウイスキーの匂いを嗅いで酒の良し悪しを判断する。それがあんたの商売だ。だが、音楽に関してはこっちがプロだ。口を出される筋合いはないよ」

その言葉を聞いたアルとその場にいた五、六人の部下たちは、一斉に笑い出した。「よう大先生、おまえはいい度胸してるな」とアルは言って、自分の言葉を取り下げたのだった。

これは、メズローの武勇伝でもあり、アルの公平さを示すエピソードでもある。『ミスター・カポネ』によれば、当時のジャズ・ミュージシャンは、大方のギャングにとってはペットのようなものだった。自分たちのハコでエサを与えて自在に音楽を奏でさせるペット。しかし、アル・カポネとその仲間たちだけが、ミュージシャンをまっとうな人間として扱った。

そればかりではない。メズローはユダヤ人であり、子どもの頃から「カイク」と罵られ蔑まれてきた男だった。カイクとはユダヤ人に対する蔑称であり、黒人に対する「ニガー」に相当する。彼が幼少期から素行が悪くなった理由の一つが、また黒人に対して多大なシンパシーを抱いた理由の一つが、その被差別体験にあった。

だがアルは、黒人を差別しなかったのと同じ理由で、ユダヤ人であるメズローを差別しなかった。「ペット」や「ユダ公」としてではなく、ひとりのジャズ・ミュージシャンとして遇した。メズローが、黒人とともにその後ジャズ界を構成することになるユダヤ系ミュージシャンの先駆けとなることができたのは、アル・カポネという公平を旨とするギャングがいたからだった。そう言って言い過ぎではないと思う。ほかのギャングなら、自分たちのペットであるユダヤ人ミュージシャンから「冗談じゃねえ」と口ごたえされれば、即座に脳天に鉛玉をぶち込んでいたことだろう。

マフィアになれなかったギャングの王と、黒人になりたかったユダヤ人ジャズマン。その二人の間には、先の一件によってほのかに小さな友情のようなものが芽生えた――。歴史書はそこまで言及してはいないが、そんな想像をしてみたくもある。

アル・カポネの誕生パーティでピアノを弾くのはファッツ・ウォーラーの役割だったし、同じくピアニストのアール・ハインズは、「アルはミュージシャンとウマが合う男だった」という証言を残している。彼は、「公平な犯罪者」であっただけではなく、純粋にジャズを愛した男だった。

ニューヨークでマリファナの代名詞に

その後のメズ・メズローの人生は、波乱に富んだものだった。彼はマリファナに出会って、この「魔法の葉っぱ」の虜になり、ミュージシャンとしてよりも「最高の葉っぱをもっている男」として名が知られることになる。一九三三年に禁酒法が廃止されるとともに、シカゴ・ジャズの全盛時代も終焉を迎え、ジャズ・ミュージシャンの多くは新たなジャズの中心地ニューヨークを目指した。メズローもそのひとりだった。

しかし、仕事はうまくいかなかったらしい。ストリップ小屋の伴奏の職に嫌気がさして、黒人居住区のハーレムに移り住み、マリファナの売人としてさらに名を高めることになった。マリファナの隠語の一つである「メズ（メッズ）」は、彼の愛称から取られている。

メズローは暗黒街の名士として、ほとんど全米的に有名になり、ニューヨークを訪れた者は、メッズ（マリファナ）を体験したいがために、メズローを捜すほどだった。

（『ドラッグinジャズ』）

売人として白人ギャングの使い走りのような仕事で生計を立てていたメズローは、さらに別のドラッグの信奉者になる。その頃、ニューヨークに蔓延していた阿片である。先の『ワンス・アポン・ア・タイム・イン・アメリカ』では、この時代のニューヨークの阿片窟の様子がかなり詳細に描かれているが、現代の感覚で言えば、一種のリラクゼーション・サロンのようなものだったようだ。客にもれなく中毒症状があらわれることを除けば。

阿片中毒から脱し、再び音楽に向かい合おうとしたときのメズローの証言は、ヘロイン地獄から生還した時を振り返るマイルス・デイヴィスの言葉によく似て感動的である。

ある晩、いつもの場所に座りこんで音楽を聞いていたおれは、クラリネットのケースを手にすると立ち上がり、部屋に鍵をかけて閉じこもった。クラリネットを組み立てて、しばらくじっと見ていたが、そのうち、楽器をそっと唇に当てて吹いてみた。豊かで丸みのある美しい音が、振動しながら出てきた。腹の底から響いてくるような音。命がこもり、弾むような力強さがある。この四年間、おれはずいぶん泣いたものだ。だが、このときの涙はまぎれもない純粋な涙だった。おれは人間だ。目が覚めた。生き返ったんだ。

（同前）

油井正一は、「彼のクラリネットは技術的にはうまくない。だがジャズにおいてはテクニックがすべてでない。こんなにもハートのこもったクラリネットを吹く人は黒人の一流にも稀である」とメズローを評した（『ジャズの歴史物語』）。

彼はその後フランスに渡り二十年ほど活動したのち、一九七二年パリに没した。彼の魂は今、ショパンやエディット・ピアフも眠るパリ最大の墓所ペール・ラシェーズ墓地にある。

悪徳政治家の懐で生まれたジャズ

ジャズの街カンザス・シティを支配した男

映画監督のロバート・アルトマンは、一九二五年にミズーリ州カンザス・シティに生まれた。父親は保険のセールスマンとして大きな成功を収めた人物で、マフィア史上最大のボスと言われるラッキー・ルチアーノの右腕だったフランク・コステロとも親交があった。

彼がつくった映画『カンザス・シティ』は第二章でも紹介した。一九三四年のカンザス・シティを舞台にした映画で、当時九歳にしてジャズ・クラブに出入りしていたというアルトマンの記憶を物語のベースとした作品である。

一九三〇年代のカンザス・シティにはどこよりも沢山の娼館があり至る所で売春が行われていた。大恐慌の時代だったが他のどこにも雇い手がいない時、カンザス・シティにはバンドに金を払う人間がいた。仕事があるからジャズの楽士はみなここをめざした。

(『ロバート・アルトマン わが映画、わが人生』)

インタビュー集『ロバート・アルトマン わが映画、わが人生』の中で、彼はそう語っている。アルトマンによれば、ジャズ・ミュージシャンはほかの街の倍の金をカンザス・シティで稼ぐことができたという。一九二九年の大恐慌でアメリカの各都市の景気が一気に悪化したのちもこの街の経済が比較的安定していたのは、ひとりの独裁者によって盤石のビジネス・インフラが築かれていたからだった。カンザス・シティのジャズの歴史を語る際にはほぼ例外なく言及される男、トム・ペンダーガストである。

ペンダーガストが、同じくジャズの街シカゴの支配者であったアル・カポネと異なるのは、ジャズを含む音楽一般にまったく興味がなかったこと、そして、裏世界の人間ではなくリーガルな存在、つまり政治家であったことである。ペンダーガストはカンザス・シティの市議会議員であり、その立場によって「合法的」に街中をくまなく支配したのだった。

街はボスのトム・ペンダーガストに牛耳られていて何もかもが腐敗していた。禁酒法時代にもあそこでは酒場の看板を下しもしなければドアを閉ざすこともなかった。

（同前）

この街におけるジャズの勃興から初期のビ・バップの発生までの歴史を詳細に記した『カンザス・シティ・ジャズ　ビバップの由来』（ロス・ラッセル）にはこう書かれている。

カンザス・シティのスタイルを自覚のないままに作った人物が、まったく音楽を聴かない男、政治ボスのトム・ペンダーギャストだった。ペンダーギャストは、生涯、遅くとも毎晩九時、つまりカンザス・シティのナイトクラブでの音楽演奏がかろうじて始まる時刻には、床につくことにしていた。しかし、かれは、悪徳とギャングの支配を奨励し、カンザス・シティを取締りの緩やかな都市に変えることによって、音楽サーヴィスのためのもうひとつの急成長の市場を作ってしまった。

（『カンザス・シティ・ジャズ　ビバップの由来』）

カンザス・シティ・ジャズのスタイル

「カンザス・シティのスタイル」のジャズは、ニューオリンズ・ジャズや、その直接的な連続線上にあるシカゴ・ジャズとはまったく別の発展をした。「ニューヨークのジャズよりもはるかに重要なこの地域のジャズ発展史」が言及されることが少ないのは「評論家の怠慢といわざるを得ない」と油井正一は指摘している。

カンザス・シティ・ジャズの特徴は第一に、米中西部に当たるこの地域の土着のブルース、ブラス・バンド、ラグタイムという比較的少ない素材によって形成されている点にある。アフリカ音楽、カリブ海音楽、アイルランドやスコットランドの民族音楽、フランス近代音楽など、雑多な要素がごった煮となって生まれたニューオリンズの音楽とは、その点が大きく異なっている。

第二の特徴として、ブルースとジャズというスタイルの異なる音楽が緩やかにつながっている点が挙げられる。「三コードを基本としたAA'Bの十二小節」というブルースの形式をジャズ側が吸収しただけでなく、ブルースの「ヴォイス」を器楽化したのがカンザス・シティのジャズだった。ロス・ラッセルは「ジャズメンとブルースの伝統とを結ぶ結節点は、声楽的奏法というコンセプトにあった」と表現している。簡単に言えば、ブルース歌手の歌を楽器で再現しようとしたのがカンザス・シティ・ジャズだったということだ。

ニューオリンズ・ジャズが、バディ・ボールデン、キング・オリヴァー、ルイ・アームストロングといったコルネットもしくはトランペット・プレーヤーを中心に形成されたのに対し、カンザス・シティのジャズは圧倒的に「サックスの音楽」である。もともとクラリネットを演奏していたプレーヤーたちのほとんどが途中からサックスに転向しているのも、この楽器の音色が最も人間の肉声に近いからだと考えられる。その土壌から輩出したのが、ベン・ウェブスター、レスター・ヤング、チャーリー・パーカーといった傑出したサックス奏者たちだった。

第三に、現代のジャズやロックまで継承されている「リフ」という形式がカンザス・シティで生まれた点も強調しておきたい。ラグタイムはしばしば「ジャズのルーツ」と漠然と説明されることが多いが、純然たる楽譜音楽であって即興の要素がまったくないこと、リズムのフィールがスウィングとはまったく違うことの二点においてジャズとは異なる音楽である。ジャズに継承された要素は、主にピアノで演奏されていたベース・ライン、つまりピアニストが左手で奏でるリズムにジャズのベースの奏法への影響が感じられるところと、右手で奏でられるメロディが多くの場合シンコペートしているところの主に二つである。拍のアクセントをずらすシンコペーションはアフリカン・アメリカンが近代音楽に持ち込んだものであり、西洋音楽と黒人音楽の特徴を分別する要素であるとされる。

ラグタイムから出発したカンザス・シティのピアニストの多くは、この音楽を自分のバンドに取り入れ「ジャズ化」することを試みたが、問題はバンドのプレーヤーのほとんどが楽譜を読めないことだった。そこで苦肉の策として編み出したのが、楽譜がなくても演奏できるところまでメロディを短く簡略化し、かつ複雑なアレンジなしで演奏するという方法だった。その短く簡略化されたメロディが「リフ」、譜面なしで演奏できるアレンジがいわゆる「ヘッド・アレンジ」である。頭で覚えただけで演奏できるアレンジということだ。

リフ、ヘッド・アレンジ、そしてブルース形式の三つの要素が揃う最大のメリットは、ジャム・セッションが容易になるということである。その曲が何であるかは簡単なリフによって示される。ブルースだからキーがわかれば誰でも演奏できる。難しいアレンジ譜はない――。そうして、ジャズにおける「ジャム・セッション文化」がこの街で花開くことになったのだった。そのジャム・セッション文化こそが、カンザス・シティの第四の特徴である。

ミュージシャンが自由にセッションをするには、然るべき場所がなければならない。そのような場所が、カンザス・シティには数多くあった。ペンダーガストの息のかかったクラブやキャバレーである。もれなく音楽演奏を必要とするそのような店が、最盛期には街の中心部に少なくとも五十以上あったという。

カンザス・シティのありとあらゆるクラブの支配人、酒の運び屋、小ボス、淫売宿のマダム、娼婦、ひも、麻薬の売人、ごろつき、バーテンたちが、ペンダーガストの恣意と認可にもとづいて、営業していたのだ。

（『同前』）

ミュージシャンたちを差配した飴と鞭

クラブやキャバレーの経営を任されていたのは、「カンザス・シティのカポネ」と呼ばれていたジョニー・ラツィオなどのギャングだった。彼らは飴と鞭を使い分けてジャズ・ミュージシャンを差配した。ジャズが演奏される店には「キティ」と呼ばれるカンパ箱が設置されていて、酔客たちがそこに投じた金はギャングではなくミュージシャンの取り分となった。ギャングたちが音楽に対して口を出すことは一切なく、客相手の演奏が終わったあとに、自由にジャム・セッションを続けることも許した。

それらの「飴」に対して、残酷な「鞭」もあった。〈ヘイ・ヘイ・クラブ〉という店に出演していたミュージシャンたちは、営業前の夕刻に、武装したギャングの車に乗せられ、郊外のひと気のない場所に連れていかれたことがあった。ギャングたちは、そこでひとりのチンピラにステッキとバットをもって壮絶なリンチを加え、その一部始終をミュージシャンたちに見物させたのだった。お前たちミュージシャンを雇用しているのは我々であり、分別を失ったやつには相応の罰が下る。この街のそんな掟をギャングたちはミュージシャンに見せつけたわけだ。

映画『カンザス・シティ』の舞台となっているのが、まさしくこの〈ヘイ・ヘイ・クラブ〉である。映画は、本編のストーリーと〈ヘイ・ヘイ・クラブ〉での延々たるジャム・セッションとが並行して進んでいく構成になっていて、アルトマン自身はそれを「対位法的な手法」と表現している。

ジャズ・ファンからすると、そのカンザス・シティ・スタイルのジャム・セッションの場面こそがこの映画の最大の魅力で、そのファン心理を知ってか、セッション場面だけを編集した『ロバート・アルトマンのジャズ'34』という作品が別途つくられている。日本では『スーパー・ジャズ・セッション・イン・ヘイ・ヘイ・クラブ』というタイトルでDVDが発売された。

映画でも描かれているように、カンザス・シティのジャム・セッションは終わりのないバトルだった。真夜中から始まるセッションは朝まで、場合によっては昼過ぎまで続くこともあった。途中、リズム・セクションのメンバーが脱落すると、その場にいないミュージシャンを早朝に電話で叩き起こし、店まで呼びつけることもしばしばだったという。

第二章でも多少触れたが、映画では総勢二十一人の一流ジャズ・ミュージシャンが三〇年代当時のミュージシャンを演じている。レスター・ヤングはジョシュア・レッドマン、コールマン・ホーキンスはクレイグ・ハンディ、カウント・ベイシーはサイラス・チェスナット、女性ピアニストのメアリー・ルー・ウィリアムスはジェリ・アレン、ドラマーのジョー・ジョーンズはヴィクター・ルイスが演じる。音楽映画によくある当てぶりではなく、すべて実際の演奏である。ジャズ史の伝説となっているレスター・ヤングとコールマン・ホーキンスのテナー・サックス・バトルも、ジョシュア・レッドマンとクレイグ・ハンディが激しい演奏で再現していて、この映画の大きな見どころとなっている。

トム・ペンダーガストが「自覚のないままに作った」カンザス・シティのスタイルは、のちにニューヨークにもち込まれ、ジャズ史における最大の革命であったビ・バップ誕生の動力となる。

ジャズと原爆――カンザス・シティ～ヒロシマ・ナガサキ

ペンダーガストの手引きで政治家となった男

政治とは金のかかるものらしい。永田町では「立たない札束」は、はした金と言われる。札束が自立するのは三〇〇万円からで、政治の世界ではそれに満たない金で人を動かすことはできないのだと、元首相の海部俊樹は書いている（『政治とカネ』）。

所詮この世は互いの利益の軋轢で、それを解決するのは結局互いの利益の確保、金次第ということだ。（『天才』）

国会議員時代、田中角栄の金権政治批判の急先鋒だった石原慎太郎は、その田中角栄を主人公とした一人称小説『天才』で、角栄自身にそう語らせた。

田中角栄が意中の選挙立候補者に一人三〇〇〇万円という大金を惜しげもなく配ることができたのは、道路利権を手中にしていたからだった。これは、一九二〇年代から三〇年代のカンザス・シティを支配したトム・ペンダーガストと共通する。禁酒法下にあって、ペンダーガストは酒の販売、クラブ経営、売春、賭博といった商売を手がける一方、建設会社を経営し、ジャクソン郡（カンザス・シティはこの郡の中心都市である）の公共事業や道路建設を一手に受注していた。

彼に仕事を発注する立場にあったのが、郡判事のハリー・S・トルーマン、のちの第三十三代アメリカ合衆国大統領である。トルーマンは、ペンダーガストの手で地方政治の世界に誘い込まれ、ペンダーガストの手で中央政治の場に押し出され、自身の意志とは無関係に大統領の座にまで上り詰めた男だった。トルーマンが上院議員となったとき、人々は「ペンダーガストの上院議員」と彼を呼んだ。

トルーマンが、フランクリン・ルーズベルトの死去を受けて大統領となったのは一九四五年四月、第二次世界大戦の末期だった。大戦末期の大統領ということは、総計二十万人が犠牲になった沖縄戦も、広島と長崎への原爆投下も、すべて彼の最終責任において遂行されたということである。

街の支配者が念入りにつくり上げたエコ・システム

第一次世界大戦の前線から帰還し、カンザス・シティの下町に服飾洋品店を開くもあえなく失敗して途方に暮れていたトルーマンにペンダーガストが声をかけたのは、一九二二年のことである。ペンダーガストの甥が前線でトルーマンの同僚だったことが縁の始まりだった。ペンダーガストは、政治経験も財産もまったくなかったトルーマンをジャクソン郡の判事候補に担ぎ、難なく当選させた。判事（judge）といっても、仕事の内容からすれば司法官ではなく行政官で、その最大の任務は郡の財務管理だった。

トルーマンは判事となって、「農業地帯であるジャクソン郡の未来は近代的な道路整備にかかっている」との確信を得たというが、それもペンダーガストの入れ知恵だった可能性が高い。トルーマンが進めた道路整備プロジェクトの金は、すべてペンダーガストの会社に流れた。ペンダーガストはその金をもって、郡の役人や警察を買収し、酒の販売や売春などの非合法ビジネスの基盤をつくり、クラブやキャバレーを経営した。それらの店で育ったのがカンザス・シティのジャズであり、そこに花開いたジャム・セッションの文化がモダン・ジャズを生んだ。

そう考えれば、当時この地で活動していたカウント・ベイシーもレスター・ヤングもチャーリー・パーカーも、ペンダーガストが念入りにつくり上げたエコ・システムの一部だったことになる。そのエコ・システムがなかったとしたら、ジャズは今日のような音楽となっていたかどうか。

トルーマンはその後主任判事になり（もちろん、ペンダーガストの力によって）、都合三期判事を務めた。その期間はまさにカンザス・シティ・ジャズの勃興期に当たっていたが、バッハやベートーベンを愛し、ピアノを弾くことを趣味としていたトルーマンは、ジャズを「騒音」と見なして歯牙にもかけなかった。進取の気性に欠けた、保守的な男だったのである。

ペンダーガストが選挙工作によってトルーマンを米上院議員に当選させたのは、自分の力を中央政界に及ぼすためだっただろう。トルーマンはミズーリ州選出議員として六年間の任期をまっとうし、再選して二期目も途中まで務めた。トルーマンが中央に進出した二年後、カウント・ベイシーもまたニューヨークに活動拠点を移し、カンザス・シティ・スタイルのジャズを米全土に広めることになる。

トルーマンの議員生活二期目が中途で終わったのは、ルーズベルト大統領の四選目の選挙に際して副大統領候補に担ぎ出され、大方の予想に反して当選してしまったからである。ルーズベルト、トルーマン、ペンダーガストが所属していた民主党の執行部がトルーマンを副大統領の候補としたのは、純粋に消去法の結果だったと言われる。それまで副大統領を四年間務めていたヘンリー・ウォレスは党内最左派のリベラルで、幹部らからは危険人物と見なされていた。民主党が求めていたのは保守派の言いなりになる人物だった。民主党幹部が「トルーマンに白羽の矢を立てたのは、その職責に見合う資質を彼に認めたからではなく、毒にも薬にもならぬ彼には敵と言えるほどの敵もおらず、もめごとを起こす心配もないという確信があったからだった」と映画監督のオリバー・ストーンは書いている（『オリバー・ストーンが語るもうひとつのアメリカ史1』）。

当初、副大統領選挙への出馬依頼をトルーマンがあくまで固辞しようとしたのは、その大役をこなす自信がまったくなかっただけでなく、ルーズベルト大統領の健康状態がかなり悪化していたためである。合衆国憲法には、大統領の死亡、辞任、免職の際には副大統領が自動的に大統領に昇格するとの一文がある。つまり、その時期に副大統領となることは、早晩大統領の座に就く可能性が極めて高かったのである。

しかし最終的にトルーマンは周囲の圧力に押され、意に反して大勢に従う道を選んだ。そうして、あからさまな裏工作の結果、まるで「隣のおじさん」のような「カンザス・シティの小男」が、大衆の支持を集めていたヘンリー・ウォレスをくだして副大統領に選出されたのだった。当時のトルーマン担当記者はのちに、「まるで街なかから適当に拾ってきたような人物がホワイトハウスにやってきた」と回想したという(『まさかの大統領』A・J・ベイム)。

「ペンダーガストの使い走り」から大統領に

トルーマンが副大統領になることを了承していたルーズベルトだったが、個人的にはトルーマンを見下していて、仕事らしい仕事をほとんど与えず、情報を共有することもなかった。その頃、人類史上初の原子力爆弾開発プロジェクトであるマンハッタン計画が極秘裏に進められていたが、その情報ももちろんトルーマンには与えられなかった。彼が原爆の存在を公式に知らされるのは、その後大統領に就任して実に二週間近くが経ってからである。

周囲が心配していたとおり、何よりトルーマン自身が最も危惧していたとおり、四五年四月十二日にルーズベルトは死去した。そうして、「ペンダーガストの使い走り」だった男は、運命の奔流に押し流されるようにして、ついに合衆国大統領となったのだった。

大戦が最終局面に入っている中で、大統領がやるべきことは山のようにあった。最大の仕事は、スターリンのソビエト連邦、チャーチルの英国とともに戦争終結後の世界をデザインすることであり、ドイツとイタリアが降伏する中でいまだ戦闘の意志を捨てていない日本を降伏させることだった。「トルーマンほど困難な状況で大統領になったものはいない」、また「戦争遂行の過程で、大統領がこれほど大きな責任を負う先例はアメリカの歴史上なかった」と、トルーマンの評伝『まさかの大統領』の著者A・J・ベイムは書いている。

オリバー・ストーンは一貫してトルーマンを無害で無難であるだけでなく、無知で無能な凡人としているが、ベイムは大統領就任後のトルーマンを、凡人ではあっても、公正で、真面目で、仕事熱心で、自制心のある現実主義者として描いている。どちらが真実であったかはわからないが、彼が自分の仕事をやり遂げたことは確かだ。

原爆投下が「政治的に」必要だった理由

彼がやらなければならなかったことは、原爆という圧倒的な軍事力をもって戦後世界におけるソ連の影響力を最小限にとどめることであった。そのためには、この最終兵器の威力を世界に知らしめなければならなかった。それが、日本への原爆投下が「政治的に」必要とされた理由であったと言われる。のちにGHQの司令官となったダグラス・マッカーサーは、軍事的には原爆使用はまったく不必要であると考えていた。原爆がなくても日本がいずれ降伏することは明らかだったからである。

この人類最強の兵器の力を示すためには、投下の準備が整う前に日本に降伏させてはならなかった。一方、ソ連は八月十五日を日限として対日戦に参戦することをアメリカに伝えていた。ソ連が日本に侵攻すれば、戦後の日本は米ソ二国の管轄下に入る可能性がある。アメリカはそれも絶対に避けたかった。八月六日の広島への原爆投下は、そのぎりぎりの駆け引きの中で決定されたものである。広島で五万四〇〇〇人がほぼ瞬時に虐殺された二日後、ソ連は対日参戦を宣言し、その翌日に二発目の原爆が長崎に投下された。

日本への原爆投下をトルーマンが直接指示した文書は残されていないとされている。しかし彼はのちに、「いつどこで原爆を使用するかの最終判断はわたしに任されていた」のであり、原爆を「使用すべきことに疑念をいだいたことはなかった」と明言している(『まさかの大統領』)。

日本の降伏によって第二次世界大戦が終結したのは、長崎に原爆が投下された六日後である。日本の降伏文書への調印は、戦艦ミズーリの艦上で行われた。艦名はトルーマンの故郷ミズーリ州から取られている。

アメリカは、核の威力を示すことで他国の、とりわけソ連の核開発に歯止めをかけようとした。それが結果的に核開発競争の号砲となり、そこから「冷戦」と呼ばれる時代が始まるとは考えもせずに。

冷戦という言葉の生みの親であり、最もよく知られたディストピア小説『一九八四年』の著者であるジョージ・オーウェルは、原爆投下からほどなくして、「我々の目の前にあるのは、ものの数秒で数百万の人間を消し去ることができる兵器を持った、二、三の怪物のような超大国が、自分たちだけで世界を分け合うという未来予測である」と書いた（『あなたと原爆』）。二十世紀末の冷戦終結によってそのような世界は過去のものになったと思われたが、再びオーウェルの予言の方向に世界は向かいつつあるように見える。その危うい世界の基盤をつくったのは、アメリカでありトルーマンであった。

トルーマンは「僕は大統領になろうなんてまったく思っていなかった。ただのアメリカ人なんだよ」と語ったとされる。モダン・ジャズの故郷カンザス・シティの洋品店店主から大統領となった「ただのアメリカ人」を最高責任者として核の時代は始まり、その時代は現在も続いている。モダン・ジャズのルーツの街カンザス・シティはまた、トルーマンという男の数奇な運命によって、冷戦と核時代のルーツの街として歴史に名を刻むことになった。

カンザス・シティとニューヨークをつないだ男

米音楽業界で躍動したボヘミアン

ベニー・グッドマン、カウント・ベイシー、ビリー・ホリデイ、テディ・ウィルソン、ベッシー・スミス、ロバート・ジョンソン、チャーリー・クリスチャン、レイ・ブライアント、アレサ・フランクリン、ボブ・ディラン、ブルース・スプリングスティーン。これらのミュージシャンの共通項は、さて何だろうか。

いずれも、音楽的キャリアの形成を、もしくは名声を得るきっかけをジョン・ハモンドに依っているというのがその答えである。アメリカの音楽に関する書籍を紐解けば、ジャズ、ブルース、R&B、フォーク、ロックなど広範な音楽ジャンルに関わった男として彼の名を目にすることになる。ジョン・ハモンドという同姓同名の男が複数いるのではないかと思わせるその八面六臂の活躍によって、彼は米ポピュラー音楽の歴史における最も重要な裏方のひとりとなった。

一般に、評論家もしくはプロデューサーとされることの多いハモンドだが、その実態は音楽業界における一種のボヘミアンであって、主だったキャリアを列挙するだけでも、英国の音楽誌「メロディ・メーカー」の在米通信員、劇場の共同経営者、ラジオ局のディスク・ジョッキー、コロムビア・レコードのプロデューサー、音楽誌編集者、マーキュリー・レコードの副社長、ニュー・ポート・ジャズ・フェスティバルの実行委員と、活動は極めて多岐にわたる。ほとんど無節操と言うべきフットワークの軽さをもって、彼は業界に跋扈したのだった。

ニューヨークの富豪の家に一九一〇年に生まれたジョン・ハモンドは、二歳からレコードを聴き、十二歳になった頃にはいっぱしのレコード・コレクターになっていたという。「初期のブルース・シンガーの素朴な真正直さや説得力のある抒情性とジャズ・プレーヤーの持つリズムや独創性に、なんといっても一番夢中になった」と自伝『ジャズ・プロデューサーの半生記』に彼は書いている。

高校に進学してからは、当時まだ白人客がほぼ皆無だったニューヨークの黒人居住区ハーレムの劇場やクラブに足を運び、初期のジャズやブルースの演奏に耽溺するようになった。ジャズ・プレーヤーの中で一番のフェイバリットと彼が言うカウント・ベイシーのピアノの演奏を初めて聴いたのは、禁酒法時代末期の一九三二年、ハーレムの〈コバンズ〉というもぐり酒場においてである。そのときのベイシーのプレイはそれほど印象に残らなかったとハモンドは言うが、その数年後に彼はベイシーの音楽と劇的な再会を果たすことになる。

音楽に次いでハモンドが熱中したのが社会活動だった。一九三四年に発足し、のちに黒人公民権運動を中心で推進することになる全米有色人種地位向上協議会（NAACP）に若い頃から深くコミットし、三十年以上その活動に携わった。素封家の出で金銭的憂慮のない若者が社会改革に情熱を傾けるのは珍しい図ではないが、当時にあって彼が特別だったのは、「黒人の音楽がこれほど素晴らしいのに、黒人の社会的生活が保障されていないのは理不尽である」という揺るがぬ信念を若年の頃からもっていたことだった。

私のレコード・コレクションの主流を占めているのは、黒人アーティストの比類ない才能を証明しているものばかりであった。だから黒人に対してしだいに敬意を抱くようになっていたのに、まわりで見聞きするものはすべて、黒人への敬意を拒否している光景ばかりだった。

（『ジャズ・プロデューサーの半生記』）

どんな人でも平等に生まれついているが、黒人の頭の骨は十二歳で固まってしまうから私たちとは違った人間なのだと、彼の母親は十代のハモンドに語って聞かせたという。彼の母が特殊だったのではない。当時のアメリカの一般的白人の多くが、黒人をそのような存在と捉えていたのである。

ジャズに現われた黒人の優秀さを一般に認識させることこそが、私の考えられる最も効果的で建設的な社会的抗議だったのだ。

（同前）

ジャズ史上、最も重要、かつ偶然のオーディション

一九三六年、「わが人生で最も幸運な発見をした」とハモンドが振り返る出来事が起こる。ベニー・グッドマン・オーケストラに随行してシカゴに滞在していた彼は、バンドが出演するコングレス・ホテルの駐車場でカー・ラジオのスイッチをつけ、何気なくカンザス・シティのラジオ局W9XBYに周波数を合わせた。流れてきたのは、カウント・ベイシー・バンドのライブ演奏だった。「私はわが耳を疑った」と彼は自伝に書いている。「私がその晩カンザス・シティからの放送で耳にしたものは、全く驚異的なサウンドであった」と。

その後ハモンドは、ベイシーの演奏が流れる時間になると車に乗り込んで、彼のバンドの音に浸り、音楽雑誌「ダウンビート」にベイシーを称賛する記事を書き、あらゆる業界関係者にベイシーの素晴らしさを吹聴するようになった。音楽評論家レナード・フェザーは、電波を介したハモンドとベイシーの出会いを「ジャズ史上、最も重要、かつ偶然のオーディション」と言っている。

ハモンドはほどなくカンザス・シティに赴き、ベイシー・バンドの演奏を直接聴く機会を得た。「カウント、いままでいちばん興奮したよ。いろんなバンドをきいてきたけど、こういうものはひとつもない。とにかく髪の毛が逆立った」と彼はベイシーに伝えたという（『ジャズの巨人たち』スタッズ・ターケル）。さらに、彼の活動をバックアップすべく、シカゴの一芸能プロダクションで、のちに大手レコード会社となるMCAとの契約を後押しした。

MCAの手引きによって、カウント・ベイシー・バンドはカンザス・シティをあとにし、シカゴを経由してニューヨークに向かった。一九三六年十月のことである。こうして「ジャズの歴史上もっともスウィングするバンドのひとつ」（『ジャズの巨人たち』）は、ジャズの歴史に名を刻む一歩を踏み出したのだった。

カウント・ベイシーのバンドは、ニューヨークの〈ローズランド・ボールルーム〉で白人オーディエンスへの顔見世興行を行い、その後ハーレムの〈アポロ劇場〉への出演によって黒人オーディエンスにも知られるところとなった。ベニー・グッドマン、デューク・エリントン、キャブ・キャロウェイらが活躍していた当時のニューヨークにカンザス・シティ・ジャズのスタイルを広める決め手となったのは、彼らの代表曲として知られる「ワン・オクロック・ジャンプ」のヒットだった。

シンプルなリフとブルースを主体に、プレーヤーのアドリブのスペースを最大限確保し、ラフに強力にスウィングするカンザス・シティ・スタイルは、そうしてアメリカのジャズ・シーンに浸透していった。そのスタイルはまた、インプロヴィゼーションを表現の核とするビ・バップ勃興の土壌ともなった。米中西部の、即興演奏を重視する一ローカル音楽をニューヨークに広め、編曲に重きが置かれていたスウィング・シーンを大きく揺るがしたのがカウント・ベイシーの最大の功績である。

その活躍を陰でお膳立てしたのがジョン・ハモンドだった。自伝では、ベニー・グッドマンとカウント・ベイシーの音楽をレコーディングできたことが自分のキャリア上最も重要な仕事だったと彼は書いているが、今日の視点から見ればむしろ、カンザス・シティとニューヨークをつないだこと、そして結果的にオールド・ジャズとモダン・ジャズの橋渡しをしたことこそが彼の最大の偉業であったと思える。

モダン・ジャズの名門レーベルに引き継がれた歴史

ハモンドがモダン・ジャズの間接的な生みの親のひとりであったことを示す事実が、少なくともあと二つある。一つは、ジャズの世界にエレクトリック・ギターを広めたプレーヤーであり、ビ・バップの創始者のひとりであるチャーリー・クリスチャンを発掘したことだった。クリスチャンの画期的なソロ・プレイに感銘を受けたハモンドは、ベニー・グッドマンのバンドに無理やりクリスチャンを捻じ込み、彼の名をジャズ・シーンに知らしめたのだった。

クリスチャンは、グッドマン・オーケストラの仕事をこなす傍ら、仕事が終わるとニューヨークの〈ミントンズ・プレイハウス〉で、セロニアス・モンクやケニー・クラークらと延々たるジャム・セッションを繰り広げた。その一部が奇跡的に録音され、『ミントンハウスのチャーリー・クリスチャン／The Harlem Jazz Scene 1941』というアルバムとして残されている。胎動期のビ・バップの演奏を記録した歴史的音源であり、わが国のモカンボ・セッションの録音はしばしばこの音源と比較される。

さて、歴史的に見れば、むしろ重要なのはハモンドのもう一つの行動である。彼は、黒人音楽の歴史とその素晴らしさを聴衆に伝えるべく、一九三八年の十二月にカーネギー・ホールで「フロム・スピリチュアル・トゥ・スウィング」というコンサートを開催した。出演者は、ゴスペルのミッチェルズ・クリスチャン・シンガーズ、ブルースのビッグ・ビル・ブルーンジーとソニー・テリー、ニューオリンズ・ジャズのシドニー・ベシェ、カンザス・シティ・ジャズのカウント・ベイシーといった顔ぶれで、とくに観客が盛り上がったのが、ミード・ルクス・ルイス、アルバート・アモンズ、ピート・ジョンソンという三人のブギ・ウギ・ピアニストの共演だった。

ブルースのピアノ音楽であるブギ・ウギをニューヨークの聴衆が生で聴くのはこれが初めてであり、会場全体を揺さぶるようなスウィングは人々の心を鷲掴みにした。その聴衆の中に、ナチスの迫害を逃れてドイツからニューヨークにやってきたひとりのユダヤ人がいた。三十歳になるその男は、ベルリンでジャズを体験してから熱心なジャズ・レコードの収集家となり、いつかジャズの世界で仕事をしたいと夢見ていた。

三人のブギ・ウギ・ピアニストの演奏が、彼の心に燻っていた熾火を燃え上がらせた。彼はコンサートのわずか二週間後にアルバート・アモンズとミード・ルクス・ルイスのレコーディングを敢行することになる。それがのちに「ブルーノート・レコード」と呼ばれるモダン・ジャズの頂点をなす名門レーベルの初レコーディングだった。そのユダヤ人とはブルーノート創設者のアルフレッド・ライオンである。そうしてジャズの歴史は、ハモンドからライオンに、オールド・ジャズからモダン・ジャズに確実に引き継がれたのだった。

第五章

栄光と退廃のシンガー、フランク・シナトラ

「ザ・ヴォイス」と呼ばれた男がジャズにもたらしたもの

モダン・ジャズにおけるオリジナル曲の軽さ

ジャズの楽曲は、スタンダード、ブルース、オリジナルの三つに大別できる。モダン・ジャズという音楽ジャンルの特徴の一つは、デューク・エリントン、セロニアス・モンク、チャールズ・ミンガスら作曲家としても傑出していた一部のミュージシャンを除けばオリジナル楽曲へのこだわりをもつ音楽家が少ないことで、その点がボブ・ディランやビートルズ以来自作自演を基本としているロックとの大きな違いである。

ビ・バップはジャズの歴史における最大の革命だったが、あれは演奏の革命であって、楽曲の革命ではなかった。そもそもビ・バップのミュージシャンたちは曲に革命を起こそうという気などなかったので、彼らにとって演奏の素材は何でもよかった。素材がブルースであれば、そのコード進行に沿って好きなように即興をし、ときにはその即興のフレーズをオリジナルの曲にしてしまった。チャーリー・パーカーの「ナウズ・ザ・タイム」や「ビリーズ・バウンス」はそういった曲である。

ビ・バッパーたちはまた、過去の楽曲を素材にし、そのコードに勝手にメロディをつけて別の曲にしてしまうこともよくあった。パーカーの「アンソロポロジー」はジョージ・ガーシュウィンの「アイ・ガット・リズム」の、「オーニソロジー」はモーガン・ルイスの「ハウ・ハイ・ザ・ムーン」のコード進行を使った「オリジナル曲」である。同じ手法で、ピアニストのタッド・ダメロンは、コール・ポーターの「ホワット・イズ・ディス・シング・コールド・ラヴ」を「ホット・ハウス」に改作している。

ジャズ・ミュージシャンがオリジナル曲へのこだわりを見せるようになったのはおおむね一九六〇年代に入ってからで、その意識がとくに強かったのがマイルス・デイヴィス・クインテットだった。マイルスは台頭するロックへの対抗意識からレパートリーをオリジナル中心に変えたのだった。それが可能だったのは、ウェイン・ショーターという独創的作曲家がバンドにいたからである。

曲をスタンダード化する天才

統計があるわけではないので正確なところはわからないが、レコーディングされたモダン・ジャズの曲の中で最も多いのはスタンダードではないだろうか。スタンダードとは何か。「多くのミュージシャンに取り上げられることによって広く知られることになった曲」ととりあえずは定義できる。では、なぜ多くのミュージシャンがその曲を取り上げたのか。「いい曲だったから」というくらいしか言えることはない。それが十分な説明になっていないのは、スタンダード化していない「いい曲」がごまんとあるからである。

結局、スタンダードがスタンダードであるのは、それがいつの間にかスタンダード化したから、というトートロジーに帰するほかないが、一つ言えることがあるとすれば、その曲がスタンダード化することを促した歌い手なり演奏家がいたということだ。その人が歌い、奏でることで、曲の魅力が多くの人に伝わり、多くの音楽家たちが自分で歌ってみたい、自分で演奏してみたいと強く感じる。そしてその連鎖によって、特定の曲がスタンダード・ナンバーとして定着していく——。

フランク・シナトラは、その作用を引き起こす、つまり曲をスタンダード化する天才であった。「作曲家たちはシナトラを愛している。というのも、彼らが曲を仕上げた時に考えていた以上のものを、シナトラが引き出すからだ」と、評論家のウィルフレッド・シードは書いている。「シナトラが気に入れば、その曲は合格したことになり、だからこそ今でも時々耳にすることができる」のだと(『ザ・ヴォイス　コロンビア・イヤーズ1943-1952』ライナーノーツ)。

実際、シナトラがレコーディングした膨大な曲のリストを見ると、「ジャズ・スタンダードとはシナトラのレパートリーのことである」と定義したくなるほどに、シナトラが歌った曲の多くはスタンダードとなって今日まで歌われ、奏でられ、聴かれ続けている。「マイ・ファニー・ヴァレンタイン」も、「ナイト・アンド・デイ」も、「枯葉」も、「ニューヨークの秋」も、「パリの四月」も、「アイム・ア・フール・トゥ・ウォント・ユー」も、シナトラが歌わなかったら、果たしてスタンダードになっていたかどうか。

聴衆との一体感を生み出す親密な声

シナトラが曲に命を吹き込む名手であったことは、マイルスも指摘している。

一つの曲から充分にその意味を引き出しているミュージシャンや作詞家は多くない（中略）フランク・シナトラはその数少ない例だ。

（『ザ・ヴォイス　フランク・シナトラの人生』ピート・ハミル）

それればかりでなく、マイルスはトランペットの「歌わせ方」をシナトラから学んだのだった。以下は、チャーリー・パーカーのもとで修練を積んでいた駆け出しの頃を振り返ったくだりである。

オレはあの頃、シナトラやナット・キング・コールやオーソン・ウェルズの節回しまで聴いて、フレージングについてずいぶんと勉強した。連中は、楽節とか文節とか句を声で言い回す真の達人だった。

（『マイルス・デイビス自叙伝』）

マイルスは楽器の音のことをしばしば「ヴォイス」と呼んだが、あれは「ザ・ヴォイス」というよく知られたシナトラの愛称を意識してのことだったかもしれない。この愛称はファンやマスコミがつけたものではなく、シナトラの初期の広報エージェントだったジョージ・エヴァンスという男が広めたキャッチ・コピーだった。そのコピーを多くのアメリカ人がごく自然に受け入れたのは、シナトラが歌う声が、まさしく定冠詞つきの「声」と呼ぶほかないほど素晴らしいものだったからだろう。

「クリームのように滑らかな母音と、切れの良い子音」がシナトラの発声の特徴であり、「聴き手に親密な感じを与えること。それが彼の歌の中心にあった」と、映画『幸福の黄色いハンカチ』(一九七七年)の原案者としても知られるジャーナリストのピート・ハミルは表現する。彼は、ついに実現することのなかったシナトラ公認の伝記本の著者に本人から指名された男である。

シナトラ・サウンドとは巧みな息継ぎによるシームレスな音の輝き、完璧な発声による洗練されたニューヨーク風の切れ味、賢いマイクロフォンの使い方から生まれる自然で親密な聴衆との一体感などである。

(『ザ・ヴォイス　フランク・シナトラの人生』)

「寂しさ」を歌い続けた男

シナトラは、憧れていたビング・クロスビーからクルーナーの唱法を学び、加えてベル・カントと呼ばれるイタリア・オペラの唱法を研究して、低い声で囁くように歌う独自のスタイルを確立した。ウイスキーと煙草がその声を最終的に仕上げたのだとハミルは言っている。

シナトラの偉大な先輩であり、二十世紀最大のポピュラー・シンガーと言われるビング・クロスビーも同じくバリトンのクルーナーであったが、ことジャズ界に対してはシナトラほどの影響力をもたなかった。二人の違いはどこにあったのか。

「クロスビーがもたらすものは快適さであり、広い意味での〝アメリカ的〟なものだ。だがシナトラには一種の緊張感があった」とハミルは指摘する。シナトラの歌に「非アメリカ的な緊張感」をもたらしたのは、イタリア移民二世という彼の出自であった。それがハミルの見立てである。

アイルランド人やドイツ人に遅れてアメリカに移住してきたニュー・カマーたるイタリア人は、白人の中でもユダヤ人同様とくに強い迫害を受けた人々であった。歴史のある時期、米南部において黒人のリンチ殺人が頻発したが、イタリア人がリンチで殺されることも多かったことはあまり知られていない。シナトラは同胞のそのような歴史をよく知っていたし、加えて自身の孤独癖を十代の頃から強く自覚していた。

「自分が一番感じるものを歌い上げるのが歌手だ。歌手は誰でもそれぞれに歌い上げたいテーマを持っている。／シナトラの場合それは孤独そのものであった」。そうハミルは言う。「シナトラの一生は、この孤独感をいかに癒すかに費やされた」のであり、「長いキャリアを通じて彼が歌い続けたのは、全て寂しさのバリエーションであった」のだと。

生きることの緊張、迫害の歴史、孤独、寂しさ――。常にタフガイを気取りながら、彼は自分を取り巻くそのような負の要素から目をそらさず、自身の歌の力とした。

ラブソングの歌詞が〝めそめそした〟ものである場合、彼はそれを〝めそめそした〟ものとしてしっかり伝えた。

(同前)

ハミルはこの言葉を使うことを周到に避けているが、シナトラの歌には「ブルース」があったということなのだと思う。アイルランド系で、快活で、健康的なクロスビーの歌には無縁だったブルースが。

そう考えれば、黒人ジャズ・ミュージシャンたちがシナトラの歌を積極的に受け入れたことにも納得がいく。彼・彼女らはシナトラの歌に「イタリア移民のブルース」を感じ、自分たちと同じ悩みと苦しみをその中に認め、彼が取り上げた曲を自分たちの曲として歌い、演奏した。

その結果、シナトラのレパートリーの多くがジャズ・スタンダードとして定着することとなった——。悪くない仮説ではなかろうか。

「シチリア人のブルース」を描いた名作

しかし、「イタリア移民のブルース」という表現には、ブルースという言葉が背負う黒人の歴史とエスニシティの特別な意味合いを薄めてしまう傾きがある。ポルトガル語では、それを「サウダージ」と言うのかもしれない。では、イタリア人であるシナトラのブルースをどう表現すればいいいか。さらに言えば、アジア人や日本人の中にも確実にあるはずのブルース感覚をどうあらわせばいいいか。

答えはないので「イタリア移民のブルース」という言葉を使い続けるが、映画『ゴッドファーザー』の全編には、まさしく「イタリア移民のブルース」と言うべき哀しみの感覚が充溢していた。あの映画はシチリアにルーツをもつマフィアの一族を描いた作品であったから、あるいは「シチリア人のブルース」とすべきかもしれない。

『ゴッドファーザー』には、シナトラをモデルにしたと言われるジョニー・フォンテーンという歌手が登場する。シナトラの父はシチリア第二の都市カターニャの生まれである。シナトラはシチリア系イタリア移民二世であった。マリオ・プーヅォの手になる映画の原作小説が世に出たのは一九六九年だったが、その出版以前からシナトラにはマフィアとのつながりの噂が絶えなかった。それはたんなる噂ではなく、はっきりした事実であったと今日では考えられている。シナトラとマフィアをつないだもの。それは「シチリア人のブルース」であったか、それとも別の何かであったか。

『ゴッドファーザー』で描かれたシナトラの虚構と真実

話題を集めた「馬の首」のシーン

『ゴッドファーザー』の原作が出版されてベストセラーになった際、とりわけ大きな話題を集めたのが「馬の首」のシーンだった。

かつての大スターで、現在は落ち目になった歌手ジョニー・フォンテーンは、映画に出演してキャリアの立て直しを図ろうとするが、ハリウッドの撮影スタジオのボスであり、映画のキャスティング権を握るジャック・ウォルツは、ジョニーに役を与えようとしない。彼が頼ったのは、自分の名づけ親（ゴッドファーザー）であり、ニューヨーク・マフィア界のトップに君臨するドン・コルレオーネだった。コルレオーネは、相談役のトム・ヘイゲンをハリウッドに向かわせ、ウォルツと交渉させる。しかし、ウォルツはジョニーを絶対に映画には出さないと断言する。理由は、彼が手塩にかけた女優の卵をジョニーが誘惑して、自分の愛人にしてしまったからである。

数日後、ウォルツはおびただしい血にまみれた姿で目を覚ます。ベッドの足元には、彼が何より大切にしていた六十万ドルの競走馬の生首がころがっていた。

その物をはっきりと見定めたとたん、ウォルツの身体は変調をきたしてしまった。心臓の上を巨大なハンマーでぶん殴られたようで、鼓動が不規則になり、胸が悪くなった。そして次の瞬間、彼はぶ厚い絨毯《ラグ》の上に胃袋の中味をぶちまけていた。

(『ゴッドファーザー』マリオ・プーヅォ)

映画を見た人ならば、ウォルツの断末魔のような叫びが払暁の屋敷に轟く場面を憶えているだろう。小説が出版されたとき、物語の冒頭でマフィアの恐ろしさを見せつけるこのくだりが注目を集めたのは、読者にあからさまに実在の人物を想起させたからである。ジョニー・フォンテーンはフランク・シナトラ、ジャック・ウォルツはコロンビア映画の独裁的経営者だったハリー・コーン、「女優の卵」はマリリン・モンローである。とりわけ、ジョニーはほとんどシナトラそのものと言ってよく、一九五〇年代初頭に彼の人気が大きく陰っていたこと、それを挽回するために戦争映画『地上《ここ》より永遠に』(一九五三年)への出演を悲願し、ハリー・コーンにさまざまな形でアプローチしていたことはすべて事実である。

シナトラが『地上より永遠に』に出演できた理由

小説に描かれたジョニー・フォンテーンとコルレオーネの関係を、読者がシナトラとマフィアの関係としてそのまま受け入れたのは、それ以前からこの人気歌手と裏社会との関係が取り沙汰されていたからである。彼がスターの座から引きずりおろされたのも、その黒い噂が広まったことが一つの理由だった。

最終的にシナトラは、八〇〇〇ドルという破格のギャラでこの映画に出演することになった。人気の絶頂にあった頃の彼の映画出演料が一本当たり十五万ドルだったことを考えれば、ほとんど小遣いのようなはした金である。ハリー・コーンは最後までシナトラ起用を固辞していたと伝わる。では、彼の出演を可能にした要因は何だったのか。

生前のシナトラのゴシップを執拗なまでの熱意をもって書き込んだ長編評伝『ヒズ・ウェイ』(キティ・ケリー)やピート・ハミルの『ザ・ヴォイス』によれば、明らかになっている事実が少なくとも三つある。一つは、シナトラの二番目の妻で、『殺人者』『モガンボ』『渚にて』などへの出演で知られる女優エヴァ・ガードナーがハリー・コーンに、「映画に出られなければ、フランクは自殺するかもしれない」「もし彼を出してくれるなら、自分がノーギャラでコロンビア映画に出演してもいい」と懇願したこと。一つは、当時のシナトラのマネージャーが裏で工作したことである。しかし、それらが実際にどれほど効果を発揮したかはわからない。おそらく決定打となったのは三つ目、すなわち、シナトラが望んだマッジオというイタリア人兵士の役柄にシナトラのイメージがあまりにもよく見合っていたという事実である。

成功したレピュテーション・ロンダリング

『地上より永遠に』に出演するシナトラに対して誰もが抱く印象はおそらく、「ちょこまかと動く小さなおじさん」といったものではないか。物語の中心人物を演じるバート・ランカスターやモンゴメリー・クリフトらはアメリカ人好みの堂々たるタフガイであって、それに比べて一七〇センチをわずかに出る身長で、五十五キロ程度の体重しかなかったシナトラはいかにも貧弱だった。ステージであればスポットライトが当たるのは彼ひとりだから肉体的な貧しさは目立たなかっただろうが、軍人役の筋肉質な男たちに周囲を囲まれると、彼だけがまるで少年のように見える。シナトラが五十五キロしかない小男であることはそれ以前からしばしば揶揄の種になっていて、それを耳にした妻のエヴァ・ガードナーは、「そうなの。そしてそのうちの五十キロはペニスなのよ」という腹の据わったジョークを飛ばしたという。

しかし、まさしくその肉体によってシナトラは念願の役を手中にしたのだった。映画の脚本を手がけたダニエル・タラダッシュは、「フランクはいかにもやせて痛ましく、哀れを誘うほどに小さかったから、このかわいそうな小男がさんざん殴られたら客たちは泣くだろうと思わせた」と語っている（『ヒズ・ウェイ』）。

シナトラ演じるマッジオは、上官から「イタ公（Wop）」と罵られ、営倉で殴る蹴るの暴行を受けて、脱走の末に死亡する。スター・シンガーにふさわしいとはとても言い難い、まさしく「哀れを誘う」役柄だったが、台本を読んでこの役を熱願したのはシナトラ自身だった。賭けは吉と出たと言うべきだろう。観客たちはマッジオとシナトラを重ね合わせ、シナトラに大いに同情したのだった。映画は大ヒットしたばかりでなく、アカデミー賞で八部門の賞を受賞した。その中には、シナトラの助演男優賞も含まれていた。この作品によって、彼は再びスターの座に返り咲いたのである。ピート・ハミルは言う。この映画は結果として、それまでのシナトラの悪い噂を払拭したのであり、物語上の死によって彼は勝利を手にしたのだと。

犯罪で得た資金を口座移転などによって出所不明にしてきれいな金にする行為をマネー・ロンダリング（資金洗浄）と呼ぶが、シナトラが行ったのは意図したものか偶然だったかはともかく、いわばレピュテーション（評判）のロンダリングであった。彼は、コロムビア・レコードからキャピトル・レコードに移籍し、この後シンガーとしても黄金時代を築くことになる。

事実の裏にあった別種の事実

さて、興味があるのは、そのような表の事実の裏に別種の事実、つまり「馬の首」に相当する事実があったかどうかである。『ヒズ・ウェイ』の著者であるキティ・ケリーは、シナトラが『地上より永遠に』への出演を決めるに当たって「暗黒街の首相」と呼ばれたマフィア界の大物、フランク・コステロが多少なりとも動いた形跡があることを匂わせている。シナトラの親友であったコステロが、ハリウッドの労働組合を事実上支配していたマフィア、ジョン・ロッセーリに依頼してハリー・コーンに圧力をかけたというのが、ケリーが示唆している裏の事実だ。ハリー・コーンが競走馬を所有していた事実はないので「馬の首」は完全なフィクションだとしても、何かしらの脅しがあったという説は現在までまことしやかに語られている。

ちなみに、フランク・コステロは独特のしゃがれ声で知られていて、映画『ゴッドファーザー』でドン・コルレオーネを演じたマーロン・ブランドは、コステロの話し方を真似てあの人物の役づくりをしたのだった。

シナトラは原作出版時に、犯罪組織の力によって彼が映画の役を得たと報道したBBC（英国放送協会）を告訴して裁判に勝利したほか、一九七二年の『ゴッドファーザー』第一作目の公開時には上映禁止キャンペーンに資金を提供している。事実に蓋をしようとしたのか、濡れ衣を晴らそうとしたのか。今となっては真実はわからないが、彼とフランク・コステロの間に密接な関係があったこと、それ以外のマフィアとも深いつき合いがあったことは公然たる事実だった。シナトラと最も関係が深かったマフィアはサム・ジアンカーナである。これについてはのちに詳述する。

「トミー・ドーシーとの一件」は真実だったか

小説の読者や映画の観客が「馬の首」のくだりを事実と考えたのには、もう一つの伏線があった。シナトラが専属歌手を務めていたトミー・ドーシー・オーケストラを脱退する際の逸話である。

映画の冒頭、コルレオーネ家の末娘コニーの結婚式のシーンで、のちに父親の跡を継ぐことになるマイケル・コルレオーネが恋人のケイ・アダムスにそれに該当するエピソードを語るシーンがある。「ジョニー」とは、シナトラがモデルになっているジョニー・フォンテーンのことである。以下、拙訳にて。

駆け出しの頃、ジョニーはビッグ・バンドのリーダーと個人的な契約を結んでいた。仕事の調子がどんどんよくなると、彼はその契約を破棄したいと考えるようになった。ジョニーは親父の名づけ子だ。親父はリーダーに会いに行って、一万ドルでジョニーを自由にしてやってほしいと頼んだ。だがリーダーはイエスとは言わなかった。そこで次の日にルカ・ブラージを連れて親父は再び会いに行った。一時間もかからずに一〇〇〇ドルで契約を破棄することが決まった。

（映画『ゴッドファーザー』）

ルカ・ブラージとは、コルレオーネ・ファミリーで最も恐れられていた殺し屋の名である。「どうやってそんなことができたの？」と尋ねるケイ。

断れないようなオファーをしたのさ。ルカに相手の頭に銃をつきつけさせて、脳みそを吹き飛ばされるのと書類にサインするのとどちらを選ぶか聞いたんだ。本当の話だ。

（同前）

呆気にとられた表情でケイはその話を聞いている。その間、ジョニー・フォンテーンはシナトラのクルーナー・ヴォイスそのままの美声で、祝宴の客に向けて歌を聞かせる。これも映画を見た人には説明の要のないシーンだろう。

これはシナトラとトミー・ドーシーの逸話を元にした場面だが、この逸話はあくまでも噂にとどまるようだ。事実は音楽エージェンシーのＭＣＡがシナトラの権利をトミー・ドーシーから買い取ったというもので、それによってシナトラはソロ・シンガーとしての第一歩を踏み出すことになったのであって、そこにマフィアの助力はなかったというのが定説になっている。

ギャングによってシナトラがスターになったと考えるのは馬鹿げている。もしそうなら、あと二百人くらいのスターをギャングたちは作っていたはずだ。

（『ザ・ヴォイス　フランク・シナトラの人生』）

原作で表現されたシナトラへのリスペクト

映画『ゴッドファーザー』三部作のうち、一作目と二作目の中頃までの内容は原作小説にかなり忠実だが、大きく異なる点もいくつかある。そのうちの一つがまさにジョニー・フォンテーンの扱いで、映画では第一作の冒頭以外には三作目にほんの少しだけ登場するジョニーは、原作ではのちのちまで断続的に登場する物語の主要人物のひとりとなっている。小説の全九部のうち、第二部が丸々ジョニーに割かれているほか、後半ではポリープによって声を失いかけたジョニーが再び声を取り戻すシーンが描かれている。

若い女性を連れ込んだ別宅の一室で、彼はピアノを弾きながら恐る恐る歌を歌ってみる。危惧していた喉の痛みはない。声は以前とは違っていたが、陰影に富んだ豊かな声がむしろ新しい魅力に感じられる。すぐに彼は録音装置を部屋に運ばせて、レコーディングを始める。

シナトラ復活を想起させて感動的なシーンである。結局、ジョニーにとって最も大切だったのは、映画でも、金でも、女でもなく、歌だった。小説中、そのおそらく「最も真実に近い真実」を読者に知らせて、マリオ・プーヅォは彼を物語から退場させる。この場面に、原作者のシナトラへの愛を感じる読者は少なくないと思う。彼の歌がもつ力は絶対的にリスペクトされなければならない。マフィアとの関係がどれほどのものであったにせよ。映画ではついに描かれなかったそんな作家の思いを味わうだけでも、原作を読む意味はある。

「二〇〇人を殺した男」とフランク・シナトラ

シナトラのコンサートにはいつもあの男たちがいた

フランク・シナトラが一九四〇年代初頭にソロ・シンガーとしてデビューした頃の主なファン層は、十代のボビーソクサーたちだった。ボビーソクサーとは、当時流行していたボビー・ソックスと呼ばれるくるぶしまで巻き下ろした白い靴下を履いた若い女性の通称である。シナトラのPRエージェントは、コンサート会場に詰め掛けた熱狂的なボビーソクサーの集団の中に、シナトラの名を叫びながら気絶する偽客《さくら》を混ぜ込んでおいたが、それにつられて実際に気絶するボビーソクサーが続出したと言われる。シナトラの人気が一時期陰ったのは、戦時下にあってそのようなボビーソクサーが彼から離れていったという事情もあった。

のちに『地上より永遠に』に出演して復活し、国民的シンガーの地位を得たシナトラのショーの客層は大きく広がったが、その中にはマフィアやギャングのメンバーも多かった。ピート・ハミルは、「私は長年彼のコンサートに足を運んでいたが、どの会場でも連中を見かけた。いつも彼らはシガーを口にし、ダイヤをキラキラ輝かせていた」と書いている（『ザ・ヴォイス』）。「マフィアやギャング」と書くのは、前章で言及したとおり、マフィアとギャングが同義語ではないからで、ギャングが犯罪集団を意味する一般名詞であるのに対し、マフィアとはシチリア出身者による疑似家族的犯罪集団を意味する固有名詞である。したがって、シチリア出身ではないアル・カポネがマフィアではなかったこともすでに書いた。

もっとも、マフィアもそれ以外のギャングもやっていたことに違いがあるわけではなく、混同して語られることも少なくはない。もう一つ、犯罪組織を広く指す場合によく使われる言葉として「シンジケート」がある。ここでは、犯罪集団一般をシンジケートと呼ぶことにする。シチリアにルーツをもつイタリア人でありながら、終生マフィアを名乗らなかったサム・ジアンカーナを表現するには、それが最も適切な表現だと思われるからである。

禁酒法のもとで人格を形成したシンガー

シナトラとシンジケートの関係は、彼がショー・ビジネスの世界に足を踏み入れてからにわかに始まったわけではない。裏社会は幼少期からシナトラにとって常に身近なものだった。

彼が生まれたニュージャージー州ホーボーケンは、ハドソン川をはさんでマンハッタンの対岸に位置する都市で、一九一七年四月にアメリカが第一次世界大戦に参戦した折、米軍兵士出兵の主要港となった街である。参戦後まもなく、港近くにあった二〇〇軒以上の酒場の閉鎖が命じられた。「兵士の風紀紊乱を防ぐため」という名目は、ニューオリンズの売春街区ストーリーヴィルが閉鎖された理由と同じである。アメリカ全土で禁酒法が施行されたのは一九二〇年一月だから、それより三年近く早い段階でホーボーケンは事実上の禁酒法下に入ったことになる。このときシナトラは二歳だった。

町が禁酒法下に入るということは、その町が酒の密造者と密売者が暗躍する場になることを意味する。シナトラの母ドリーも、早々に二軒のスピークイージーの経営を始めた。移民社会の中でも下層にあったイタリア移民たちが生き延びるためには、ときに犯罪に手を染めなければならなかったことは『ゴッドファーザー』が描くところだが、シナトラの両親も非合法な酒販事業を手がけることに躊躇はなく、結果その商売を通じて裏社会との関係が深まることになった。シナトラの父親はシチリア出身だったから、とくにマフィアたちとの間にはほとんど親戚づきあいのような関係があったかもしれない。

禁酒法は約十四年間続いて、一九三三年に廃止された。シナトラ十八歳の年である。つまり、生まれてからほぼ成人になるまでの日々を彼はまるまる禁酒法下に生きたことになる。もぐり酒場を遊び場として育った彼は、自然な流れのままに酒場で歌うようになった。

ピート・ハミルの「シンジケートの人間を知っているか?」との問いに、シナトラは「もちろん、何人かは知っている。酒場でずっと歌っていたんだからな」と答えている。実際には「何人か」どころの話ではなく、よく知られる人物になってからは、アメリカのシンジケートの中心メンバーのほとんどと顔なじみになったようだ。その中に、当時のアメリカの裏社会にあって最も凶悪だった男、サム・ジアンカーナがいた。

食事を注文するように殺人を指示した男

一九二〇年代のシカゴを支配したアル・カポネが勇名を馳せたのは、敵対するギャング集団ら七人をマシンガンで殺害した「聖バレンタインデーの虐殺」がきっかけで、このシーンがマリリン・モンロー主演の『お熱いのがお好き』にも登場することは前章で触れた。その際に下手人たちを現場から逃走させる車の運転手に起用されたのがジアンカーナだった。ジアンカーナがカポネらに評価されたのは、運転が巧みなことに加えて、一切の迷いなく人が殺せる男だったからだ。カポネが脱税容疑で収監されて一線から退いたのち、ジアンカーナはシカゴの裏社会で徐々に頭角を現し、一九五〇年代になると、シカゴのみならずアメリカの犯罪界を牛耳る存在となる。シナトラの伝記『ヒズ・ウェイ』の著者キティ・ケリーは、ジアンカーナを次のように描写している。

背の低いむっつりした小柄な男で、イリノイ州フォレスト・パークのアーモリー・ラウンジにすわって、リングィーネを注文するのと同じような気軽い調子で殺しの指令をくだした。犠牲者の中にはただ射殺されたものもいるが、肉を吊るす鉤にぶらさげられたり、電流の通った牛追い棒やアイスピック、野球のバット、鉛管工用のブローランプなどで拷問されたものもいた。

（『ヒズ・ウェイ』）

一九六〇年までにジアンカーナが殺した相手は二〇〇人を超えたと伝わる。ジアンカーナはシチリア移民の両親のもとにシカゴで生まれた生粋のシチリア人だったが、マフィアではなかったカポネの跡目を継ぐ立場にあったからか、マフィア的ファミリーを形成することはなかった。アメリカの犯罪界にあってシカゴはどうも特別な場所だったらしく、小説版『ゴッドファーザー』には、ヴィトー・コルレオーネが全国のマフィアのネットワークをつくろうと画策するに当たって、唯一シカゴにだけは声をかけないというくだりがある。

シナトラはシシリアンの先輩であるジアンカーナを敬愛していた。ジアンカーナの指には、シナトラから贈られたサファイアのリングがいつも光っていたという。ジアンカーナの方はといえば、シナトラの人柄を好んではいたが、内心「使い勝手のあるセレブリティ」程度に捉えていたふしがある。二人の間の温度差は、ケネディ家との関係をめぐって顕在化することになる。

ジョセフ・ケネディとサム・ジアンカーナ

のちに第三十五代アメリカ合衆国大統領となったジョン・フィッツジェラルド・ケネディの父、ジョセフ・ケネディは、銀行の頭取からスタートして、造船所の支配人、金融会社、映画館の支配人を経験したのち、ハリウッドの映画会社を買収し映画のプロデュースも手かけた人物だった。世界大恐慌の引き金となった一九二九年十月二十四日の株暴落の際は、直前に株を売り抜けて大儲けをしている。これは、暴落の情報を事前にキャッチしていたからだったと言われる。彼はその利益をもとに非合法だった酒造ビジネスを始め、裏社会とのつながりを得たのだった。

表裏の数々のビジネスの成功によって、ジョセフ・ケネディは莫大な資産を形成することになった。のちに彼はフランクリン・ルーズベルト大統領から駐英大使に指名されるが、そのポジションも金で買ったものと噂された。その巨大な資産が、息子ジョン・F・ケネディを四十三歳という若さで大統領に就任させる原資となったのである。

ジョセフ・ケネディは、禁酒法時代にシカゴのサム・ジアンカーナ、ニューヨークのフランク・コステロら犯罪界の大物と知己になったが、五〇年代に入ってコステロとの仲が険悪化し、殺し屋を差し向けられる事態に進展した。そのときにコステロを説得して矛を収めさせたのがジアンカーナだった。これによってジョセフはジアンカーナに大きな借りをつくることになった。

すでに下院議員になっていたジョン・F・ケネディを合衆国大統領にするという野心を抱いていたジョセフは、息子が大統領になった暁には最大限の便宜を図るという約束をジアンカーナと取り交わした。「便宜」とはすなわち、アメリカの最高権力者の力をもって犯罪集団の活動を保護するということである。この約束によって、シカゴのシンジケートはジョン・F・ケネディの大統領選支援に邁進することになったのであり、その約束が反故にされたことが、一九六三年十一月二十二日のケネディ暗殺につながったのだった。

ジアンカーナとシナトラの共同戦線

と、ここまでのジアンカーナにまつわる話は、彼の評伝『アメリカを葬った男』による。この本は、一時期サム・ジアンカーナの最も近くにいた実弟チャック・ジアンカーナの証言をもとに、おそらくは手練れのライターがかなりの脚色をして書いたもので、アメリカの裏面史を活写してたいへんに面白い本であるが、最大の欠点は「面白過ぎる」点にある。サムがチャックに話した「真実」を伝えるというのがこの本の趣旨で、ジョン・F・ケネディの暗殺、自殺に見せかけたマリリン・モンローの死、ジョンの弟で司法長官であったロバート・ケネディの暗殺のすべてが、サム・ジアンカーナの指示によってなされたとされている。しかも、ジアンカーナとケネディをまっすぐに結ぶ線上にはフランク・シナトラがいたという。ここからの記述も、あくまで『アメリカを葬った男』によれば、という前提での話であることをお断りしておく。

さて、一九六〇年の大統領選挙において、ジアンカーナはもてる財力と、政界、経済界、エンターテイメント界、犯罪界への影響力を駆使して、ケネディ陣営を支えた。一方、かねてケネディが属する民主党の熱烈な支持者であったシナトラは、大統領になる以前のジョン・F・

ケネディとかなり親しい仲にあって、「ケネディは、きらびやかなハリウッド流のお遊びをシナトラのおかげで楽しんだ」という（『ヒズ・ウェイ』）。シナトラもまた、友人を合衆国大統領にするために表立ってケネディを応援した。ケネディが大統領になれば、「ホワイトハウスに自由にアクセスできるエンターテイナー」という過去の誰もたなかった特別な地位が得られるという野望もむろんあっただろう。ジアンカーナとシナトラの支援は、ケネディにとって絶大な力となった。ジアンカーナが用意した資金は、すべてシナトラを経由して寄付の形でケネディ陣営にわたったと言われる。

激しい選挙戦の結果、ジョン・F・ケネディは共和党のリチャード・ニクソンを僅差で破り、史上最も若く、カトリックとしては初めての大統領に就任した。ジョセフ・ケネディの約束を信じるならば、これで少なくとも大統領の任期が続く四年間はシンジケートの活動は安泰ということになる。

しかし、ジョセフをそこまで信用できる男だとは思っていなかったジアンカーナは、ケネディ大統領を自分たちの意のままにするには、もう一つ別の手を用意しておく必要があると考えた。その手とは、好色家として知られたジョン・F・ケネディの女性関係を詳らかに把握し、彼に脅しをかけるというものである。その刺客としてジアンカーナがあらためて白羽の矢を立てたのがフランク・シナトラであった。

セレブリティたちの闇のネットワーク

ジアンカーナにカストロ暗殺を依頼したケネディ

ジョン・F・ケネディは女性に相当もてたらしい。三十六歳で結婚したのちも派手な女性関係が収まることはなく、常に愛人がいたとされる。そのひとりがマリリン・モンローであったこともよく知られた事実だ。サム・ジアンカーナが目をつけたのはそこだった。彼は女性関係のスキャンダルを暴露すると脅迫することで大統領をコントロールしようとしたのである。ジアンカーナ、ケネディ双方と友人であったフランク・シナトラがジアンカーナから与えられた役割は、女性の「調達係」であった。ケネディに次々に女性を紹介し、誘惑させ、いわば醜聞を発生させる役目である。

シナトラがジアンカーナの真の目的を知っていたかどうかは定かではないが、彼はケネディとジアンカーナという巨頭のはざまに立ってキーパーソンとして振る舞う大役を、哀れにも嬉々としてこなしていたように見える。要するに、彼は大物が好きだったのである。「ケネディのことなら俺に任せておけ」という自信に満ちたシナトラの態度は、ジアンカーナを一時期大いに安心させた。

シナトラがケネディに紹介した中に、ジュディス・キャンベルという女性がいた。どちらが先だったのか、ジュディスはケネディと深い仲になるのと並行して、ジアンカーナとも関係を結ぶようになる。ジュディスはケネディの死後に、自分がケネディとジアンカーナの「連絡係」であったことを公的な調査で明らかにした。彼女がケネディからジアンカーナに渡せと依頼された封筒には、五万ドルとキューバの首相フィデル・カストロの暗殺計画書が入っていたと彼女は証言している。ケネディがジアンカーナにカストロ暗殺を依頼していたことを示す証言である。

ケネディ暗殺事件の真相

ホワイトハウス、犯罪シンジケート、FBI（連邦捜査局）、CIA（中央情報局）。この四者の関係は極めて複雑である。ジアンカーナがジョン・F・ケネディの「裏切り」に気づいたのは、ジョンが大統領就任後に、法律の専門家であり、組織犯罪を心底敵視していた実弟ロバート・ケネディを司法長官に任命したときだった。司法長官とはすなわちFBIのボスであり、FBIはすなわち犯罪シンジケートの最大の敵である。ロバートの司法長官就任後、組織犯罪の取り締まりが急速に厳格化することになる。

その一方で、大統領はCIAを通じてシンジケートとの関係を保っていた。ジアンカーナは生前「犯罪組織とCIAはコインの表裏」とよく語っていたが、実際シンジケートはCIAの対外工作活動の先兵となっていたと言われている。共産主義化したキューバの首相カストロの暗殺計画もその一つだった。暗殺の報酬は十五万ドルで、ジュディスが携えていた封筒に入っていた五万ドルはおそらくその一部だったのだろう。ジアンカーナは「はした金だが、俺は愛国者としての義務を果たす」として、ヒットマンをカストロのもとに差し向けるプランを着々と練っていた。

しかし、ホワイトハウスとCIAが一蓮托生であったわけではない。一九六一年、ケネディは、亡命キューバ人の部隊に母国を攻撃させて反カストロ分子の蜂起の誘発を狙った、いわゆる「ピッグス湾攻撃」をCIA主導のもとで敢行するが、この作戦は大失敗に終わり、その責任をすべてCIAに負わせた。反ケネディの空気がCIA中に醸成されるのはそこからである。

さて、FBIの取り締まりは日に日に激化し、犯罪組織は追い詰められていく。ジアンカーナはジョン・F・ケネディを懐柔する役割をシナトラに期待していたが、シナトラのケネディに対する影響力が本人が口にしていたほどではなかったことに気づき始めた彼は、次第にシナトラを遠ざけるようになった。のちに公開されたFBIの盗聴記録には、ジアンカーナの部下がシナトラ殺害をジアンカーナに進言するやり取りがある。シナトラの虚言に対する報復というのが殺害進言の理由だったが、ジアンカーナはそれをやんわり斥けている。

ジアンカーナが腹案であった「ケネディ醜聞暴露計画」を実行に移せなかったのは、それに対してケネディ側がCIAとシンジケートの関係を明らかにすることを恐れたからで、その代わりに彼は大統領に反感をもつCIAと共謀してケネディ暗殺計画を練り始める。『アメリカを葬った男』には、ケネディ暗殺の実行犯とされているリー・ハーヴェイ・オズワルドはあくまでもダミーで、実際の下手人はジアンカーナが手配したヒットマンだったこと、暗殺実行の環境を整備したのはCIAだったことが詳細に書かれている。よく知られているように、オズワルドが刑務所に移送される途中に射殺されることによって、この事件の真相は闇に葬られた。オズワルドを撃った男の名はジャック・ルビーという。シカゴのシンジケートの一員だった男である。

多くのことを知り過ぎた女

『アメリカを葬った男』には、マリリン・モンローの死についての「真相」も記されている。モンローがハリウッドへの足掛かりを得たのは、ジョー・シェンクというプロデューサーを介してコロムビア映画のハリー・コーンに紹介されたのがきっかけだった。すでに述べたように、コーンは、映画『ゴッドファーザー』で「馬の首」の報復をマフィアから受けるハリウッドのプロデューサー、ジャック・ウォルツのモデルとなった男である。

ハリウッドの組合は、ジアンカーナが派遣したシンジケートの一員ジョン・ロッセーリの支配下にあったから、モンローもほどなく犯罪組織と関係をもつようになったようだ。一方、彼女はどの時点からかCIAにも利用されていて、海外各国の指導者を籠絡するために派遣されていたと『アメリカを葬った男』には書かれている。

モンローがシナトラと知り合ったのはどのような経緯だったか。おそらくルートはいくつもあったのだろう。二〇一五年にアメリカで発売されたシナトラの伝記『Sinatra: The Chairman』には、シナトラに近しい友人の発言を引用する格好で、シナトラが二回目の結婚生活が破綻したのちにモンローとつき合い始めたこと、求婚したが断られたことが書かれているという。それとは異なる事実を示しているのが二一年に出版された『Sinatra and Me: In the Wee Small Hours』で、こちらはシナトラ自身の証言として、モンローとは親しい友人ではあったが恋愛関係にはなかったと記されているようだ。

シナトラとモンローの関係はどうも曖昧だが、ジョン・F・ケネディ、ついで弟ロバート・ケネディとモンローとの間に男女の関係があったのは事実だった。大統領と司法長官の愛人であったということは、国家のトップ・シークレットを知りうる立場にあったということである。多くのことを知り過ぎたことが、彼女の死を早めることになった。

CIA、FBI、シンジケートの共犯関係

モンローの祖母と母はともに精神の病を患っていて、発作を起こした祖母に殺されかけたことが自分の最も古い記憶であると彼女は語っている（『マリリン・モンロー』亀井俊介）。自身も精神の病に侵されることをモンローは常に危惧していたし、仕事や男女関係の悩みも多大であった

から、精神安定剤や睡眠薬は常に彼女の傍らにあった。その過剰服用による自殺というのが公式に流布している彼女の死因だが、実際にはケネディ暗殺同様、CIAとサム・ジアンカーナの共謀による殺人であったことをジアンカーナは明かしている。

晩年のモンローは女優として下り坂にあったことに加えて、ロバート・ケネディから関係の清算を持ち掛けられていて、精神的に不安定な状態にあった。死の直前には、二番目の夫であったヤンキースのスター選手ジョー・ディマジオ（彼もシチリア人である）とよりを戻していたようだが、著しく安定を欠いた精神に宿ったロバートに対する復讐心は熾火のように燻っていて、ジョンとロバートから聞いた国家機密を彼女はすべて暴露しようとしていた。それを最も恐れたのはCIAで、口封じのためにモンローを殺害しようとした。殺害を依頼されたのがジアンカーナである。

一九六二年八月四日の夜、ロバート・ケネディがモンロー宅を訪れ、同行していた医師に鎮静剤を打たせて帰ったあとのことが『アメリカを葬った男』には詳細に記されている。以下の引用にある「ボビー」とはロバートの愛称である。

殺し屋たちはあたりが真っ暗になるまで待ったあと、午前零時前になってマリリンの自宅に侵入した。最初は彼女の抵抗にあったものの、ボビーの医者がすでに鎮静剤を打っていたおかげで、ゴム手袋をはめた殺し屋たちは難なくマリリンを裸にしてベッドに運んだ。

彼らは冷静沈着に、外科医チームのような手際のよさで彼女の口をテープで封じ、〝医者〟が特別に処方したペントバルビタール（睡眠薬）入りの座薬を肛門に挿入して様子をみた。

（『アメリカを葬った男』）

ペントバルビタールの入った座薬は、カストロ暗殺のために特別に開発されたものだった。座薬の薬効は迅速に大腸から体内に及び、しかも胃から検出される成分は皆無だったから、モンローの身体に他殺の証拠は一切残らなかった。さらに、マリリン死去の一報を受けたロバート・ケネディは、ＦＢＩに指示して自身とマリリンをつなぐあらゆる痕跡を完璧に抹消した。こうして、ＣＩＡ、ＦＢＩ、シンジケートの「共同作業」による完全犯罪が成立したのである。

闇のネットワークの中でただひとり生き延びた男

シナトラは生前、モンローの死がシンジケートもしくはケネディ兄弟が関与した他殺であったことを確信していると語っていた。モンローが死んだ頃、シナトラはジアンカーナの信頼を失っていて、真実を知る立場にはなかったと思われるが、この闇のネットワークに深く関わっていたひとりとして思うところがあったのだろう。

ジョン・Ｆ・ケネディが暗殺されたのは、マリリンの死の翌年一九六三年十一月である。さらにその五年後、大統領選への出馬の意志を表明していたロバート・ケネディもカリフォルニアで射殺された。犯人はパレスチナ系アメリカ人で、イスラエルを支持していたロバートに対する報復であったとされるが、これにもまたジアンカーナが関わっていたと『アメリカを葬った男』にはある。

ジアンカーナ自身は、一九七五年六月、シカゴの自宅の地下室で頭部に計七発の銃弾を受けて何者かに殺された。折しも、上院情報特別委員会でカストロ暗殺計画をめぐるCIAとシンジケートのつながりの調査が始まったタイミングであった。銃弾は顎の下に五発発射されていて、これはマフィアによる口封じの符牒であると言われるが、一方で口封じをしたのはCIAであるという説もあり、真実は明らかになっていない。

フランク・シナトラは一九七一年に一度引退宣言をするも、二年後に復帰し、一九九八年に八十二歳で病没する数年前まで活動を続け、天寿を全うした。ケネディ兄弟、マリリン・モンロー、サム・ジアンカーナ、すなわち、政治、芸能、犯罪の三界をつなぐ闇のネットワークの中で唯一生き延びたのがシナトラだった。

いくつかの書籍で描かれたシナトラと彼をめぐる人々の姿は、果たして真実なのかどうか。それは読む者が判断すればいいことである。シナトラをめぐる闇のエピソードの数々は、それが事実であろうとなかろうと、いずれ歴史の一部として忘却されていくだろう。かたやシナトラの歌には、聴く者の個々の判断を超えた揺るがぬ力があるように思われる。ひとりの男としてはどうやら外道というほかなかったシナトラの歌声は、今も人々を魅了しているし、これからも魅了し続けるに違いない。嵐のような時代を過ぎて最後に残されたのは、「歌」であった。

「ボサ・ノヴァの神」としてのフランク・シナトラ

ブラジルで最初のファン・クラブ

「シナトラ・ドクトリン」という言葉がある。音楽用語ではない。旧ソ連の外務省情報局長であったゲンナージ・ゲラシモフが提唱した一種の政治用語である。ソ連では、共産圏内の衛星国の主権を制限する「ブレジネフ・ドクトリン」が長らく公式の原則とされていた。スターリン、フルシチョフに次いでソ連の最高指導者となったレオニード・ブレジネフが定めた原則である。それに対して、各国がそれぞれの判断で「自由な道」を歩んでよいとするのがシナトラ・ドクトリンで、名称はフランク・シナトラの代表曲「マイ・ウェイ」にちなんでいる。この原則によって共産圏の崩壊が一気に進行したことは歴史が示すとおりだが、その歴史の大きな転換点にシナトラの名が刻まれていることが生前の彼の絶大な影響力を物語っている。自ら曲づくりを手がけることがなかったひとりの歌い手の影響力という点では、間違いなく空前であるし、おそらくは絶後となるだろう。

シナトラのキャリアが最初の頂点にあったのは、一九四〇年代後半から五〇年代初頭にかけてだった。その頃、若い音楽好きの間でシナトラが「神」とされた国があった。南米ブラジルである。一九四九年二月、リオ・デ・ジャネイロの三人の十代女性が、ブラジル初のファン・クラブを立ち上げた。名称を「シナトラ・ファルネイ・ファン・クラブ」といった。彼女たちは、フランク・シナトラとディック・ファルネイの熱烈な愛好家であった。

ディック・ファルネイは、「コパカバーナ」「マリーナ」などのヒット曲で人気を集めたブラジル人シンガーで、シナトラと同じクルーナー系の歌い手である。一九四六年から二年間アメリカで活動し、その間シナトラと知り合う機会があったことが、二人が一緒に収まった写真が残されていることから知られる。

まだボサ・ノヴァというジャンルが誕生していない頃につくられて、一年半程度で解散したこのファン・クラブがボサ・ノヴァの歴史において今なお伝説的に語られるのは、その会員の中に、のちのボサ・ノヴァ・シーンを支えたミュージシャンたちが多数いたからである。ピアニストのジョニー・アルフ、アコーディオン奏者のジョアン・ドナート、サックス奏者のパウロ・モウラ、後年作曲家として名を成すことになるビリー・ブランコ――。いずれもブラジル音楽ファンなら耳馴染みのある名前だろう。

ディック・ファルネイは、ブラジル帰国後にファン・クラブ会員たちと交流をもつことによって「降りてきた」が、シナトラは彼・彼女らがおそらくは永遠に触れられぬ高みにいる雲上人だった。

シナトラに対する会員たちの憧れはたいへん強かった。もしファルネイがブラジルへ帰国してクラブに本人が顔を出したりしていなければ、彼のファンはフランクだけで完全に満足してしまっていただろう。シナトラは手の届かない神であり、会員たちが彼になにかを要求することなどあろうはずもなく、ただ彼らはフランクが十五日ごとに素晴らしい歌を録音してくれるのを願うだけだった。

（『ボサノヴァの歴史』ルイ・カストロ）

「神」からかかってきた電話

シナトラを「神」としていたのは、ファン・クラブのメンバーだけではなかった。ボサ・ノヴァのオリジネーターのひとりであるジョアン・ジルベルトは、あの静かに語りかけるような唱法を生み出すのにシナトラの歌を大いに参考にしたのだったし、「ボサ・ノヴァ」という言葉を広めた張本人とされるジャーナリストで作詞家のホナルド・ボスコリの自宅には、数百枚に及ぶシナトラのレコード・コレクションがあった。ボスコリは、「俺は、女よりシナトラが好きだ」と語っていたという。

ボサ・ノヴァのもうひとりのオリジネーターであるアントニオ・カルロス・ジョビンもまた、シナトラを深く敬愛したミュージシャンのひとりだった。ブラジルでボサ・ノヴァが誕生したのは一九五八年とされている。一方、アメリカでボサ・ノヴァが一大ブームとなったのは、米ジャズ界とブラジル音楽界のコラボレーションが生んだ最初にして最大の果実であった『ゲッツ／ジルベルト』がリリースされた六四年以降のことだった。ブームの中、アメリカのレコード会社はボサ・ノヴァの歌詞をポルトガル語から英語に半ば強引に変えたが、ジョビンはそれに抵抗し、「こんなろくでもない英詞バージョンでは、フランク・シナトラが僕の曲をレコーディングできないじゃないか」と主張したという。その言葉を聞いた音楽出版社の社長は、「フランク・シナトラが君の曲をレコーディングするなんて、いったい誰が言うんだね？」と返したのだった（『アントニオ・カルロス・ジョビン　ボサノヴァを創った男』エレーナ・ジョビン）。

その社長の言葉はまもなく覆されることになる。「君の曲をレコーディングする」とジョビンに告げたのは、ほかならぬシナトラ自身だった。ここから先の話は、ボサ・ノヴァの歴史において最も有名なエピソードの一つである。

一九六六年の十二月、リオのイパネマ海岸にあるバール〈ヴェローゾ〉でジョビンは酒を飲んでいた。彼がボサ・ノヴァ最大のヒット曲「イパネマの娘」のインスピレーションを得た場所として知られる酒場だ。自分宛ての電話がかかってきたと知らされて受話器を取ったジョビンの耳に入ってきたのは、英語で話す男の声だった。電話の主はレイ・ギルバート。ジョビンの曲の英詞を手がけていたミュージシャンである。「トム、シナトラが君と話したがっている」とギルバートは言う（トムはジョビンの愛称である）。ジョビンはからかわれているに違いないと思った。しかし、替わった声は確かにシナトラ本人だった。

「君とアルバムを作りたいのだが、どう思うか教えてほしいのだ」

（『ボサノヴァの歴史』）

断る理由などむろんなかった。快諾するジョビンにシナトラは、「新しい曲を覚えている暇はないし、リハーサルは大嫌いなのだ。一番よく知られている曲でいこう」と告げて、すぐに話はまとまった（『ボサノヴァの歴史』）。実はこの時点で、シナトラはジョビンのアルバムを聴きこんで、彼の代表曲の多くを憶えていたのだった。

ボサ・ノヴァの永遠性を保証したアルバム

レコーディングは、六七年の一月三十日から二月一日にかけてロサンゼルスのスタジオで行われた。

録音開始時間は夜の八時に決められていたが、シナトラは時間前に現れ、一人で曲のおさらいをしていた。しばらくたってトムを紹介された時には、フランクは〝ボサノヴァの繊細さを消さないよう、自分を抑える努力をするつもりだ〟と言った。

（同前）

シナトラはレコーディング中にジョビンからボサ・ノヴァの歌い方をアドバイスされ、それに律儀に従ったという。「最後にこんな小さな声で歌ったのは、扁桃腺が腫れた時だったな」と言って彼は笑った。自らの歌唱の影響下に生まれたボサ・ノヴァの唱法を教え諭される「神」――。愛すべき光景と言うべきだろう。ジョビンはレコーディングした曲をテープにダビングして、さっそくホテルの部屋で聴いたのだった。

トムは幸せ一杯だった。勝利は彼だけのものではなく、ボサノヴァ全員のものだった。

（同前）

アルバムのタイトルには、ジョビンの名前と揃えるためにシナトラのフルネームが用いられた。そうして完成した『フランシス・アルバート・シナトラ＆アントニオ・カルロス・ジョビン』は、全米ポップス・チャートの十九位に入り、以後二十八週間チャート内にとどまり続けた。数字から見れば大ヒットという印象は薄いが、結果的にこのアルバムは一九六七年にアメリカで二番目に売れたレコードとなり、グラミー賞のアルバム部門にもノミネートされた。受賞していれば、六六年の『セプテンバー・オブ・マイ・イヤーズ』、六七年の『ア・マン・アンド・ヒズ・ミュージック』に続く三回目にして三年連続受賞の快挙となるはずだったが、最終的に受賞は逃している。この年のアルバム部門の受賞作で、年間で最も売れた作品は、ビートルズの『サージェント・ペッパーズ・ロンリー・ハーツ・クラブ・バンド』だった。
しかし、シナトラとジョビンがつくった一枚のアルバムによって「ボサノヴァの国際的な永遠性が保証された」のだと『ボサノヴァの歴史』の著者ルイ・カストロは言う。彼は、二人の共演の歴史的意義をこう強調している。

ブラジル人ミュージシャンにとって、それと比較対照できるのは、毛沢東とレコーディングすることくらいだった。というのも、当時のシナトラはまだ、ミック・ジャガーとローリング・ストーンズのメンバー全員を合わせたよりも有名かつ権力のある存在だったからである。

（『パジャマを着た神様』ルイ・カストロ）

お蔵入りとなった二枚目の共作

ジョビンとシナトラの共演は一度だけでは終わらなかった。二年後の一九六九年二月、二人は再びスタジオに入り、ジョビン作の計十曲をレコーディングしている。『シナトラ・ジョビン』のタイトルでリリースされる予定だったそのアルバムの発売が中止になったのは、ジャケットと曲の出来にシナトラが難色を示したからである。「Kill the sucker（こいつはボツだ）」とシナトラはレコード会社に電話で告げたのだった。

ジャケットは、休日の父親のようなラフな格好をしたシナトラがジャングルに停められたグレイハウンド・バスの前に立つという、確かに意味不明でセンスのないデザインだったが、十曲中の三曲についてシナトラがリリースを拒否した理由はわからない。その三曲（「ソング・オブ・ザ・サビア」「デサフィナード」「ボニータ」）は、ジョビン作の曲の中でもよく知られたものだった。

土壇場で卓袱台をひっくり返すような行動はシナトラが得意とするところだったから、周囲が驚くことはとくになかったと思われるが、当時LPレコードと一緒に発売されるのが一般的だった八トラック・カセット版のパッケージの一部はすでに出荷を終えており、およそ三五〇〇本が廃棄されることになったのはレコード会社にとって大きな損害だった。市場にごく少数出回った八トラック版は、のちにオークションで四五五〇ドルの値をつけたという。

シナトラが発売を許可した七曲は、一九七一年のシナトラ引退宣言のどさくさに紛れて、別途録音されたポピュラー・ソング七曲とともに『シナトラ&カンパニー』のタイトルで発表された。さらにレコーディングから四十一年後の二〇一〇年に、『フランシス・アルバート・シナトラ&アントニオ・カルロス・ジョビン』の十曲と、ボツになった三曲を含めた全二十曲が『コンプリート・リプライズ・レコーディング』としてリリースされている。

二つの生を同時に生きた稀代のエンターテイナー

ジョビンがシナトラと三回目にして最後のレコーディングを行ったのは、二回目のレコーディングから二十五年が経った一九九四年だった。もっとも、これはシナトラの声とバック・トラックが録音されたテープにピアノとギターとボーカルをオーバー・ダビングする仕事で、ジョビンとシナトラは直接顔を合わせていない。

その前年、シナトラは、アレサ・フランクリン、バーブラ・ストライザンド、シャルル・アズナヴール、トニー・ベネット、ボノといった大物ボーカリストたちと共演した『デュエッツ』を発表し話題を集めていた。その第二弾となる『デュエッツⅡ』の共演者のひとりに選ばれたのがジョビンだった。シナトラは『デュエッツ』録音時から体調を崩していて、すでに共演者と一緒にスタジオに入る体力はなかったから、レコーディングはすべて別録りで行われたのである。

シナトラ・サイドから提示された三曲からジョビンが選んだのは、「フライ・ミー・トゥー・ザ・ムーン」だった。ボーカル・パートに入る前にジョビンが「フランキー、レッツ・フライ（フランキー、飛ぼうよ）」と言っているのは、弱ったシナトラを励ますためだったか、それとも自分自身を鼓舞するためだったか。このとき、ジョビン自身もまた病魔に侵されていた。

この九日後にジョビンは「ブラジル・ポピュラー音楽の父」と言われるアリ・バホーゾの曲を録音しているが、それが彼の生前最後のレコーディングとなった。ジョビンが十二歳年長のシナトラよりも先にこの世を去ったのは一九九四年十二月八日である。シナトラはジョビンの死に際して、「世界はもっとも有能な音楽家を一人失ってしまったし、私は驚嘆すべき友人を失ってしまった」という声明を発表している（『三月の水』岩切直樹）。

シナトラとジョビンの最後の共演となった『デュエッツⅡ』のCDのブックレットの最終ページには、「NEXT!」という文字が大書されていた。『デュエッツⅢ』のレコーディングを期待させる文字だったが、シナトラにも「次」はなかった。四年後に心臓発作で逝去するまで彼はついに新作を出すことはなく、ジョビンとのデュエットを収めたアルバムが、五十年を超える彼の音楽人生の最後の作品となった。

シナトラ最後のアルバムは、遠く一九四〇年代に彼が歌った曲「ザ・ハウス・アイ・リヴ・イン」で締めくくられている。曲の詞を書いているのはビリー・ホリデイの代表曲「奇妙な果実」を書いたルイス・アラン、デュエットの相手はニール・ダイアモンドである。豪壮なオーケストレーションをバックに、イタリア人とユダヤ人のシンガーが「僕にとってアメリカとは何だろう」と問う。

僕が暮らす家
一つの区画、一つの通り
雑貨店と肉屋と人々

運動場で遊ぶ子どもたち
僕が目にするいろいろな顔
あらゆる人種と宗教
それが僕にとってのアメリカ

この歌を歌ったとき、彼の心に去来したのはどんな「人々」のどんな「顔」だっただろうか。数えきれないほどの女性たち、凶悪なギャングたち、政治家、家族、ミュージシャン、俳優、プロデューサー、生まれ故郷の人々――。この世の陰陽両界の者たちをときに友とし、ときに敵としたひとりのシシリアンは、誇り高きエンターテイナーの地位を死ぬまで守り続けた。一つの人生においてアウトローと大スターという二つの生を同時に生きた、まことに稀有な人物であった。

第六章

迫害の歴史の果てに

ユダヤ人と黒人の連帯と共闘

ビル・エヴァンスはユダヤ人か、あるいはユダヤ人とは誰か

黒人と白人が協力してつくり上げた音楽

ジャズは黒人音楽か？——。この問いは、「ゴスペルは黒人音楽か？」「ブルースは黒人音楽か？」「R&Bは黒人音楽か？」「ファンクは黒人音楽か？」「ロックンロールは黒人音楽か？」「ラップは黒人音楽か？」といった問いに比べて、答えるのがかなり難しい。ここに挙げたジャンルのうち、一般的にロックンロールを除くすべてが黒人音楽とされているのは、それらがアフリカン・アメリカンのコミュニティから生まれ、それゆえにアフリカン・アメリカンの感覚を強く備え、かつ主にはアフリカン・アメリカンのミュージシャンの実演によって多くの聴衆を得てきたことを根拠とする。それらの音楽を白人が演奏する場合は、「白人ブルース」や「ブルー・アイド・ソウル」など、それを示す形容がなされることが多い。

一方、ジャズの基層には、アフリカン・アメリカンの音楽のほかに西洋クラシック音楽の要素があって、またジャズの世界では早い段階から多くの白人プレーヤーが活躍してきた。一九一七年に歴史上最初のジャズのレコーディングを行ったのは白人バンドであるオリジナル・ディ

キシーランド・ジャズ・バンドであり、一九三〇年代にジャズをスウィングの名でアメリカ全土に広めたのはベニー・グッドマンをはじめとする白人ミュージシャンである。五〇年代以降のモダン期にも、数多くの白人ミュージシャンが優れた演奏を残しているのは周知のとおりである。

中山康樹は『黒と白のジャズ史』の中で、「ジャズの歴史がおもしろいのは、多くの場合、『黒（黒人）』と『白（白人）』が敵対構造にあり、ほぼ順繰りに主導権を奪い合っていることだろう」と書いている。歴史を見れば、確かに時代によってジャズ・シーンの主役の座は黒人と白人の間で何度か入れ替わってきた。その点では「敵対構造」と言えるのかもしれないが、むしろ、その発生当初より黒人と白人の「協力関係」によって発展してきたのがジャズという音楽だったと捉えるべきだと思う。

ジャズ界で活躍してきたユダヤ人

本来、黒人も白人も「黒」とか「白」とひと括りにできない多様なエスニック集団である。「黒人」の中には、アフリカをルーツとする人々とそうではない人々とのハイブリッドが多数いる。にもかかわらず、アメリカにおいて黒人がひとまとまりのエスニック・カテゴリーとされてきたのは、アフリカンの血が多少とも混じっていれば「黒人」とみなすという、いわゆる「ワン・ドロップ・ルール」があったからだ。一方の「白人」はどうか。第四章で、黒人ピアニストのテディ・ウィルソンのこんな言葉を紹介した。

当時、アメリカの民族的ヒエラルキーの一番下にいたのが黒人だった。その次にイタリア人が続き、さらにユダヤ人、アイルランド人が続いた。ヒエラルキーのトップにいるのは、それ以外のアメリカ人だった。

（『Teddy Wilson Talks Jazz』）

「当時」というのは、彼がシカゴのアル・カポネの店で演奏していた一九二〇年代である。白人の中には明確な階層があったということだが、アメリカの歴史を紐解けば、より正確には、アメリカの政治や経済の中心には最初のアメリカ移民であったWASPがいて、ドイツ系、アイルランド系、イタリア系がそれに続き、ヒエラルキーの最下層にユダヤ人がいたことがわかる。

紀元前のディアスポラ（民族離散）以来、ユダヤ人の歴史とはすなわち迫害の歴史であり、ユダヤ人にとっての新天地であったアメリカでもまた、彼・彼女らが迫害からまぬがれることはなかった。

アメリカ社会には、アメリカン・ドリームという言葉に代表されるように、社会の底辺から身をおこし、上昇をめざすエートスが古くから国民文化として根づいていた。このような社会では必然的に「地位を求める競合」も激しくエスカレートし、競争の場に新規に参入する部外者、とりわけ競争力に抜きんでていたユダヤ人に対して、ことさら厳しい排斥が加えられるようになったのである。アメリカが他の国よりも自由な競争社会であったがために、より激しい排斥が起こるといった皮肉な現象が生まれたのである。

（『アメリカのユダヤ人迫害史』佐藤唯行）

アメリカにおける「最下層の白人」であったユダヤ人が学術、芸術、金融などの分野で秀でた能力を発揮してきたことはよく知られている。ジャズの世界においてもユダヤ人は突出した存在感を示してきた。現在ジャズ・スタンダードとなっている曲の多くは、二十世紀初頭に音楽出版社がひしめいていたニューヨークのティン・パン・アレイから生まれたものだが、そこで活躍したアーヴィング・バーリン、ジェローム・カーン、ジョージ・ガーシュウィン、リチャード・ロジャース、ハロルド・アレンといったソングライターは皆ユダヤ人で、非ユダヤ人はコール・ポーターなどごく少数だった。演奏家においても、スウィング期のベニー・グッドマンやアーティ・ショウ、モダン期のリー・コニッツ、スタン・ゲッツ、デイヴ・リーブマン、ランディとマイケルのブレッカー兄弟など、ユダヤ系ジャズ・プレーヤーは枚挙にいとまがない。

ビル・エヴァンスはユダヤ人ではない

さて、そのユダヤ系ジャズ・ミュージシャンにしばしば加えて語られるのがビル・エヴァンスである。わが国のジャズ評論家の文章にはビル・エヴァンスをユダヤ系と断言しているものがいくつもあるし、中にはこんな記述もある。

多くのアメリカの子供たち同様、エヴァンスが音楽に触れたのも教会だったが、エヴァンスと兄ハリーの場合は、母親がロシア系であったことから、ソロモン教会が〝出会いの場〟となる。

(『ビル・エヴァンスについてのいくつかの事柄』中山康樹)

これは完全に意味不明な文章と言わざるを得ない。「母親がロシア系」であるから「ソロモン教会」で音楽に触れたとはどういうことか。母親が「ロシア系ユダヤ人」であれば、音楽との出会いの場はユダヤ教の会堂であるシナゴーグだっただろうし、「ロシア正教徒のロシア人」であれば正教会であっただろう。

事実はどうだったのか。現在日本語で読める最もまとまったビル・エヴァンスの評伝である『ビル・エヴァンス　ジャズ・ピアニストの肖像』(ピーター・ペッティンガー)には、ビル・エヴァンスの父ハリー・レオン・エヴァンスは「フィラデルフィア生まれ」で「息子たちにウェールズ系プロテスタントの観念を強く教え込んだ」とあり、一方の母マリーの家族は「ロシア出身」で、「彼女の信仰であるギリシア正教会の音楽に触発され、自身もアマチュアのピアニストとして楽しんだ」と書かれている。つまり、父親は英国系プロテスタント、母親は正教徒の家系で、いずれもユダヤ系ではないということだ。この記述を信じるならば、結論は一つ、「ビル・エヴァンスはユダヤ人ではない」ということ以外にない。

日本語の中に「ユダヤ人」に対応する言葉はない

もっとも、ビル・エヴァンスの音楽を愛する者にとって彼がユダヤ人かどうかはどうでもいいことだし、過去の記述の揚げ足を取るのも意味のないことである。それでも「ビル・エヴァンスはユダヤ人である」という説にあえて言及するのは、ここに日本人にとってのユダヤ人の捉え難さがはからずもあらわれていると思えるからだ。「ビル・エヴァンスはユダヤ人である」という通説が誤りだとして、ではユダヤ人とは誰のことなのか——。

私淑していた哲学者エマニュエル・レヴィナスがユダヤ人であったことから、長年にわたってユダヤ人について考察してきた思想家の内田樹は、著書『私家版・ユダヤ文化論』の中で、「『ユダヤ人』というのは日本語の既存の語彙には対応するものが存在しない概念である」と書いている。

私たち日本人が日本の政治単位や経済圏や伝統文化に結びつけられているのとはまったく異質なものによってユダヤ人たちは統合されている。その「まったく異質なもの」は私たちの語彙には比喩的にさえ存在しない。

（『私家版・ユダヤ文化論』）

私たちが「日本人」とか「アメリカ人」と言うような意味での「ユダヤ人」はどこにもいない。ユダヤ人を理解しようとすれば、「ユダヤ人は何ではないのか」という消去法をもってするしかない。そう内田は言う。内田によれば、第一にユダヤ人とは「国民名」ではなく、第二に「人種」ではなく、第三に「ユダヤ教徒」のことではない。第一の点は、西洋を中心とする多くの国の「国民」としてユダヤ人が生活していることから明らかであるし、第二の点についても、ユダヤ人特有の生物学的特徴があるわけではないことから明白である。私たちは、例えばWASP系アメリカ人とユダヤ系アメリカ人を外見によって弁別することはできない。

アルフレッド・ライオンの驚き

では、三点目はどうか。ユダヤ教の法規を体系化したハラハー（ユダヤ啓示法）は、ユダヤ人とは「ユダヤ人の母親から生まれた子、もしくはユダヤ教への改宗者」と定義している。この定義からすれば、例えば、米大統領だったドナルド・トランプの娘であるイヴァンカは「ユダヤ人」ということになる。彼女は、ユダヤ教徒の実業家ジャレッド・クシュナーと結婚するに当たって、プロテスタントからユダヤ教に改宗しているからである。

しかし、ユダヤ教徒ではなくても「ユダヤ人」とされた歴史が過去にはあった。一九三五年に独ナチスが制定したニュルンベルク法である。この法律では、ユダヤ人とは三人から四人の祖父母をユダヤ人にもつ者であり、その人が現在ユダヤ教徒であるかどうかは関係ないとされた。内田が「ユダヤ人と『ユダヤ教徒』が同義語であったのは、近代以前までのことである」と言うのは、このことを意味している。

> この法はユダヤ人にとって言い知れぬショックであった。なぜならドイツのユダヤ人はそれまでドイツ人だと堅く信じていたからである。
>
> （『ユダヤ人』上田和夫）

ヴィム・ヴェンダースが製作総指揮を務めたドイツ映画『ブルーノート・ストーリー』（二〇一八年）で、ブルーノート・レコードの創設者でドイツ生まれのユダヤ人であったアルフレッド・ライオンの「自分がユダヤ人であると言われて驚いた」といった意味の証言が紹介されていたと記憶する。あるいは彼のパートナーであったフランシス・ウルフの言葉だったか。いずれにしろ、彼らはユダヤ教徒ではなく、それまで「ユダヤ的生活」をまったく送っていなかったから、自身がユダヤ人であるという認識はほとんどなかった。しかし、ナチスはそのような自覚なきユダヤ人を含めて迫害の対象とし、さらにドイツ領内からのユダヤ人の完全な抹殺を企図したのだった。

現在のアメリカに多くのユダヤ人が住むのは、十九世紀から二十世紀にかけての主に欧州におけるユダヤ人迫害の結果である。迫害を逃れてアメリカに渡ってきたユダヤ人とその二世、三世の中から数多くの芸術家が輩出し、ジャズの歴史にも大きな功績を残した。ジャズの世界におけるユダヤ人の仕事の多くは黒人との直接的、間接的な共同作業の形をとっている。映画史上初のトーキー『ジャズ・シンガー』、カーネギー・ホールで開催された初めてのジャズ・コンサート、「最大のインディ・ジャズ・レーベル」ブルーノート・レコード、オペラ『ポーギーとベス』、そしてビリー・ホリデイが歌った「奇妙な果実」――。これらジャズ史における「黒人とユダヤ人の共同作業」の内実を掘り下げていきたい。

「幻想の黒人」のイメージを身にまとったユダヤ人

映画史における初の台詞「お楽しみはこれからだ」

映像と音声がシンクロした映画であるトーキング・ピクチャー、いわゆるトーキーを人々が初めて体験したのは一九二七年十月六日のことである。映画史上初めてのトーキー『ジャズ・シンガー』が公開されたのがこの日だった。もっとも、「史上初のトーキー」という称号には、しばしば「本格的長編商業映画として」という但し書きがつけられる。すでにそれ以前に、映画における映像と音声の同期の試みが何度か行われていたからである。それらの試みが実験の域を出なかったのは技術的な限界があったためで、本格的トーキーの実現に当たっては、電話業界とラジオ放送業界が映画産業に投資するようになったことが大きく寄与していると映像研究者の北野圭介は書いてる。

映画会社としては、音と画面のシンクロ技術にはそれなりの成果をあげていたものの、さっぱり上手くいかなかった音の再生と増幅に関わる精緻な技術のノウハウを電話会社とラジオ会社が蓄積していたことは、願ったり叶ったりだったのです。

(『新版ハリウッド100年史講義』)

しかし、現代の映画を見る目で『ジャズ・シンガー』を見ると、かなり期待を裏切られることになる。劇中で実際に映像と音声が同期しているのはほぼ歌のシーンだけで、登場人物の台詞は一部の例外を除いてすべて字幕で示されるからだ。字幕といっても、この時代にはまだ映像に文字を同期させるスーパーインポーズ、いわゆる字幕スーパーの技術は確立していなかったので、台詞はインタータイトルと呼ばれる文字だけの差し込み画面によって示されている。結局、『ジャズ・シンガー』は「歌入りのサイレント映画」というのが正確なところだが、だからこそ例外的に映像とシンクロした台詞が際立つとも言える。

映像と同期した台詞が最初に登場するのは、主人公ジャック・ロビンがナイト・クラブで歌うシーンである。一曲を歌い終えたジャックにもっと歌えと要求する客を、彼は「Wait a Minute. You ain't heard nothin' yet.」と言って制する。これが「お楽しみはこれからだ」と訳されて、映画史に残る名台詞として日本人の記憶に刻まれることになった。

ユダヤ人が登場した初めてのハリウッド映画

もう一つの例外的台詞は、歌手として成功したジャックがしばらくぶりに実家に帰って来たシーンに登場する。息子との再会を涙を流して喜ぶ母に、彼はピアノを弾きながらのちにジャズ・スタンダードとなる「ブルー・スカイズ」を歌って聞かせる。この場面での母と息子の会話と、そこに帰宅した父が息子の歌を遮って発する「やめろ！(Stop!)」という台詞がその例外に当たる。映画史において最初に発せられた台詞のうちの一つは、ジャズを激しく否定する言葉であった。

父親が息子の歌を制したのは、彼がユダヤ教徒が集まるシナゴーグにおいて礼拝をリードする先唱者であり、世俗の大衆音楽を否定しなければならない立場にあったからだ。『ジャズ・

シンガー』は初のトーキーであることばかりが強調されるが、実は、ユダヤ人がユダヤ人として登場する初のハリウッド映画でもあった。

　この映画の原作は、ユダヤ人作家サムソン・ラファエルソンの同名小説で、彼はミンストレル・ショーで歌っていたユダヤ人シンガーのアル・ジョルソンをモデルとしてこの小説を書いたのだった。映画では、厳格なユダヤ教徒の家に生まれた主人公をそのままアル・ジョルソンが演じている。主人公の本名はジェイキー・ラーヴィノヴィッツで、この名前があまりに「ユダヤ的」であったために、歌手になってから名乗った「アメリカ的」な名前がジャック・ロビンだった。

『ジャズ・シンガー』を製作したワーナー・ブラザースは、ハリー、アルバート、サム、ジャックのワーナー兄弟によって設立された会社で、彼らもまた東欧系ユダヤ人である。ワーナー・ブラザースだけでなく、20世紀フォックス（現20世紀スタジオ）、MGM、パラマウント、ユニバーサル、コロンビアなど、ハリウッドのほとんどのメジャー映画会社はユダヤ人によって創設されているが、『ジャズ・シンガー』以前にユダヤ性を前面に出した映画が製作されなかったのは、ユダヤ人差別が根強いアメリカ社会において、ユダヤ人を描いた作品は大衆に受け入れられまいと考えられていたからだ。その点でもユダヤ人がユダヤ人として登場する『ジャズ・シンガー』は画期的な作品であった。

白人たちの「恣意的想像」の産物

映画の中で、アル・ジョルソンは顔を黒塗りにしてブロードウェイのステージに立つ。「黒人を演じるユダヤ芸人」というのが彼の役どころで、これは彼が実際に出演していたミンストレル・ショーの意匠であった。

ミンストレル・ショーとは、一八四〇年代に成立したとされるアメリカ最初の大衆芸能で、白人が顔を黒く塗り黒人に扮して歌やダンスを披露する出しものだった。今日にあってミンストレル・ショーが主に否定的文脈で語られるのは、それが黒人に対する差別意識を基盤とした芸能であったと考えられているからだ。「ミンストレル・ショーは、白人による黒人イメージをつくりあげ、それをステレオタイプ化した」のであり、「ショーに登場する〝黒人〟は、白人たちの恣意的想像力が生んだ産物で、黒人をからかって面白がる白人たちの優越感がよくあらわれています」とアメリカ音楽研究家のジェームス・M・バーダマンと里中哲彦は語っている（『はじめてのアメリカ音楽史』）。

ミンストレル・ショーで黒人を演じた白人の多くはアイルランド系だった。ジョン・レノンの曾祖父はアイルランドから英リヴァプールに渡った移民だったが、その息子、つまりジョンの祖父はアメリカでミンストレル・ショーのメンバーとして活動していたという説があると音楽評論家の北中正和は書いている（『ビートルズ』）。

ミンストレル・ショーで黒人に扮した演者の中にはアル・ジョルソンのようなユダヤ人もい

た。アメリカ白人社会における下層に位置していたアイルランド人やユダヤ人は、黒人を演じることで逆説的に「白人」になろうとしたのだとしばしば指摘される。大和田俊之は、「アイルランド人やユダヤ人は、ミンストレル・ショウの舞台でその民族的記号を覆い隠すことができた」と言っている（『アメリカ音楽史』）。ワインのコルクを焼いて粉末にし、それに水を加えてペースト状にして顔に塗ることで、彼らは「黒人」となった。舞台を降りて黒塗りを落とせば、彼らは皆「白人」となる。ブラック・フェイスは、本来統一性のない「白人」という抽象的概念をつくり出す機能を果たしたのだと大和田は指摘する。

複雑なのは、当初は白人演者が白人オーディエンスに向けて芸を披露する場であったミンストレル・ショーに、のちに「本物の黒人」が加わるようになったことで、それにともなってこのショーは黒人観客にも開かれることになった。ミンストレル・ショー出身の黒人ミュージシャンには、「ブルースの父」と呼ばれるW・C・ハンディのほか、マ・レイニー、ベッシー・スミス、エセル・ウォーターズといった女性ボーカリストたちがいた。彼女たちはいずれも、ブルースやジャズを大衆音楽として広めるに大いに功があったシンガーである。

ミンストレル・ショーの音源は現在でも『Monarchs of Minstrelsy』などのCDに残されていて、このショーで活躍していた頃のアル・ジョルソンの歌もここで聴くことができる。聴いてみると、ミンストレル・ショーとは歌だけでなく漫談のような語りも加わった総合的な芸能であったことがわかる。このショーが一つの源流となって、ボードビル、レヴュー、ミュージカルといったアメリカの大衆芸能が生まれたのだった。

雑多な要素の混淆が生んだアメリカの大衆芸能

ミンストレル・ショーについては、もう一点指摘しておくべき事実がある。「アメリカのポピュラー音楽の祖」と呼ばれるスティーブン・フォスターとミンストレル・ショーの関係である。アメリカ最初の職業音楽家であったフォスターは、「おおスザンナ」「草競馬」「スワニー河（故郷の人々）」「ケンタッキーの我が家」など国民的大衆歌として定着した曲をはじめ、生涯に二〇〇曲近くを作曲したが、そのうちのおよそ三十曲はミンストレル・ショーのために書いた曲だった。

アイルランド系白人であったフォスターの曲の多くは、スコットランドやアイルランドの民謡の形式を用いて、アメリカ南部の風景やそこにおける黒人の生活を読み込んだものだったが、彼自身は南部出身ではなく、南部を実際に訪れたこともほとんどなかったと言われる。つまり、北部の白人が考える「幻想の南部」と「幻想の黒人」のイメージから生まれたのがフォスターの曲で、それを『はじめてのアメリカ音楽史』の指摘に倣って「恣意的想像力の産物」と言ってもいいだろう。フォスターの歌の世界にもまた、ミンストレル・ショーを成立させた恣意性が色濃く滲んでいた。

黒人に対する白人の恣意的想像力が生んだミンストレル・ショーやスティーブン・フォスター

の曲は、その後アメリカの大衆芸能の基盤となり、ミンストレル・ショーにアイデアを得てユダヤ人が書いた小説『ジャズ・シンガー』は「史上初のトーキー」となって、そこから現代映画が始まった。映画を製作したのはユダヤ人であり、映画の中で主人公を演じたのは「黒人に扮したユダヤ人」であった。

これらが示すのは、アメリカの大衆芸能や大衆娯楽は、黒人性、ユダヤ性、アイルランド性といった雑多な要素の混淆によって生まれたという事実である。「ジャズ」とは、その混淆の一つの形態につけられた名前であった。

「黒塗り」で人気を集めた日本人コーラス・グループ

ミンストレル・ショーの劇団は、実は明治維新以前に日本にも訪れている。『はじめてのアメリカ音楽史』によれば、日米和親条約の締結を目指していたペリーが、一八五四年に二度目に来日した際に引き連れていたのがミンストレル・ショーの一団で、横浜、函館、下田、那覇などでショーが開催されたという。神奈川県立歴史博物館に所蔵されている「黒船絵巻」には、顔を黒く塗って演奏する男たちの姿が描かれている。「おそらく日本で聴かれた初めてのアメリカ音楽でしょう」と同書の著者のひとりである里中哲彦は言っている。日本人が最初に聴いたアメリカ音楽が「黒人を擬装した音楽」であったという事実は、その後の日本人と黒人文化の関係を象徴しているとも言える。

ミンストレル・ショー来日のおよそ一三〇年後の日本で、顔を黒く塗ってデビューしたコーラス・グループがあった。シャネルズ、のちのラッツ&スターである。黒人コーラスのドゥー・ワップを見事に再現してデビュー・シングル「ランナウェイ」を一一〇万枚も売り上げたこのグループには、当初から批判もあったようだ。シャネルズのデビュー後まもなく、「戦後三十五年間における、日本人のアメリカ誤解の一つの頂点」とこのグループを評したのは、作家の小林信彦だった。敗戦後の日本人はアメリカのことをよく知らずに追従してきたのであって、日本人のアメリカ観は自分たちに都合よく解釈したものに過ぎない。まして、日本人に黒人のことが本当にわかるはずはない。顔を黒く塗って黒人の真似をするのは滑稽の極みである――。それが小林の言い分だった（『星条旗と青春と』）。

この小林の発言は、音楽評論家スージー鈴木の『EPICソニーとその時代』に紹介されているものである。スージー鈴木によれば、ラッツ&スターのリーダーである鈴木雅之は、松本隆の作詞活動四十五周年を記念するイベント「風街レジェンド2015」で、「日本初の黒人、鈴木雅之です」と挨拶したという。スージー鈴木は、「黒人文化に対する強烈にピュアな憧れ」が鈴木雅之にあることを理由にこの発言や黒塗りを肯定的に捉えているが、鈴木雅之はじめラッツ&スターのメンバーに、ミンストレル・ショーと同様の黒人に対する「恣意的想像力」が働いていたとは言えるだろう。

グループのバス・ボーカル担当で、現在はインディーズのレコード会社ファイルレコードの社長でもある佐藤善雄は一九九六年のインタビューで、黒塗りのアイデアはメンバーのひとりで、のちに覚醒剤使用で何度も逮捕されることになる田代まさしのものだったと語っている。そのアイデアを聞いたメンバーは、「尊敬している黒人音楽だし、どうせやるんだったら、見た目の分かりやすさもあるし、黒人になりきっちゃおう」と判断したのだった。「僕らなりに黒人の音楽とか黒人っていう人達にリスペクトする気持ちがあればこそ出来ること」だから、と（「クイック・ジャパン　Vol.7」）。「黒人をリスペクトしているから黒塗りは許される」というロジックはスージー鈴木と共通している。

佐藤はインタビューの中でこんな興味深い逸話も紹介している。アメリカの黒人ミクスチャー・ロック・バンドのフィッシュボーンが来日したときに、両グループは音楽番組で一緒になったことがあった。

彼らは僕らを見た時、凄く怒ってましたね。やっぱり、馬鹿にされていると思ったんじゃないですか。別に殴りかかってくるわけじゃないんだけど、側にいて刺さるような目つきを感じる部分があったから。

（「クイック・ジャパン　Vol.7」）

八〇年代に活動を停止していたラッツ&スターは一九九六年に再結成し、ＮＨＫ紅白歌合戦に黒塗りメイクで出演して、大瀧詠一の「夢で逢えたら」を歌った。紅白歌合戦は海外でも見ることができるが、この年の海外放映で彼らの出演シーンはカットされたようだ。黒人差別であるという海外からの批判を恐れたNHKの判断だったと思われる。

今の世のポリティカル・コレクトネスの高みから、卓越したシンガーである鈴木雅之やラッツ&スターのかつての黒塗りを断罪することに意味があるとは思えない。しかし彼らの中に、過酷なアメリカ社会を生きてきた黒人のリアリズムから遠く隔たった「幻想の黒人」のイメージがあったことは確かだろう。ミンストレル・ショーを成立させていたのと同じ恣意的イメージが。

では、現在の私たちはそのイメージからどの程度逃れられているだろうか。黒人に対する、ジャズに対する、ブルースに対する、R&Bに対する、ラップに対する恣意的想像力からお前はどれほど自由であるか——。そう自分自身に問うてみたく思う。

「スウィングの王」と「史上最強のジャズ・レーベル」のオーナー

迫害から逃れて新天地を目指したユダヤ人たち

一九六四年の初演以来三〇〇〇回を超えるロングラン上演を記録したブロードウェイ・ミュー

ジカル『屋根の上のバイオリン弾き』の舞台は、十九世紀末の東ヨーロッパにおけるユダヤ人村であった。帝政ロシアの支配下にあった東欧のユダヤ人は、ポグロムと呼ばれる暴力的排斥を幾度となく被り、しばしば生活の場を奪われた。『屋根の上のバイオリン弾き』は、そのポグロムによってユダヤ人たちが強制的に移住させられる場面で終わる。

十九世紀末から二十世紀初頭にかけて、数多くのユダヤ人が東欧から別天地を目指した。ポグロムに加えて、貧困に耐えかねたためだった。当時のユダヤ人の多くは、差別によって都市産業や農業から締め出された結果、極度の窮乏の中にあった。迫害と貧困から逃れるためにユダヤ人たちが目指したのがアメリカだった。

「一八八〇年代に始まった東ヨーロッパからの大量移民は、ユダヤ人の歴史から見ても特筆されるべき大規模な人口移動であった」のであり、その結果、「一九一八年までにアメリカ合衆国のユダヤ人社会は世界で最大規模のものになっていた」のだと『ユダヤ人の歴史』の著者レイモンド・P・シェインドリンは書いている。

ベニー・グッドマンの両親も、その時期に東欧からアメリカに移住したユダヤ人であった。父デヴィッドは、現ポーランドの首都ワルシャワの出身、母ドーラは帝政ロシアのコヴノ県（現在のリトアニア）の出身である。二人は東欧移民の入り口であった港湾都市ボルティモアで出会い、結婚後の一九〇三年にシカゴに移住した。それから六年経った一九〇九年五月に一家の九番目の子どもとして生まれたのがベニーだった。

商業音楽初の人種混合バンド

音楽に興味を持ったベニー少年が数ある楽器の中でクラリネットを選んだのは、自らのルーツを意識したものだったかどうか。東欧ユダヤ人社会から生まれた音楽であるクレズマーにおいて、クラリネットはバイオリンと並ぶ最も重要な楽器の一つである。彼はその「ユダヤ的楽器」の奏者として十代から頭角を現し、十六歳でベン・ポラック楽団に参加してクラリネット奏者としての本格的な活動を始めている。シカゴに生まれシカゴで音楽活動を始めたことが、ベニーの、さらにはその後のジャズの運命を決めたと言ってもいいかもしれない。彼が音楽に目覚めた十代の頃、シカゴはアル・カポネの庇護のもとで当時のアメリカ最大のジャズの街となっていたからだ。

ベニーが自身のバンドを結成したのは一九三四年のことである。ジャズの歴史における彼の大きな功績の一つは、商業音楽では初めてとされる白人と黒人の混合バンドを周囲の反対を押し切って結成したことだった。最初にピアノのテディ・ウィルソンを、次いでヴィブラフォンのライオネル・ハンプトンを彼は自身のスモール・バンドの正式メンバーに迎え入れた。

それは初めての人種混交（Inter-racial）バンドで、アメリカにおける人種関係の重要な一里塚でもあった。しかし、そんなことを私たちが気にしていたわけではない。私たちにとって重要なのは音楽だった。

（『Teddy Wilson Talks Jazz』）

このベニーの言葉は第四章でも紹介した。彼自身がユダヤ人という「下層白人」であったことと、黒人ジャズ・ミュージシャンへの差別がほとんどない稀有な街であったシカゴで青春期を送ったこと。おそらくはその二つの要因によって、彼はアメリカ音楽界の旧弊を脱し、ジャズの歴史におけるイノベーターとなることができたのだった。

クラシックの殿堂におけるジャズ・コンサート

ジャズ史におけるベニー・グッドマンのもう一つの功績は、クラシック音楽の殿堂であったカーネギー・ホールでコンサートを成功させたことである。もっとも、それがこの会場における最初のジャズのコンサートであったわけではない。一九一九年には、黒人の作曲家であり指揮者であったジェームス・リース・ユーロップが結成した全員黒人のメンバーからなるクレフ・クラブ・オーケストラが出演している。このオーケストラには「ブルースの父」W・C・ハンディも参加していた。また、二四年にはクラシックにジャズの要素を加えたシンフォニック・ジャズのオリジネーターのひとりであったポール・ホワイトマンのオーケストラが初出演を果たし、以後このホールの常連となっている。

しかし、ラジオ番組へのレギュラー出演などによってアメリカ全土ですでに幅広いファンを獲得していた著名なスウィング・バンドがカーネギー・ホールに出るのは、ベニー・グッドマン・オーケストラが初めてだった。コンサートの告知はわずかひと月前だったにもかかわらず、チケットは飛ぶように売れたという。コンサートが開催されたのは一九三八年一月十六日のことである。

ベニーは、自身のオーケストラだけではなく、テディ・ウィルソンを加えたトリオ、ライオネル・ハンプトンを加えたカルテットでの演奏をセットに加え、さらに、カウント・ベイシー・オーケストラからベイシー、バック・クレイトン、レスター・ヤング、デューク・エリントン・オーケストラからジョニー・ホッジス、ハリー・カーネイなどの黒人ミュージシャンを招いてジャム・セッションを行った。当日のオーディエンスの多くは、黒人のプロ・ミュージシャンの演奏をこのコンサートで初めて体験したのだった。ベニーの前半生を描いた映画『ベニイ・グッドマン物語』では、このステージの場面をクライマックスとして物語が終わる。

ニューヨークの大衆が耳にしたことのない音楽

大盛況だったこの一九三八年一月のコンサートは、同年十二月に同じ会場で開催された一大イベントの前哨戦だったとも言える。多くの黒人ミュージシャンを擁したステージをベニー・グッドマンが成功させていなければ、そのイベントは実現していなかった可能性が大いにあったからである。

そのイベントとは、第四章でも触れた「フロム・スピリチュアル・トゥ・スウィング」という黒人音楽の見本市と言うべきコンサートである。主催したのは、音楽プロデューサーで、ベニー・グッドマンとも関係の深かったジョン・ハモンドだった。「私には長年の夢があった。ニューヨークの音楽的に洗練された聴衆に聴かせるために、黒人音楽のコンサートを催すことだ。それも、初期の素朴なものから最新のジャズにいたるまでのすべてをだ」とハモンドは自叙伝で語っている。「ニューヨークの大衆のほとんどが今まで耳にしたことのない音楽をやっているアーティストを紹介したい」と考えたのだと（『ジャズ・プロデューサーの半生記』）。

当初スポンサー探しに手間取ったハモンドだったが、マルクス主義系の新聞「ニュー・マッシズ」のスポンサードを得たことで、この「白黒混合の聴衆を集めてひらかれる、ニューヨークで最初の大きなコンサート」の開催はついに実現した。出演メンバーをあらためて挙げると、カンザス・シティ・ジャズのカウント・ベイシー・オーケストラ、ニューオリンズ・ジャズのシドニー・ベシェ、ブルース・シンガーのビッグ・ビル・ブルーンジー、ソニー・テリー、シスター・ロゼッタ・サープ、ブギ・ウギ・ピアニストのミード・ルクス・ルイス、アルバート・アモンズ、ピート・ジョンソン、ゴスペル・クワイアのミッチェルズ・クリスチャン・シンガーズなどとなる。ほかに、「ブルースの女帝」ベッシー・スミスや、数多くのロック・ミュージシャンに多大な影響を与えたロバート・ジョンソンの出演も計画されていたが、ベッシーが三七年九月に交通事故で死去し、ジョンソンも三八年八月に死んだことで（毒殺と伝わる）、結局出演は叶わなかった。もしその二人の演奏が実現していたら、このコンサートはまさに黒人音楽史における最大の伝説の一つとして語り継がれていたに違いない。

ホールの客席にいたひとりのユダヤ人

そのカーネギー・ホールの客席に、ある熱狂的なジャズ・ファンがいたこともすでに書いた。前年にニューヨークにやってきた三十歳のドイツ出身のユダヤ人、アルフレッド・ライオンである。彼は知り合いになっていたジョン・ハモンドからチケットを譲られ、会場に入ることができたのだった。

アルフレッド・ライオンがベルリンで生まれたのは一九〇八年四月二十一日で、ベニー・グッドマンのちょうど一歳上に当たる。彼が最初に生のジャズ演奏に触れたのは、シドニー・ベシェのライブをベルリンで見た一九二二年のことだったという。以前は、黒人ジャズ・ピアニスト、サム・ウディングのオーケストラを一九二五年にスケート場で見たのが最初だと彼は語っていたが、のちのインタビューでその内容を修正している（『黒と白のジャズ史』中山康樹）。

一九二八年、二十歳のライオンはニューヨークを目指した。会計学を学ぶというのが表向きの理由だったが、本当の目的は本場のジャズに触れることだった。彼はブルックリンのユダヤ人居住区に住み、港湾労働で生活費を稼ぎながら、デューク・エリントンなどのレコードを熱心に収集した。

二年間のアメリカ生活を経てドイツに戻ったライオンは、まもなくナチスによるユダヤ人弾圧に直面することになる。一九三三年にアドルフ・ヒトラーが首相に就任してユダヤ人排斥の動きが強まると、離婚してフランスにいた母のもとにライオンは逃れ、その後美術商社の社員として南米チリに渡った。再びアメリカを訪れるのは、一九三七年になってからである。彼は貿易会社に就職し、ニューヨークに居を定めたのだった。ジョン・ハモンドと出会った場所についての記憶は曖昧だが、おそらくマンハッタンにあったコモドア・ミュージック・ショップだったはずだと彼は後年語っている（『ブルーノート読本』小川隆夫）。

コモドア・ミュージック・ショップは、やはりユダヤ人のミルト・ゲイブラーが経営していたレコード店である。ゲイブラーは三八年に自身のレーベル「コモドア・レコード」を設立し、翌年コロムビア・レコードが録音を拒否したビリー・ホリデイの「奇妙な果実」を発売した。「奇妙な果実」とユダヤ人との関わりはのちに詳しく掘り下げたい。

「ジャズの神」に取り憑かれた男

さて、そうしてハモンドからもらったチケットでカーネギー・ホールに潜り込んだアルフレッド・ライオンの心を鷲摑みにしたのが、三人のブギ・ウギ・ピアニスト、ミード・ルクス・ルイス、アルバート・アモンズ、ピート・ジョンソンの演奏だった。もし彼が、カウント・ベイシーのビッグ・バンド・ジャズや、ビッグ・ビル・ブルーンジーのブルース、あるいはゴスペル・クワイアに夢中になっていたとしたら、ジャズの歴史は大きく変わっていたかもしれない。しかしライオンが熱狂したのは、その後のジャズ・ピアノの流れに連なる強烈にスウィングするピアノ・プレイだった。その演奏に接したとき、ライオンに何かが取り憑いたのである。それを「音楽の魔」と言ってもいいし、「ジャズの神」と表現してもいいかもしれない。彼はそのコンサートからわずか二週間後の一九三九年一月六日、アルバート・アモンズとミード・ルクス・ルイスのレコーディングを敢行した。これが、モダン・ジャズ最大のレーベル、ブルーノート・レコードの事実上最初のレコーディングであったことも前に述べたとおりだ。

それはよく晴れた冬の日だった。ライオンはニューヨークの小さなスタジオを一日だけ借りた。そして二人のピアニストが快適に演奏できるよう気を配った――スコッチとバーボンをたっぷり用意したのだ。プロデューサーの彼は、雰囲気に呑まれ、どう指示を出せばいいかわからず、音楽とミュージシャンの成り行きにまかせた。偶然ではあったが、それがある意味で、未来のブルーノートの特徴を決めたとも言える。

（『ブルーノート・レコード』リチャード・クック）

ライオン自身はこう振り返っている。「ジョン」はジョン・ハモンドのことである。

わたしはスタジオも知らなければ、エンジニアも知らない。レコーディングに関してはまったくの門外漢だった。すべてをコーディネートしてくれたのがジョンだ。あのときのことは何度も思い返してみた。でも、どうしてああいうことになったのか、いまでもよくわからない。

（『ブルーノート読本』）

ナチス・ドイツの魔の手を逃れたもうひとりのユダヤ人

その後、アルフレッド・ライオンは出資者を得てブルーノート・レコードを立ち上げ、彼のジャズ開眼のきっかけとなったシドニー・ベシェの「サマータイム」を録音する。初期のブルーノートの経営は、そのレコードの売り上げでぎりぎりもちこたえたと言われる。ニューオリンズ生まれのベシェは、欧州系白人と黒人のハイブリッド、いわゆるクレオール系のサックス／クラリネット・プレーヤーであり、「サマータイム」は、アメリカで最も成功したユダヤ人作曲家ジョージ・ガーシュウィンがつくったオペラ『ポーギーとベス』の中の一曲である。黒人を主人公とするオペラのためにユダヤ人が作曲した曲を、クレオールの音楽家がプレイし、それをユダヤ人のプロデューサーが録音する——。ジャズという音楽がもつ複雑な雑種性が色濃くあらわれた逸話である。

同年九月一日、ドイツのポーランド侵攻を受けて英仏がドイツに宣戦布告し、第二次世界大戦が始まる。ナチス・ドイツはポーランド侵攻の過程で強制収容所を開設して、ユダヤ人の集団虐殺に本格的に着手した。そのさなか、独米間の最後の定期就航便に乗ってアメリカに脱出したもうひとりのユダヤ人がいた。アルフレッド・ライオンの十代からの友人であり、のちにブルーノートのキーパーソンとなったフランシス・ウルフである。彼はライオンとともにブルーノート・レコードを経営するだけでなく、商業写真家の腕をいかしてレーベルの数々の名ジャケットの写真を手がけた。この二人の働きによって、ブルーノートは五〇年代、六〇年代の黄金期を築くこととなる。

「スウィングの王」ベニー・グッドマン。「史上最強のジャズ・レーベル」をつくり上げたアルフレッド・ライオン。そして、その右腕であったフランシス・ウルフ。この三人のユダヤ人がいなかったとしたら、ジャズの歴史はどうなっていたか。あるいは、東欧やドイツにおいてユダヤ人迫害がなく、多くのユダヤ人がアメリカに逃れることがなかったとしたら。

いずれも歴史の「もし」に属する話である。一つ確かなことがあるとすれば、ジャズの成り立ちをユダヤ人の不幸な歴史と切り離して語ることはできないということだ。ジャズは「黒人音楽」であっても、「黒人だけの音楽」ではない。歴史はそのことを示している。

「黒人性」と「ユダヤ性」のハイブリッド・ミュージック

「ジュー・ヨーク」と呼ばれた街

ニューヨークの高層ビル街を映すモノクロ映像を背景に、グリッサンドで奏されるあのよく知られたクラリネットのソロ演奏が流れ、「ジョージ・ガーシュウィンの旋律にも似たときめきのある街」というウディ・アレンのナレーションが重なる。映画『マンハッタン』(一九七九年)は、ガーシュウィンの代表作「ラプソディ・イン・ブルー」で幕を開けて幕を閉じるばかりでなく、作中にも「サムワン・トゥ・ウォッチ・オーヴァー・ミー」「ス・ワンダフル」「バット・ノット・フォー・ミー」といったガーシュウィンの曲を配した「ガーシュウィン・ムービー」と言うべき映画である。「ラプソディ・イン・ブルー」を演奏しているのはニューヨーク・フィルハーモニックで、冒頭のクラリネットは監督・主演のウディ・アレン自身が吹いているらしい。

ニューヨーク生まれのユダヤ人としての自伝的要素をまぶして「アメリカ映画中最もユダヤ的な映画」と言われるウディ・アレンの代表作『アニー・ホール』(一九七七年)に比して、『マンハッタン』ではユダヤ性の直接的な表現は抑制されている。しかし、やはりユダヤ人であったガーシュウィンの音楽を意識的に多用している点で、この作品もまたウディ・アレンならではの「ユダヤ的映画」と言っていいと思う。

十九世紀末から二十世紀初頭に東欧から大挙してアメリカに移住したユダヤ人の多くが居を定めたのがニューヨークで、マンハッタン島南端のロウアー・イースト・サイドや、イースト川をはさんだブルックリンに大規模なユダヤ人街が形成された。『アメリカのユダヤ人』（土井敏邦）という本には、『マンハッタン』が製作されたのとほぼ同時期の一九八一年におけるユダヤ人人口調査が紹介されている。それによれば、ニューヨーク市のユダヤ人の数はおよそ一一三万人で、これは市の全人口の十六パーセントに当たる。とりわけマンハッタンとブルックリンでは、人口のおよそ二十パーセントをユダヤ人が占めたという。当時全米のユダヤ人人口比率が二・五パーセントであったことを考えれば、これは突出した数字である。ニューヨークが「ジュー・ヨーク（Jew York）」と呼ばれた所以だ。

ラグタイムに魅了されたユダヤ人

ニューヨーク、ブルックリンの貧しいユダヤ人家庭にジェイコブ・ガーショウィッツが生まれたのは、一八九八年九月のことだった。父モーリス・ガーショウィッツ（ゲルショーヴィチ）がロシアのサンクトペテルブルクからアメリカに移住してきたのは一八九〇年八月である。彼はロシアにいた頃からの知り合いだったローズ・ブルースキンとニューヨークで再会して一八九五年に結婚し、その翌年には長男アイラが誕生している。

次男ジェイコブは、のちにアメリカ風にジョージと呼ばれるようになり、ファミリー・ネームもガーシュヴィン（Gershwin）に改められた。アメリカに移住したユダヤ人が改名するのは当時普通のことだったが、必ずしも自分たちの意志によるものばかりではなかったようだ。

入国審査の係官は移民のむずかしい名前を正確に記入するのを拒絶し、用紙にまったく新しい名前を書きこんだ。学校では教師は児童の発音しにくい名前のかわりに、もっと発音しやすい名前を記入した。

（『ユダヤ移民のニューヨーク』野村達朗）

アイラとジョージのガーシュヴィン兄弟は十代になるとガーシュウィン（Gershwin）を名乗るようになり、ほかの家族もそれに従って改名した。ジョージはその頃から黒人霊歌、ゴスペル、ジャズなどに興味をもち、同時に、ニューヨークの音楽出版街ティン・パン・アレイの作曲家であったアーヴィング・バーリン、ジェローム・カーンの作品にも深く傾倒した。

バーリンはロシアのシベリア西部の町チュメニ生まれのユダヤ人で、映画『ジャズ・シンガー』の中でやはり東欧系ユダヤ人のアル・ジョルソンが歌った「ブルー・スカイズ」は彼がつくった曲だった。何より、アメリカ音楽史上最も売れた曲と言われる「ホワイト・クリスマス」の作曲家としてバーリンは高名である。ジョージ・ガーシュウィンは、バーリンを「アメリカのシューベルト」と呼んだ。一方のジェローム・カーンは、「煙が目にしみる」「今宵の君は」「イエスタデイズ」など、のちにジャズ・スタンダードとなった曲の作者として知られる。彼もまたユダヤ移民の子である。

それらの音楽以上にジョージの心を捉えたのが、一九一〇年代にシカゴ経由でニューヨークでも流行するようになった黒人音楽ラグタイムだった。アメリカ最初の大衆音楽であり、ジャズの前身の一つでもあったこの音楽に耽溺したジョージは、ピアノを熱心に練習し、ティン・パン・アレイに出入りするようになってからは、その界隈で最も上手なピアニストと言われるようになった。「それはアメリカで最初に敢行された『白人』の側からの『黒人音楽＝ジャズ』への挑戦」であり、「ロシア系ユダヤ人の子として生まれ、『白い』社会からさまざまな差別や排除の力を受けながらゲットーに育ったガーシュインの血に流れる『辺境性』が『ラグタイム』にもう一つの『辺境性』を認め、シンパシーを抱かせた」のだと批評家の末延芳晴は言っている（『ラプソディ・イン・ブルー』）。

もう一つ、その後のジョージ・ガーシュウィンの作曲に大きな影響を与えたのが、ユダヤ音楽である。ガーシュウィン家は厳格なユダヤ教の家庭ではなく、ユダヤ的慣習が重んじられることもなかったが、ジョージは早くからユダヤ人劇場に出入りし、イディッシュ語（東欧系ユダヤ人の言語）演劇とそこで流れるユダヤ音楽から多くのものを学んだ。

高校を中退し、ティン・パン・アレイの音楽出版社で働きながら自作の曲づくりに打ち込んでいたジョージ・ガーシュウィンの名を最初に世に知らしめたのが、一九一九年に作曲した「スワニー」だった。これをアル・ジョルソンが気に入り、「シンバッド」というミュージカルの中で歌ったことで大ヒットした。曲単位で見れば、この曲がガーシュウィンの生涯で最も売れた作品となった。

ガーシュウィンを評価した「キング・オブ・ジャズ」

ガーシュウィンに次の転機が訪れたのは一九二二年である。この年彼は、登場人物がすべて黒人という当時としては画期的な一幕物のオペラ『ブルー・マンデイ（135番街）』を手がけた。のちの大作『ポーギーとベス』のプロトタイプと見なされる作品だが、批評家の評価は低く、上演の機会は結局一度しかなかった。しかし、この作品を評価した音楽家がひとりだけいた。ここまで何度か名前を出してきたポール・ホワイトマンである。彼は二〇年代のニューヨークで「キング・オブ・ジャズ」と称されていたバンド・リーダーであり、やはりユダヤ人だった。ホワイトマンの「ユダヤ性」がガーシュウィンの「ユダヤ性」と共鳴した。そう書けば、ではその「ユダヤ性」とは何かという話になるが、ガーシュウィンの音楽がホワイトマンの心の琴線に触れたのは確かだった。

翌年、ホワイトマンは「現代音楽の実験」と題したコンサートを企画するに当たって、「ジョージ・ガーシュウィンはジャズ風の協奏曲に取り組んでいる」というインフォメーションを本人の許可なく発表した。これは依頼を断られることを回避するためのホワイトマンの戦略であったらしく、発表された以上ガーシュウィンはこの仕事を引き受けるほかなかった。ニューヨークからボストンに向かう電車の中で、車輪の音にインスピレーションを受けたガーシュウィンは、一気呵成に初めてのオーケストラ曲を書き上げたのだった。要した時間はわずか三週間だったという。

コンサートが開催されたのは一九二四年二月十二日のことで、「延々と長時間にわたる退屈なコンサート」の、二十三曲中二十二番目にその曲「ラプソディ・イン・ブルー」は演奏されたと、ガーシュウィンの評伝『アメリカン・ラプソディ』を手がけたポール・クレシュは書いている。

だらだら長いコンサートだったので、この曲の番になる頃には聴衆は半分眠っていた。ところがクラリネットの野性的な音が聞こえると、たちまち眼をさました。演奏が終わると、盛大な拍手喝采がいつまでも続いた。

(『アメリカン・ラプソディ』)

クラリネットで奏でられた馬のいななき

先に紹介した末延芳晴の『ラプソディ・イン・ブルー』は、欧州クラシック音楽へのコンプレックスからアメリカ人を解き放ったと言われるこの曲をさまざまな角度から論じたガーシュウィン・ファン必読の書だが、とくに興味深いのは、「ラプソディ・イン・ブルー」と、一九一七年に史上初のジャズ・レコードとして発売されたオリジナル・ディキシーランド・ジャズ・バンドの「リヴァリー・ステイブル・ブルース」との類縁性を指摘している点である。それはとりわけ冒頭のクラリネット・ソロに顕著であると末延は言う。

末延によれば、「リヴァリー・ステイブル・ブルース」の作曲者で、バンドのコルネット奏者であったニック・ラロッカは、「馬のいななきと鶏のときの声、そしてロバの鳴き声をコルネットとクラリネットとトロンボーンの音に模して吹き込んだ」と語ったという。そのような擬音、擬声をフランス語でオノマトペ、英語でオノマトピアというが、「ラプソディ・イン・ブルー」の導入部のクラリネットによる上行グリッサンドは、一種のオノマトペであった。これはもともとスラーの指示のついた十七連符をクラリネット・プレーヤーが、「リヴァリー・ステイブル・ブルース」を真似て馬のいななきのようにグリッサンドでプレイし、それを聴いたガーシュウィンがその場で採用したものである。「リヴァリー・ステイブル・ブルース」と「ラプソディ・イン・ブルー」を聴き比べてみると、確かに影響関係が色濃く感じられる。

オリジナル・ディキシーランド・ジャズ・バンドによるこの初のジャズ・レコードが発売されたのはビクターからだったが、レコーディングはコロムビアの方が先だった。それがお蔵入りになったのは、コロムビアがオノマトペの入った演奏を録音することを拒否したためにバンドとの関係が悪化したからだと言われる。ジャズとは元来、冗談音楽的なセンス・オブ・ヒューモアの要素を多分に含んでいたものだったが、それをコロムビアは理解できなかったらしい。ガーシュウィンはそのユーモアの感覚を自作に即興的に取り入れ、最大の効果を上げることに成功したのだった。

アメリカ音楽史上初のクロスオーヴァー・ミュージック

以前にも言及したとおり、クラリネットは東欧ユダヤの音楽であるクレズマーにおいて最も重要な楽器の一つである。ガーシュウィンは『ラプソディ・イン・ブルー』の冒頭に、クラリネットのソロをもってくることによって、自らのユダヤ的アイデンティティのあかしとしてクレツマー音楽的特性を刻印した」と末延は言う。さらに、そこにラグタイムやディキシーランド・ジャズからの影響を加えることによって、ガーシュウィンはアメリカ音楽史上初のクロスオーヴァー・ミュージックをつくり上げたのだと。

オリジナル・ディキシーランド・ジャズ・バンドは白人バンドだったが、ジャズのレコーディングにおいて白人が黒人に先んじたのは、たんに黒人にレコーディングの機会が与えられなかったからに過ぎない。二〇年代のニューヨークにおいて、今日の耳からはほとんどジャズには聞こえないスウィート・ムード・ダンス・ミュージックの旗手であったポール・ホワイトマンが「キング・オブ・ジャズ」と呼ばれたのも、黒人ジャズ・バンドの演奏の場がほとんどなく、「本物のジャズ」を知る聴衆がいなかったからである。しかし、ガーシュウィンの感性は十代から黒人音楽の本質を捉え、その本質をオーケストラ曲に昇華させることに成功したのだった。

『ラプソディ・イン・ブルー』において最初に結実することになるガーシュイン音楽における「ジャズ」の内実を規定していたもの、それは、表層的にはホワイトマンに代表される白人ジャズであり、深層的には血としてガーシュインの体内に流れるユダヤの民衆音楽であり、一層根源的には「夢」の「象徴的イメージ」としての真正なる黒人音楽、具体的にはラグタイムであり、ディキシーランド・ジャズであり、ブルースであった。

（『ラプソディ・イン・ブルー』）

ユダヤ人の特性は生物学的なものではないので、「血」はあくまでも比喩である。「夢」の「象徴的イメージ」とは、十代のガーシュウィンが憧れとともに心のうちに抱いていた黒人音楽の姿とでも解しておけばいいだろう。「ラプソディ・イン・ブルー」は、黒人、ユダヤ人、白人それぞれの「音楽言語の出会いとクロスオーヴァーの最初の成果」であり、より具体的には「音楽史上最初に成し遂げられた、ラグタイムとジャズ、ブルースに象徴される『黒いアメリカ』の音楽とクラシックや行進曲、ポピュラー・ソング、ダンス・ミュージックに象徴される『白いアメリカ』の音楽、さらにはシリアスな西洋クラシック音楽と大衆的なポピュラー音楽のクロスオーヴァー」なのだと末延は強調する。

やはり東欧ユダヤ移民二世であった指揮者のレナード・バーンスタインは、「構成力の欠如の典型」と指摘しながらもこの曲を評価したが、彼の文章にも同様の視点がある。

この曲は、かなり人工的な転調や移調の手法や古めかしいカデンツァで無造作につなぎ合わされたエピソードでできている。しかし重要なのは、『ラプソディー・イン・ブルー』の欠陥ではなく、長所なのだ。この無器用につなぎ合わされたエピソードがすばらしいのは、それが本質的に心をつき動かすメロディー、真心にあふれたハーモニー、本物のリズムをもっているからである。

（「ユリイカ」一九八一年十二月号／大原えりか訳）

バーンスタインは「無造作につなぎ合わされたエピソード」という言い方で、はからずもアメリカという国を端的に表現している。それは末延のこんな言葉と響き合うだろう。「ガーシュウィンは『アメリカ』を『アメリカ』たらしめている、多様な文化的価値が共存しクロスオーヴァーし合うことを通して、新しい統合的価値を生み出していくオープンに開かれたシステムと構造を『ラプソディ・イン・ブルー』に取り込んだ」、つまり「『ラプソディ・イン・ブルー』そのものが、構造的にアメリカなのである」――。

ギル・エヴァンスはユダヤ人か

ガーシュウィンは、「ラプソディ・イン・ブルー」を完成させたおよそ十年後に、最後の大作である『ポーギーとベス』に着手する。白人作家デュボース・ヘイワードが描いた港町の貧しい黒人の物語を、ユダヤ人作曲家がジャズの要素を加えてオペラ化したのが『ポーギーとベス』であり、これもまた黒人性とユダヤ性の混淆によって生まれた作品と言うことができる。

『ポーギーとベス』は数々のミュージシャンがジャズ作品としてレコーディングしているが、最高傑作と言われるのはマイルス・デイヴィスとギル・エヴァンスによる一九五八年の作品である。黒人性とユダヤ性のクロスオーヴァーによって生まれたオペラに、黒人トランペッターとユダヤ人アレンジャーが手を組んで取り組み、最高の作品を生み出した――。そう書けばたいへん美しいストーリーとなるが、しかしこのストーリーはかなりの確率で成立しないと思われる。

ギル・エヴァンスは日本では「ユダヤ人」ということになっている。確かに、「ギル・エヴァンス　ユダヤ人」というワードで検索してみれば、彼が「ユダヤ系カナダ人」であるという判で押したような日本語の説明がいくつも出てくる。しかし、「Gil Evans Jewish」で検索しても、ギルがユダヤ人であるという英語の説明には一切たどり着けない。

ジャズ研究家のステファニー・スタイン・クリーズが著したギル・エヴァンスの評伝『Gil

Evans: Out of the Cool』（未邦訳）によれば、ギルの両親に関して知られていることはわずかである。ギルの母マーガレット・ジュリア・マコナキーはイギリス英語を話すスコッチ・アイリッシュで、ギルの父はカナダ人の医師だった。マーガレットは五回結婚しており、ギルの実父は四人目の夫だったようだ。その実父はギルが生まれる前に死亡し、マーガレットはカナダ人の炭鉱夫ジョン・A・エヴァンスと結婚した。ギルはその継父の姓を生涯名乗ったのだった。

『Out of the Cool』におけるギルの生誕と両親に関する記述は一ページ程度だが、日本語で読めるギルの評伝『ギル・エヴァンス　音楽的生涯』（ローラン・キュニー）での言及はさらに少なく、わずか六行に過ぎない。書くべき情報に乏しいためだと思われる。いずれの本にもギルがユダヤ人であることを示す記述が皆無なのは、要するに彼がユダヤ人ではないからだろう。どうやら、ビル・エヴァンス同様、ギル・エヴァンスがユダヤ人であるという説明も、日本のみで通用する俗説らしい。

『ポーギーとベス』に表現された「音楽の坩堝《るつぼ》」

幻に終わったアル・ジョルソン版『ポーギー』

アメリカ東海岸の港湾都市チャールストンに生まれたデュボース・ヘイワードが、自身の故郷を舞台にした小説『ポーギー』を上梓したのは一九二五年である。ジョージ・ガーシュウィンは翌年にその小説を読み、ヘイワード夫妻と会う機会もあったようだ。ヘイワードの妻ドロシーは劇作家で、夫妻は二七年に『ポーギー』を舞台化している。

ガーシュウィンは早い段階からこの物語のオペラ化を構想していたが、実際に着手するまでに八年の時間を要した。理由はたんに多忙だったからだろう。しかし、その仕事は始まりから壁にぶつかることになった。先んじてこの作品をミュージカルにする企画を立てている人物がいることが判明したからだ。ガーシュウィン作の「スワニー」をヒットさせたユダヤ人シンガー、アル・ジョルソンである。

アルはミンストレル・ショー仕込みのブラック・フェイスで自ら主人公の黒人ポーギーを演じるつもりでいた。音楽担当として名前が挙がっていたのは、ガーシュウィンが敬愛していたジェローム・カーンである。もし、『ポーギー』がアルの主演でミュージカル化されていたら、この作品がポピュラー音楽の歴史に名を残すことはなかっただろう。白人が黒塗りで黒人を演じる意匠は、公民権運動以降、許容される表現ではなくなったからである。現在ではアル・ジョルソンの名も、ミンストレル・ショーという芸能への評価も完全に地に落ちている。

幸いと言うべきか、そのアル・ジョルソンのプランは頓挫し、ガーシュウィンは『ポーギーとベス』の実現に向けて行動を開始した。一九三三年、彼はあらためて『ポーギー』を観劇し、その後物語の舞台であるサウス・カロライナ州チャールストンに向かったのだった。

黒人コミュニティに身を投じたことの意味

『ポーギー』は、先天的に両足が不自由で、物乞いで日々を凌いでいるポーギーと、殺人を犯したヤクザ者の情婦であったベスという女の物語である。登場人物は警察などを除いてすべて黒人で、彼・彼女らはかつて富豪の住まいだった中庭つき三階建てレンガ造りの建物に住み着いている。長屋となったその建物は「なまず横丁（Catfish Row）」と呼ばれている。原作者は、物語の舞台である貧しい港町を「時というものによって破壊されないうちに、むしろ忘れ去られてしまったというような、古い美しい町」（齋藤數衛訳）と表現した。

作家が自ら生まれ育った故郷を描く筆致は臨場感に溢れ、とりわけハリケーンが港町を襲う場面の迫力には息を飲む。現在手軽に読める日本語訳がないのは、おそらく原文に難解な黒人英語が頻出するからで、一九五六年に東京ライフ社から出版された『ポギーとベス』の訳者である齋藤數衛も、「意味不明の箇所が若干あった」とあとがきに記している。

ガーシュウィンが絶対に避けようとしたのは、自分がつくるオペラを、ミンストレル・ショーやスティーブン・フォスターの歌の世界のような「白人の恣意性によってつくられた幻想の黒人の物語」にすることだった。彼は二度にわたってチャールストンに赴き、黒人教会で讃美歌を聴き、苺や蟹や蜂蜜を売る黒人行商人の声に耳を傾け、離島にコテージを借りて「ガラ」の世界に身を浸し、シャウティングと呼ばれる黒人の集団パフォーマンスに参加した。ガラとは、サウス・カロライナ州島嶼部の、アフリカの言語や文化が残った黒人コミュニティを意味する。

すべては、黒人の文化や音楽に対する一方的な思い込みを払拭し、小説に描かれた世界をじかに肌身で感じるためだった。やはりユダヤ人であったレヴィ＝ストロースの如き文化人類学者の手つきで、ガーシュウィンは『ポーギー』の物語を自分のものにしようとしたのである。

ガーシュインは、南部の自然と黒人コミュニティのなかに残る、アフリカ伝来のプリミティヴな集団パフォーマンスや生活習慣のなかに命を投げ出すようにして飛び込み、みずからを全面的に解放したうえで、おのずから内側から湧き起こってくるもの、すなわち「ジャズ」に『ポーギーとベス』の音楽的根拠を求めようとしたのである。

（『ラプソディ・イン・ブルー』）

「黒塗りのメロドラマ」と批判したエリントン

全三幕九場、およそ三時間のオペラ『ポーギーとベス』が完成したのは一九三五年八月だった。作曲は全曲をジョージ・ガーシュウィンが、歌詞は原作者であるデュボース・ヘイワードと、ジョージの実兄で曲づくりの相棒であったアイラ・ガーシュウィンが担当している。ヘイワードとアイラは、正式の英語教育を受けていない貧しい港町の黒人の英語で歌詞を書くことにこだわった。「Bess, You is My Woman Now」や「I Loves You, Porgy」など、いくつかの曲のタイトルや歌詞に文法の破格が見られるのはそのためである。

オペラのストーリーは原作にかなり忠実だが、原作に何度も出てくるコカイン吸引の場面は上演にケチがつくことを避けてか、あまり強調されていない。最大の違いはラストシーンである。原作はベスがチンピラの集団にさらわれ、ポーギーがなまず横丁にひとり取り残される場面で終わるが、オペラではさらわれたベスをポーギーが舟で追いかけていくストーリーに変えられている。これによって物語の悲劇的な印象は薄らぎ、最後の曲である「Oh Lawd, I'm On My Way／おお主よ、私は祈りの道を」（この「Lawd」も正しいスペルは「Lord」である）の軽快な曲調がオーディエンスにハッピーエンドを予感させる。

ガーシュウィン作『ポーギーとベス』の初演が行われたのは三五年九月、会場はボストンの〈コロニアル劇場〉である。出演者は原作どおり一部を除いてすべて黒人だったが、これは当時のエンターテイメント界においてはかなり異例のことであった。黒人の登場人物を白人に演じさせる選択肢もあった中で、黒人俳優の起用を強硬に主張したのはガーシュウィン自身である。

作品の評価は大きく分かれたようだ。好意的な評もあった一方で、デューク・エリントンは、黒人の生活や音楽伝統を正確に表現していない「黒塗りのメロドラマ」と批判した。エリントンがこの作品を絶賛するようになったのは、五〇年代に再演されてからである。

初演の時点で『ポーギーとベス』は正統なオペラとは認められずにミュージカルとして扱われていたが、公演回数計一二四回というのはミュージカルとしてもかなり少ない数である。この作品がオペラ作品として認められたのは、ようやく一九八五年になってからだった。その年の二月、「オペラ界のエベレスト」と言われる〈メトロポリタン歌劇場〉で上演されたことで、この「ユダヤ人がつくった黒人オペラ」は初演から半世紀の時を経て歌劇の歴史に名を刻むことになった。

錚々たるアーティストによるレコーディング

当初は評価が高いとは言えなかった『ポーギーとベス』が、それでも忘れられた作品とならなかったのは、オペラ中の楽曲を多くのジャズ・ミュージシャンが取り上げたからだ。嚆矢となったのは、初演翌年の一九三六年七月にビリー・ホリデイが録音した「サマータイム」だった。黒人霊歌「時には母のない子のように」の旋律を参考にしてつくられたこの曲は、その後も数多くのミュージシャンにレコーディングされ、スタンダード・ソングとしての地位を不動のものとした。ほかにも、「愛するポーギー」「イット・エイント・ネセサリリー・ソー」「マイ・マンズ・ゴーン・ナウ」といったジャズ・スタンダードが『ポーギーとベス』から生まれている。

ジャズ・ミュージシャンが『ポーギーとベス』の楽曲集に盛んに取り組むようになったのは、このオペラが五〇年代に再演されてからである。メル・トーメ、ジョニー・ハートマン、デューク・エリントン・オーケストラなどによってほぼ全曲が録音された「完全版」や、エラ・フィッツツジェラルドとルイ・アームストロングによるデュエット盤のほか、オスカー・ピーターソン、ハンク・ジョーンズ、モダン・ジャズ・カルテット、レイ・チャールズ、秋吉敏子らが『ポーギーとベス』を題材にしたアルバムをリリースしている。前述のように、その中でも、マイルス・デイヴィスとギル・エヴァンスによる一九五八年のアルバムが特別なのは、オペラのストーリーにとらわれず、かつ独自の要素を加えることで、『ポーギーとベス』をまったく新しい作品に生まれ変わらせているからである。

「この作品は『歌』なんだよ」

マイルスはなぜ『ポーギーとベス』をレコーディングしようと考えたのだろうか。定評ある評伝『マイルス・デイヴィスの生涯』（ジョン・スウェッド）によれば、最初にこの作品をギル・エヴァンスのアレンジでレコーディングすることをマイルスに提案したのは、コロムビア・レコードのカルヴィン・ランプリーだった。黒人として初めて白人アーティストを担当したことで知られるプロデューサーである。

マイルスは当初その話に乗らなかったようだ。その頃舞台で再演されていた『ポーギーとベス』は黒人団体から抗議を受けていたから、この作品に関わることは得策ではないと考えたのだろう。作品に差別的な内容があったわけではない。たんに黒人の世界を白人が描いたことが気に入らなかったがための抗議だった。

しかし、盟友にして卓越したアレンジャーであるギル・エヴァンスとともにオペラという素材を料理することへの興味には抗し難かったのか、マイルスはランプリーの提案をほどなく受け入れた。そうして、一九四九 - 五〇年の『クールの誕生』、五七年の『マイルス・アヘッド』に続くギルとのコラボレーション・プロジェクトがスタートしたのだった。

前年にレコーディングされたエラ&ルイによる『ポーギーとベス』は、オペラの展開に沿って曲をセレクトしてストーリーを尊重した構成になっていたが、ギルは曲順を変えるだけでなく、それぞれの曲のハーモニーを変更し、新しい旋律を加え、さらに書き下ろしのオリジナル曲を追加することで独立したジャズ・アルバムにすることを目指した。

二人がつくろうとしていたのは、ボーカルのないインストルメンタル・バージョンの『ポーギーとベス』である。しかし、彼らがあくまでこだわったのは「歌」だった。ギルは言っている。

この作品は『歌』なんだよ。だがマイルスは挑戦に応じた。『歌』を演ろうじゃないかってね。

（『ギル・エヴァンス　音楽的生涯』）

挑戦は簡単ではなかったようだ。中山康樹がマイルスにインタビューした際、「今まで一番苦労したレコードは」との問いに対して彼は『ポーギーとベス』と即座に答えたという。「〝ベス、ユー・イズ・マイ・ウーマン〟っていうセリフを8回も意味を変えて吹き分けなきゃならなかったからだ」というのがその理由だ（『マイルスを聴け！ Version8』）。「歌う」ことに悩んだマイルスが手本にしたのは、フランク・シナトラやロバータ・フラックのボーカルのフレージングだった。手本にされた方のロバータ・フラックは、『ポーギーとベス』を初めて聴いたとき、マイルスが「言葉を演奏している」ことがすぐにわかったと語っている（『マイルス・デイヴィスの生涯』）。

先駆的に導入されたモード奏法

レコーディングは、人間の声に近いサウンドを作り出さなきゃならないパートがいくつかあったりして難しかったが、とても楽しかった。ギルのアレンジは最高にすばらしかった。〈アイ・ラブズ・ユー・ポーギー〉のアレンジにはコードがなく、オレが演奏する音階だけが書かれていた。ギルは、それに基づくオレの演奏を、コードを二つだけ使ったその他の楽器のボイシングに当てはめた。それによって、多くの自由と、細部までよく聴き取れる空間を作りだすことに成功したんだ。

（『マイルス・デイビス自叙伝』）

この発言の中で、マイルスはからずもジャズの歴史に関わる重要な事実を語っている。「愛するポーギー」の譜面にはコードの記載がなく、音階だけが書かれていた。ということはすなわち、『ポーギーとベス』の中の少なくとも一曲は、六〇年代に主流になるモード奏法に基づいて演奏されたということだ。

細かなコード・チェンジの束縛を脱して、特定の音階（モード）をもとに自由に即興を行うスタイルがモード奏法で、一九五九年にレコーディングされたマイルスの『カインド・オブ・ブルー』によってモード・ジャズは完成した――。こう説明すればジャズ史の教科書的解説となるが、実際にはその九カ月前にレコーディングされた『ポーギーとベス』にすでにモード奏法が導入されていたことをマイルスの発言は示している。一九七〇年にジャズのエレクトリック化への道を本格的に示した『ビッチェズ・ブリュー』が発売されるまで、『ポーギーとベス』はマイルスの全リーダー・アルバム中最も多くのセールスを記録したレコードだったが、このアルバムはたんに売れただけではなく、モダン・ジャズの新しい時代を拓く画期的な作品でもあった。

「二人の共同作業」によって生まれたアルバム

マイルス版『ポーギーとベス』はクレジット上マイルスの単独リーダー作となっているが、実質的な作者はマイルスとギル・エヴァンスの二人であった。しかしギルは、このアルバムは

「三人の共同作業」によって成立したものであると生前に語っている。三人とは、マイルスとギル、そしてジョージ・ガーシュウィンである。

もちろんガーシュウィンはこのアルバムに直接関わってはいないし、完成したアルバムを聴くこともなかった。彼はこのアルバムがレコーディングされる二十年以上前の一九三七年に脳腫瘍で死んでいる。『ポーギーとベス』のスコアを仕上げてからわずか二年後、三十八歳での早逝であった。

さまざまな異人種からなるアメリカ社会を形容する「人種の坩堝《るつぼ》」という表現は、ユダヤ系英国人作家イズレイル・ザングウィルの戯曲『坩堝（The melting pot）』に由来するとされる。しかし、坩堝が異なる金属を高熱で溶かし混ぜ合わせて一体化させる容器の意であることを考えれば、「人種の坩堝」という言い方は極めて不正確と言うべきである。異なる人種や民族が完全に混ざり合うことはないからだ。アメリカ社会にあって異人種、異民族の間には常に大きな溝があったのだし、今もその溝はなくなっていない。

しかし、音楽にならば坩堝がありうるだろう。異なる土地、異なる文化、異なる人種、異なる民族から生まれた音楽が混じり合い一体化する坩堝が。ジョージ・ガーシュウィンは、自分の作品をそんな坩堝にしたいと願ったのではなかったか。黒人、ユダヤ人、その他もろもろの人種・民族の歴史と文化が混ざり合い、溶け合い、調和する。「ラプソディ・イン・ブルー」や『ポーギーとベス』でガーシュウィンが表現しようとしたのはそんな音楽ではなかったか。

彼が短い生涯の中でつくり上げた「音楽の坩堝」。それはまた、ジャズという音楽の本質を示す表現でもある。

三人のユダヤ人と最高のジャズ・シンガーが生み出した名曲

アメリカ南部で頻発したリンチ殺人

日本語で「私刑」と訳される「リンチ（lynch）」という言葉は、実在した人物の姓に由来するらしい。名祖《なおや》と考えられる人は三人いて、米バージニア州の治安判事ウィリアム・リンチと、米独立戦争時代の治安判事チャールズ・リンチの二人は十八世紀の人物、アイルランド西部ゴールウェイ市のジェームズ・フィッツスティーブン・リンチ市長は十五世紀の人物である。いずれも法律によらない私的処罰ないし処刑を行ったことで歴史に名を残している。

三人のリンチ氏は今では歴史上の人物となっているが、アメリカで黒人に対するリンチが盛んに行われていたのは、それほど古い話ではない。二十世紀の中ごろまで、黒人を対象にしたリンチは、日常の風景とは言えないまでも、決して珍しい事件ではなかった。しばしば引き合いに出される数字は、一八八九年から一九三二年までの間に三七〇〇人以上がリンチで殺害され、そのうち八十五パーセントは南部で行われたというものである。それとは別に、一八六五年から一九五〇年までのリンチによる黒人死者数はおよそ六五〇〇人にのぼるというデータもある。

「南部で起きた黒人リンチの大半は、何らかの形で白人女性と黒人男性の性的関係を根拠にしていた」（『アメリカ黒人の歴史』上杉忍）との説明がある一方で、例えばミシシッピ州では「人種差別に異議を唱えたと目された若い黒人たち」が白人自警団によるリンチの犠牲者となった（『アメリカ黒人史』ジェームス・M・バーダマン）という記述も見られる。

よく知られているのが、ジョージア州で起こった「サム・ホーズ事件」である。一八九九年四月、サム・ホーズという黒人労働者が、賃金の引き上げと遠隔地に住む母親を見舞うための休暇の許可を白人の雇用主に願い出たが、雇用主はいずれの要望も言下に斥けた。それに対してサムが口ごたえしたところ、雇用主は立腹し、彼に銃をつきつけた。殺されると思ったサムは手近にあった斧を投げつけて、雇用主を逆に殺害してしまった。

逃亡したサムは、十日後に逮捕され、投獄された。即座に処刑すべしとの声が高まり、法廷での審理もないまま彼は公開処刑されることになった。遠方から見物に訪れる客のために特別列車が仕立てられ、当日は子どもを含む二〇〇〇人を超える群衆が処刑場となった広場に集まった。

公開処刑の扇動者たちは、サムを全裸にして木に縛りつけ、生きたまま耳と指と性器を切り取り、顔の皮を剝ぎ、体に火をつけた。焼かれた死体の一部は切り取られ、群衆に「土産」として配布された——。

以上が事件のあらましである。アメリカ黒人の歴史を語る際にこの事件がよく取り上げられるのは、数あるリンチ事件の中でとりわけショッキングな内容だからだと思われるが、木から吊るすことや体に火をつけることはリンチの常道であった。そのような行為が、少なく見積もって三七〇〇回以上繰り返されたのである。

ユダヤ人がつくった黒人リンチの歌

一九三〇年八月、アメリカ中西部インディアナ州マリオン郡でもそんなリンチ事件が起こった。殺されて木から吊るされたのは二人の黒人男性である。見物人の数は五〇〇〇人に及び、死体とそれを見物する人々の姿を撮影した写真が販売された。一説には十日で一〇〇〇枚以上が売れたという。

その写真は現在もインターネットで容易に見ることができるが、控えめに言って身の毛がよだつような写真である。撮影されたのは日が沈んでからだったようで、ボロボロの服をまとって宙吊りにされた二人の犠牲者が闇に浮かび、それを多くの白人男女が見上げている。中には遺体を指さす者もいれば、薄笑いを浮かべている男もいる。

この写真を雑誌で見て衝撃を受けたひとりのユダヤ人がいた。ニューヨーク、ブロンクスの高校教師であり、アメリカ共産党員であったエイベル・ミーロポルである。彼は、この写真から受けた印象を詩にして、高校教師を読者とする「ニューヨーク・ティーチャー」という雑誌に発表した。ペンネームはルイス・アラン、詩のタイトルは「苦い果実（Bitter Fruit）」だった。

ミーロポルは文筆や詩作だけではなく作曲もする才人だったが、自分の詩を曲にする際は、ほかの作曲家に頼むことが多かった。しかし、この「苦い果実」に関しては自分で曲をつくることにこだわったという。そうして完成した楽曲を教職員集会で歌ったのは、ギターが得意だった妻のアンだった。

「苦い果実」は、「fruit／root」「breeze／trees」「south／mouth」「fresh／flesh」「pluck／suck」「drop／crop」と二行ごとに脚韻を踏む三連十二行の詩で、「リンチ」という語を一切使うことなくリンチ殺人の残虐さを表現した優れた作品だった。歌詞の一、二連を訳出しておく。

南部の木には奇妙な果実がなる
葉に血が溜まり、根に血がしたたる
黒い身体が南部の風に揺れる
奇妙な果実がポプラの木に吊るされている

颯爽たる南部ののどかな風景
腫れあがった眼と歪んだ口

甘く新鮮な木蓮の香りが漂う
そんなとき不意に、肉が焼ける匂いが鼻をつく

この曲はのちに「奇妙な果実（Strange Fruit）」という名で多くの人々に知られることになる。

ニューヨーク初の「白黒混合」のジャズ・クラブ

ルイス・アランは現在では、この「奇妙な果実」と、フランク・シナトラが歌った「ザ・ハウス・アイ・リヴ・イン」の作者として知られている。「ザ・ハウス・アイ・リヴ・イン」がシナトラが生前最後にレコーディングした曲の一つだったことは前章で書いた。ルイス・アラン（Lewis Allan）という名は、極めて頻繁にルイス・アレン（Allen）と誤記されるが、アランが正しい。「ルイス」も「アラン」も死産した双子の息子たちに夫婦がつけた名前で、ついに顔を見ることがなかったその兄弟の名をミーロポルは自身の創作名としたのだった。

「苦い果実」が「奇妙な果実」として世の人々に知られることになったきっかけは、アランがこの曲をジャズ・クラブ〈カフェ・ソサエティ〉に持ち込んだことだった。一九三九年四月、彼はクラブのオーナー、バーニー・ジョセフソンを訪ね、店の出演者であった黒人女性シンガーにこの歌を歌ってほしいと懇願した。シンガーの名は、ビリー・ホリデイである。

ルイス・アラン＝エイベル・ミーロポルとバーニー・ジョセフソンの境遇はたいへんに似通っ

ていた。ユダヤ系のミーロポル家がポグロムを逃れて西ウクライナからアメリカに移住してきたのは一九〇二年だった。翌一九〇三年にエイベルは誕生している。一方、バーニー・ジョセフソンの一家もまた、東欧から移民してきたユダヤ人であった。ジョセフソンの両親と兄姉がラトヴィアからアメリカに来たのが一九〇〇年、バーニーがニュージャージー州で生まれたのが一九〇二年である。二家族はほぼ同じ時期にアメリカにやってきて、二人はほぼ同じ時期に生まれたのだった。

バーニー・ジョセフソンが靴屋をやめてニューヨークのダウンタウンで〈カフェ・ソサエティ〉を始めたのは、一九三八年十二月末である。ニューヨークで初めて白人客と黒人客を同席させた画期的なジャズ・クラブだった。当時、ジャズ界のフィクサー的ポジションにあったジョン・ハモンドは言っている。

バーニーと私はたちまち意気投合した。彼は、私がそれまでずっと夢に見ていたことをやろうとしていたのだ。白黒混合の客を相手に白黒混合の出し物をやる白黒混合ナイト・クラブである。

（『ジャズ・プロデューサーの半生記』）

ジョセフソンは店の中で人種差別的行為が行われないよう常に目を光らせていたが、客層から見てその心配はなさそうだった。店の常連客は、ジャズ・ファンのほか、作家、知識人、学生などのインテリ層や、労働組合の幹部などであった。

父を殺したものが表現された歌

バーニー・ジョセフソンは、ルイス・アランの詩を読み、その内容に打ちのめされた。ビリーが店にやってくると、ジョセフソンはビリーにアランを紹介し、アランは自らピアノを弾いて彼女に曲を聴かせた。しかし、当初ビリーは歌詞の意味を理解できなかったらしい。「なにをうたった歌なのかビリーにはぜんぜんわかっていないと、はじめは思った」とジョセフソンは述懐している（『月に願いを』ドナルド・クラーク）。ビリーは南部生まれではなく、リンチを目撃した経験もなかった。彼女は歌詞にある「pastoral（のどかな）」という単語の意味がわからず、アランに尋ねたという。

しかし、自伝『奇妙な果実』におけるビリーの回想は異なっている。彼女は言う。「その詩をみせられたとき、私は直ぐに感動した。その詩には、パパを殺したものがすべて歌い出されている様な気がした」のだと。

ビリーの父、クラレンス・ホリデイはフレッチャー・ヘンダーソンのバンドなどに参加していたギタリストで、仕事で訪れていたテキサス州ダラスで肺炎を患って死亡した。父の死について、ビリーはこう語っている。

肺炎が彼を殺したのでなく、テキサス州ダラスだったということが致命的原因となったのだ。彼は治療して貰うために、病院から病院へと歩きまわった。しかしどこも彼を入れてくれるどころか、熱さえ計ってくれなかったのだ。

（『奇妙な果実』）

在郷軍人病院の黒人用病室に収容されたときはもう手遅れだった。父の死因は肺炎ではなく、黒人であったことだったと彼女は言う。南部の黒人たちはリンチで殺された。父もまた黒人であることを根拠とする拒否と不作為によって殺された。父の死を思うことで、自分は「苦い果実」の詩のすべてを即座に理解することができた。そう彼女は回想する。

一九五七年に出版された自伝『奇妙な果実』は、ほとんど一パラグラフごとに事実誤記があると言われている本で、そこに描かれているのはあくまで「ビリーにとっての真実」であるというのが定説である。「詩をみせられたとき、私は直ぐに感動した」というのも、後年振り返ったときに彼女の脳裏に浮かんだ「真実」だったのだろう。だがそれに続く、「彼（引用者注：アラン）は、私の伴奏者だったソニー・ホワイトと私に、曲をつけることをすすめ、三人は、ほぼ三週間を費してそれをつくりあげた」という記述は客観的事実とあまりにかけ離れていたので、この本が出版されたのち、バーニー・ジョセフソンもルイス・アランも、いろいろな人に本当の事情を説明しなければならなかった。もっとも、アランの原曲自体もかなりラフなもので、編曲家のダニー・メンデルソーンが手を入れることでようやく譜面になったという事実がいくつかの証言から明らかになっている。

「奇妙な果実」を世に出した「三人目のユダヤ人」

事実の誤りが多いビリー・ホリデイの自伝の中にあって、彼女が「奇妙な果実」を初めて歌った場面の記述はかなり事実に近いようだ。「私には、遊び半分で集まるナイトクラブの客に、私の歌の精神を感じとってもらえるかどうか、全く自信がなかった」と彼女は振り返る。

最初に私が歌った時、ああやっぱり歌ったのは間違いだった、心配していた通りのことが起った、と思った。歌い終っても、一つの拍手さえ起らなかった。

（同前）

やはり「歌の精神」は伝わらなかったのだろうか。そうではなかった。まもなくひとりの客が何かに取り憑かれたように拍手を始め、続いて会場全体が大きな拍手に包まれた。ミーロポルは、「彼女はびっくりするほどドラマチックに、そして効果的な解釈で歌ったので、聴衆を満足させるというよりは、なんというかショックを与えてしまった」のだと言っている。

私がなぜこの歌を書き、どう歌ってもらいたいかと考えていた、まさにそのとおりのものだった。ビリー・ホリデイの歌い方は比類のないもので、私がこの歌にこめた苦痛と衝撃を表現するのにぴったりの資質を持っていた。

（『ビリー・ホリデイと《奇妙な果実》』デーヴィッド・マーゴリック）

その頃、ビリー・ホリデイのレコードはコロムビア・レコードから発売されていたから、この歌もコロムビアで録音されるのが筋だったが、それが実現しなかったのはコロムビアの社員となっていたジョン・ハモンドが、「奇妙な果実」をメジャー・レーベルで扱える曲ではないと判断したからである。加えて、彼は個人的にこの曲をはっきり嫌っていた。

私は〈奇妙な果実〉は好きではない。それでコロンビアにはどこかよそでレコーディングさせるよう勧めたのである。多くの点で、この歌はアーティストとしてのビリーを損なっていると思う。

（『ジャズ・プロデューサーの半生記』）

ハモンドは「奇妙な果実」は「芸術的に見れば、ホリデイのなかでこれまでで最悪のもの」であり、「ビリーにとって終わりの始まりが『奇妙な果実』で、そのときから彼女は左翼の知識人たちのお気に入りになった」のだとも語っている（『ビリー・ホリデイと《奇妙な果実》』）。自身「左翼の知識人」であり、十七歳のビリー・ホリデイの歌を聴いたときから「彼女こそ最高のジャズ・シンガーであると確信した」ハモンドだったが、彼にしてみればビリーは恋の歌を小粋に歌う歌い手なのであって、共産主義者がつくった「政治的な曲」を彼女が歌うことには我慢がならなかったらしい。

「奇妙な果実」は結局、コモドア・レコードという小さなインディ・レーベルでレコーディングされることとなった。前述したように、マンハッタンでレコード・ショップを営んでいたユダヤ人ミルト・ゲイブラーが立ち上げたレーベルである。

ミルト・ゲイブラーの父はオーストリアから、母はロシアからアメリカに移民してきたユダヤ人だった。彼は父親が経営するラジオ店で働いていたが、一九二六年にその店でレコードを売り始め、一九三七年になると自らジャム・セッションを企画し、それを録音して販売するようになった。この「三人目のユダヤ人」の働きによって、数多くのリスナーが「奇妙な果実」を聴く機会を得ることになったのだった。

リリース後、歌詞の内容が強烈過ぎるという理由で大半のラジオ局がオンエアを見送ったにもかかわらず、「奇妙な果実」は一九三九年七月の「ビルボード」のベストセラー・チャートで十六位まで上がった。もちろん、ビリーにとってそれまでで最高のヒットだった。

彼女が歌い始めると、すべての動きがとまった

ヒットしたことでステージではいつも「奇妙な果実」をリクエストされることになったが、「彼女は聴衆を観察し、もしかれらが本気で聴く気になっていないようなら、けっして歌おうとはしなかった」という（『ビリー・ホリデイと《奇妙な果実》』）。歌うのは必ずステージの最後で、この曲を歌ったあとはアンコールに応じなかった。

彼女が歌い始めると、すべての動きがとまった。ウエイターも会計係も下げ膳係もみんな動けなくなってしまった。

（『ビリー・ホリデイと《奇妙な果実》』）

ビリー・ホリデイには、彼女が手本としたベッシー・スミスのような声量はなかったし、エラ・フィッツジェラルドやサラ・ヴォーンのようなスキャットでのインプロヴィゼーションは一切しなかった。あくまで抑制された声と感情で、クールに歌うのが彼女の持ち味だった。そしてそのスタイルは、「奇妙な果実」によくフィットした。

〝ストレインジ・フルーツ〟をうたうとき、ビリーは身じろぎもしなかった。その手は下にたらしていた。マイクにさえもふれなかった。顔には小さな光をうけていた。涙があふれてもその声は変わらなかった。

（『月に願いを』）

公民権運動の活動家であり、黒人やジャズの歴史に関する多くの著作を残したデンプシー・トラヴィスは、「奇妙な果実」を歌うときビリーの顔にはいかなる感情もなく、曲の歌詞は蛇口からゆっくり流れ落ちる水のようだったと語っている。「この詩は、みえすいた感傷的なものとなる可能性があったが、そっけなく扱われることによって、最高のものとして尊敬されるようになったのである。苦悩はあるが、しかしそれにひたってはいないのである」。そう書いたのは、現代音楽家のガンサー・シュラーである（『ビリー・ホリデイと《奇妙な果実》』）。

しばしば涙を流しながら「奇妙な果実」を歌ったとき、ビリーの心にあったのはどのような感情だったか。最初にあったのは父親の死のイメージだったとしても、何度となくこの曲を歌う中で彼女は、アメリカ南部の黒人が体験した災禍を自身の決して幸福とは言えなかった歩みに重ね合わせていったと思える。十歳のときにレイプされ、不良少女だからとカトリックの感化院に送られ、十四歳で売春婦となり、女子刑務所に収監され、不実な男たちに苦しめられ、歌と酒とドラッグだけが安らぎであった彼女の悲しみは、「奇妙な果実」で描写される悲しみと混じり合い、それはやがて一つになった。

彼女が味わったあらゆる敗北や、彼女自身が耐え忍び、背負ってきた多くのつらい出来事が増えていくにつれ、この歌はよりいっそう彼女個人のことを歌っているように思われていった。

（『ビリー・ホリデイと《奇妙な果実》』）

ユダヤ人から受け取った「悲しみのバトン」

後年、ビリーは黒人女性詩人マヤ・アンジェロウの息子に「奇妙な果実」を歌ってやったことがあった。幼い子どもは、歌詞にある「のどかな風景」の意味を彼女に尋ねたという。ビリーはこう答えた。

これはねぇ坊や、白人たちが黒人たちを殺しているときのことなんだよ。かれらは坊やみたいな小さな黒人の子どもをつかまえ、その子のキンタマをむしり、それを、くそっ、いまいましいったらありゃしない、その子の喉に突っ込むんだよ。これはそういう意味なんだよ。

（同前）

ビリーが激しい怒りを心のうちに抱えていたことをこの逸話は伝えている。しかし、ステージでこの曲を歌う彼女は、身じろぎもせず、両手を垂らし、涙を流した。それは怒りを湛えた人間の姿ではない。聴衆に静かに悲しみを伝えようとするひとりの黒人女性の姿である。ビリーの歌は自分ひとりだけに歌いかけてくれているような気にさせる。そうミルト・ゲイブラーは語っていた。

エイベル・ミーロポルが「奇妙な果実」の詩を書いたとき、彼の脳裏にはリンチで殺された黒人のイメージだけではなく、いわれなき迫害によって故郷を追われたユダヤ人同胞を思う悲しみが間違いなくあっただろう。ビリーは、ユダヤ人から受け取ったその悲しみのバトンを、一人ひとりの聴衆に丁寧に渡そうとした。決して昂ぶることのない、あの愛らしい声に乗せて。わが国の「かなし」という古語が、悲しさと愛しさというふたとおりの感情をあらわしたように、「奇妙な果実」を歌うビリーの声には悲しみと愛しみが溢れた。

心の底をのぞき込めば、悲しみなどいくらでもある。ビリーの声は一人ひとりが抱えるその悲しみを静かに震わせ、ビリーの言葉は人知れず忍ばれるその悲しみにそっと寄り添う。エンターテイメントは悲しみをいっとき忘れさせるが、アートは悲しみを美に変え、悲しみに向かい合う力を人々に与える。ビリー・ホリデイと「奇妙な果実」によってジャズはアートになった。狂気と騒乱の二十世紀を代表するアートに。

おわりに

カルチャー・ウェブ・メディア「ARBAN」の編集部から連載の依頼をいただいたのは二〇一九年の春だった。ジャズ喫茶〈ちぐさ〉が所蔵しているVディスクに関する記事を皮切りに、戦後のジャズを聴衆側から捉える連載ができないかといった依頼だったと記憶する。敗戦から十年ほどの間のジャズ・シーンが日本においては最も「ヒップ」であったという仮説のもと、連載タイトルは「ヒップの誕生」となった。

その趣旨が「日米の裏面史とジャズの関係」といった方向に変わっていったのは、私の興味関心がそちらに徐々にシフトしていったためである。勝手な方向転換を受け入れてくださり、掲載を続けてくださった編集部の皆さんにあらためて感謝申し上げたい。

記事の執筆スタイルも、連載当初はインタビューが主体だったが、徐々に音源と資料を渉猟してストーリーを構成する方法に変わっていった。書籍化にあたって、全体の統一感を重視してインタビュー部分をすべて割愛し、文章を再構成した。

連載は二〇二三年五月までで計四十八回となった。これも書籍の構成上、その中のすべてを収録することはできなかった。未収録のテーマとして「ジャズ喫茶」「ファッション」「プロレス」「パンデミック」などがある。ARBANの連載記事は引き続き閲覧可能なので、ご興味のある方はぜひアクセスしてお読みいただければ幸甚である。

本書の第一章の冒頭は完全書き起こしで、ほかにも全体的に文章を見直し、ファクト・チェックを徹底して行った。ウェブ掲載時の誤りが多数発見され大いに冷や汗をかいたが、ウェブ版についても修正を進めていきたいと思う。

もう一点、本文中の表記について。

海外のミュージシャンの名前や音楽ジャンル名などを日本語でカタカナで書く場合、実際の発音とは異なる表記が定着しているケースが少なくない。本書に推薦コメントを寄せてくださったブロードキャスターのピーター・バラカンさんは、例えば、ブルースは「ブルーズ」と、アレサ・フランクリンは「アリーサ・フランクリン」と、ピート・タウンゼントは「ピート・タウンゼンド」と表記すべきであるというもっともな提案を一貫してされている。また村上春樹さんは、マイルス・デイヴィスを「マイルズ・デイヴィス」、ビル・エヴァンスを「ビル・エヴァンズ」、ギル・エヴァンスを「ギル・エヴァンズ」と表記されている。

本書においても、文中に出てくる固有名詞などを本来の発音に近い表記にすべきか否か、ずいぶん迷った。これはロシア語の例になるが、本来の発音に近い表記を正とするのであれば、ドストエフスキーは「ダスタイェーフスキイ」、トルストイは「タルストーイ」、チェーホフは「チエハフ」としなければならない。ロシア語のネイティブに向けて「ドストエフスキー」と言っても、おそらく何のことかわからないと思う。しかし日本人は、ドストエフスキーをドストエフスキーとして、チェーホフをチェーホフとして愛してきた。同様に、私が愛してきたのは「マイルズ」ではなく「マイルス」の音楽であり、「ビル・エヴァンズ」ではなく「ビル・エヴァンス」の音楽であり、「ブルーズ」ではなく「ブルース」である。バラカンさんや村上さんの提起を真摯に受け止めつつ、また今後表記が改善される余地が大いにあることを認めつつ、今回は、日本人の、そして自分の愛の歴史に殉じて、日本語にローカライズされて定着している必ずしも正しくはない表記を選択することにした。

●

連載時にインタビューを受けてくださった方々のお名前を取材順にご紹介して、感謝の言葉に代えさせていただきます。

笠原彰二さん（「ジャズ喫茶ちぐさ・吉田衛記念館」企画制作ディレクター）
瀬川昌久さん（音楽評論家）

柴田浩一さん（横濱ジャズプロムナード・プロデューサー）
小針俊郎さん（ジャズ評論家／プロデューサー）
岩味潔さん（プロデューサー／エンジニア）
小川隆夫さん（ジャズ・ジャーナリスト）
五十嵐明要さん（サックス・プレーヤー）
石丸元章さん（作家）
菊地成孔さん（音楽家／文筆家）
赤峰幸生さん（ファッション・ディレクター／服飾研究家）
仲田晃平さん（No Room For Squares店主）

瀬川さんと柴田さんは、取材後にご逝去されました。心よりご冥福をお祈りいたします。

インタビューの発言は割愛させていただきましたが、日本のジャズ・ミュージシャンとドラッグの関係については小川隆夫さん、モカンボ・セッションの現場の様子や谷啓の逝去時の話については岩味潔さん、覚醒剤中毒の症状については石丸元章さん、ジャズへのフランス近代音楽の影響については菊地成孔さんにお聞きしたお話を参考にして一部の文章を構成させていただいています。とりわけ、初期のジャズにドビュッシーやラヴェルの影響があるという視点は、全面的に菊地さんのインタビューに依拠させていただいています。あらためて感謝申し上げます。

ARBANの運営元であるヴィジュアルノーツ代表取締役の原田潤一さん、ARBAN編集部の楠元伸哉さん、長内美諭さん、連載を担当してくださった富山英三郎さんに感謝の言葉をお伝えしたいと思います。本当にありがとうございました。

ARBANでの連載のきっかけをつくってくださったのは、現在、横浜ジャズ協会の理事であり、ライター、プロデューサー、講師など、ジャズ界でマルチに活躍している大伴公一さんでした。長年のおつき合いに感謝いたします。

最後に、草思社の渡邉大介さんに御礼の言葉をお伝えしたいと思います。渡邉さんからのお声がけがなければ、この本は生まれていませんでした。心より感謝申し上げます。

二〇二三年五月

二階堂　尚

主要参考文献一覧

『ロング・グッドバイ　寺山修司詩歌選』（講談社文芸文庫）
『占領下日記Ⅲ』ジャン・コクトー／秋山和夫訳（筑摩書房）
『横浜ジャズ物語「ちぐさ」の50年』吉田衛（神奈川新聞社）
『日本のジャズは横浜から始まった』（ジャズ喫茶ちぐさ・吉田衛記念館）
『仕事にしばられない生き方』ヤマザキマリ（小学館新書）
『グッド・バイ』太宰治（新潮文庫）
『日本占領史　1945-1952　東京・ワシントン・沖縄』福永文夫（中公新書）
『進駐軍クラブから歌謡曲へ　戦後日本ポピュラー音楽の黎明期』東谷護（みすず書房）
『進駐軍向け特殊慰安所RAA』村上勝彦（ちくま新書）
『増補版 敗北を抱きしめて　上・下』ジョン・ダワー／三浦陽一、高杉忠明訳（岩波書店）
『天使はブルースを歌う　横浜アウトサイド・ストーリー』山崎洋子（亜紀書房）
『ビバップ読本　証言で綴るジャズ史』小川隆夫（シンコーミュージック・エンタテイメント）
『ジャズ・イン・ジャパン　1947-1963』ライナーノーツ（ビクターエンタテインメント）
『スウィング・ジャパン　日系米軍兵ジミー・アラキと占領の記憶』秋尾沙戸子（新潮社）
『二世兵士激戦の記録　日系アメリカ人の第二次大戦』柳田由紀子（新潮新書）
『至高の日本ジャズ全史』相倉久人（集英社新書）
『幻の〝モカンボ〟・セッション'54完全版』ライナーノーツ（ポリドール）
『証言で綴る日本のジャズ　1・2』小川隆夫（駒草出版）
『そして、風が走りぬけて行った』植田紗加栄（講談社）
『渡辺貞夫　ぼく自身のためのジャズ』渡辺貞夫（日本図書センター）

『ジャズと生きる』穐吉敏子（岩波新書）
『エンドレス・ジャーニー　終わりのない旅』秋吉敏子（祥伝社）
『秋吉敏子と渡辺貞夫』西田浩（新潮新書）
『〈麻薬〉のすべて』船山信次（講談社現代新書）
『ドラッグ in ジャズ　ウェイティング・フォー・ザ・マン　I』ハリー・シャピロ／坂本和訳（第三書館）
『ドラッグ in ロック　ウェイティング・フォー・ザ・マン II』ハリー・シャピロ／室伏洋子、越智道雄訳（第三書館）
『マイルス・デイビス自叙伝　I・II』マイルス・デイビス、クインシー・トループ／中山康樹訳（宝島社文庫）
『増補最新版マイルスを聴け！　Version8』中山康樹（双葉文庫）
『チャーリー・パーカー　モダン・ジャズを創った男』カール・ウォイデック／岸本礼美訳（水声社）
『ジャズメン死亡診断書』小川隆夫（シンコーミュージック・エンタテイメント）
『新書で入門　ジャズの歴史』相倉久人（新潮新書）
『横浜「チャブ屋」物語　日本のムーランルージュ』重森昭夫編著（センチュリー）
『潤一郎ラビリンス XV　横浜ストーリー』谷崎潤一郎／千葉俊二編（中公文庫）
『ジャズの歴史物語』油井正一（スイングジャーナル社）
『はじめてのアメリカ音楽史』ジェームス・M・バーダマン、里中哲彦（ちくま新書）
『だけど、誰がディジーのトランペットをひん曲げたんだ？　ジャズ・エピソード傑作選』
ブリュノ・コストゥマル／鈴木孝弥訳（うから）
『西洋音楽史　「クラシック」の黄昏』岡田暁生（中公新書）
『第一次世界大戦　忘れられた戦争』山上正太郎（現代教養文庫）
『第一次世界大戦』木村靖二（ちくま新書）
『第二次世界大戦の起源』A・J・P・テイラー／吉田輝夫訳（講談社学術文庫）
『アメリカの20世紀　上・下』有賀夏紀（中公新書）
『シリーズ　アメリカ合衆国史③　20世紀アメリカの夢』中野耕太郎（岩波新書）
『オリバー・ストーンが語るもうひとつのアメリカ史1　2つの世界大戦と原爆投下』
オリバー・ストーン、ピーター・カズニック／太田直子ほか訳（ハヤカワノンフィクション文庫）

『アメリカ1920年代　ローリング・トゥエンティーズの光と影』英米文化学会編／君塚淳一監修（金星堂）
『禁酒法　「酒のない社会」の実験』岡本勝（講談社現代新書）
『売春の社会史　上・下』バーン＆ボニー・ブーロー／香川檀ほか訳（ちくま学芸文庫）
『日本売春史　遊行女婦からソープランドまで』小谷野敦（新潮選書）
『アメリカ音楽史　ミンストレル・ショウ、ブルースからヒップホップまで』大和田俊之（講談社選書メチエ）
『若き日のラフカディオ・ハーン』O・W・フロスト／西村六郎訳（みすず書房）
「レコード・コレクターズ」二〇二二年二月号（ミュージック・マガジン）
『ワスプ（WASP）』越智道雄（中公新書）
『ヴィクトリアン・アメリカの社会と政治』常松洋（昭和堂）
『ヴィクトリア朝の性と結婚　性をめぐる26の神話』度会好一（中公新書）
『ハナ肇とクレージーキャッツ物語』山下勝利（朝日新聞社）
『植木等伝「わかっちゃいるけど、やめられない！」』戸井十月（小学館文庫）
『最後のクレイジー　犬塚弘』犬塚弘、佐藤利明（講談社）
『日本の喜劇人』小林信彦（新潮文庫）
『クレイジーキャッツスーパーデラックス』ライナーノーツ（ユニバーサル・ミュージック）
『興行界の顔役』猪野健治（ちくま文庫）
『ナベプロ帝国の興亡』軍司貞則（文春文庫）
『芸能ビジネスを創った男　渡辺プロとその時代』野地秩嘉（新潮社）
『実録小説　神戸芸能社　山口組・田岡一雄三代目と戦後芸能界』山平重樹（双葉文庫）
『興行師列伝　愛と裏切りの近代芸能史』笹山敬輔（新潮新書）
『山口組概論　最強組織はなぜ成立したのか』猪野健治（ちくま新書）
『完本 山口組三代目　田岡一雄自伝』田岡一雄（徳間文庫カレッジ）
『ひばり自伝　私と影』美空ひばり（草思社）
『完本 美空ひばり』竹中労（ちくま文庫）
『ナット・キング・コールをしのんで　ひばりジャズを歌う』ライナーノーツ

（コロムビア・ミュージックエンタテイメント）
『ぼういず伝説』あきれたぼういずライナーノーツ（ビクターエンタテインメント）
『美空ひばり&川田晴久inアメリカ1950』ライナーノーツ（日本コロムビア）
『「戦後」美空ひばりとその時代』本田靖春（講談社文庫）
『ひばりとシャープ』ジャケット（日本コロムビア）
『ヤクザと日本　近代の無頼』宮崎学（ちくま新書）
『やくざと日本人』猪野健治（ちくま文庫）
『シャープス&フラッツ物語　原信夫の歩んだ戦後とジャズ』長門竜也／瀬川昌久監修（小学館）
『創られた「日本の心」神話　「演歌」をめぐる戦後大衆音楽史』輪島裕介（光文社新書）
『カポネ　上・下』佐藤賢一（角川文庫）
『A列車で行こう　デューク・エリントン自伝』中上哲夫訳（晶文社）
『Teddy Wilson Talks Jazz』Teddy Wilson, Arie Ligthart, Humphrey Van Loo（Continuum）
『ミスター・カポネ　上・下』ロバート・J・シェーンバーグ／関口篤訳（青土社）
『マフィア・その神話と現実』竹山博英（講談社現代新書）
『Really the Blues』Mezz Mezzrow, Bernard Wolfe（NYRB）
『ロバート・アルトマン　わが映画、わが人生』
ロバート・アルトマン、デヴィッド・トンプソン／川口敦子訳（キネマ旬報社）
『カンザス・シティ・ジャズ　ビバップの由来』ロス・ラッセル／湯川新訳（法政大学出版局）
『政治とカネ　海部俊樹回顧録』海部俊樹（新潮新書）
『天才』石原慎太郎（幻冬舎文庫）
『まさかの大統領　ハリー・S・トルーマンと世界を変えた四カ月』A・J・ベイム／河内隆弥訳（国書刊行会）
『あなたと原爆　オーウェル評論集』ジョージ・オーウェル／秋元孝文訳（光文社古典新訳文庫）
『ジャズ・プロデューサーの半生記　ジョン・ハモンド自伝』ジョン・ハモンド／森沢麻里訳（スイングジャーナル社）
『ジャズ・マスターズ・シリーズ4 カウント・ベイシー』アラン・モーガン／油井正一監修／上野勉訳（音楽之友社）
『カウント・ベイシーの世界』スタンリー・ダンス／上野勉訳（スイングジャーナル社）

『ジャズの巨人たち』スタッズ・ターケル／諸岡敏行訳（青土社）
『ブルーノートJAZZストーリー』マイケル・カスクーナ、油井正一著（新潮文庫）
『ジャズ・スタンダード１００』青木啓、海野弘（新潮文庫）
『ザ・ヴォイス　フランク・シナトラ　コロンビア・イヤーズ１９４３-１９５２』ライナーノーツ（CBSソニー）
『ザ・ヴォイス　フランク・シナトラの人生』ピート・ハミル／馬場啓一訳（日之出出版）
『ヒズ・ウェイ』キティ・ケリー／柴田京子訳（文藝春秋）
『ゴッドファーザー　上・下』マリオ・プーヅォ／一ノ瀬直二訳（ハヤカワ文庫）
「集英社クオータリー　kotoba」二〇二二年春号（集英社）
『アメリカを葬った男』サム&チャック・ジアンカーナ／落合信彦訳（光文社文庫）
『ケネディ「神話」と実像』土田宏（中公新書）
『マリリン・モンロー』亀井俊介（岩波新書）
『ボサノヴァの歴史』ルイ・カストロ／国安真奈訳（音楽之友社）
『ボサノヴァの歴史外伝　パジャマを着た神様』ルイ・カストロ／国安真奈訳（音楽之友社）
『ボサ・ノーヴァ詩大全』板尾英矩（中央アート出版社）
『アントニオ・カルロス・ジョビン　ボサノヴァを創った男』エレーナ・ジョビン／国安真奈訳（青土社）
『三月の水　アントニオ・カルロス・ジョビン・ブック』岩切直樹（彩流社）
『ボサノヴァの真実　その知られざるエピソード』ウィリー・ヲゥーパー（彩流社）
『黒と白のジャズ史』中山康樹著（平凡社）
『ビル・エヴァンスについてのいくつかの事柄』中山康樹著（河出書房新社）
『ビル・エヴァンス　ジャズ・ピアニストの肖像』ピーター・ペッティンガー／相川京子訳（水声社）
『私家版・ユダヤ文化論』内田樹（文春新書）
『ユダヤ人』上田和夫（講談社現代新書）
『アメリカのユダヤ人迫害史』佐藤唯行（集英社新書）
『新版 ハリウッド１００年史講義　夢の工場から夢の王国へ』北野圭介（平凡社新書）
『ユダヤ人と大衆文化』堀邦維（ゆまに書房）

『ミュージカルの歴史　なぜ突然歌い出すのか』宮本直美（中公新書）
『星条旗と青春と　対談：ぼくらの個人史』小林信彦、片岡義男（角川文庫）
『EPICソニーとその時代』スージー鈴木（集英社新書）
「クイック・ジャパン　Vol.7」（太田出版）
『ビートルズ』北中正和（新潮新書）
『ユダヤ人の歴史』レイモンド・P・シェインドリン／入江規夫訳（河出文庫）
『ベニー・グッドマン』ブルース・クロウサー／大島正嗣訳／油井正一監修（音楽之友社）
『ブルーノート・レコード　史上最強のジャズ・レーベルの物語』
　リチャード・クック／前野律訳／行方均監修（朝日文庫）
『ブルーノート読本　アルフレッド・ライオン語録』小川隆夫（春日出版）
『アメリカのユダヤ人』土井敏邦（岩波新書）
『ユダヤ移民のニューヨーク　移民の生活と労働の世界』野村達朗（山川出版社）
『アメリカン・ラプソディ　ガーシュインの生涯』ポール・クレシュ／鈴木晶訳（晶文社）
『ラプソディ・イン・ブルー　ガーシュインとジャズ精神の行方』末延芳晴（平凡社）
「ユリイカ」一九八一年十二月号（青土社）
『ポギーとベス』デュ・ボース・ヘイワード／齋藤數衛訳（東京ライフ社）
『ギル・エヴァンス音楽的生涯』ローラン・キュニー／中条省平訳（径書房）
『マイルス・デイヴィスの生涯』ジョン・スウェッド／丸山京子訳（シンコーミュージック・エンタテイメント）
『Gil Evans　Out of the Cool　HIS LIFE AND MUSIC』Stephanie Stein Crease（Chicago Review Press）
『アメリカ黒人の歴史　奴隷貿易からオバマ大統領まで』上杉忍（中公新書）
『アメリカ黒人の歴史　新版』本田創造（岩波新書）
『アメリカ黒人史　奴隷制からBLMまで』ジェームス・M・バーダマン／森本豊富訳（ちくま新書）
『歌と映像で読み解くブラック・ライヴズ・マター』藤田正（シンコーミュージック・エンタテイメント）
「ミュージック・マガジン」二〇二〇年八月号（ミュージック・マガジン）
『月に願いを　ビリー・ホリデイの生涯とその時代』ドナルド・クラーク／諸岡敏行訳（青土社）

『奇妙な果実　ビリー・ホリデイ自伝』油井正一、大橋巨泉訳（晶文社）
『ビリー・ホリデイと《奇妙な果実》〝20世紀最高の歌〟の物語』デーヴィッド・マーゴリック／小村公次訳（大月書店）
『ビリー・ホリデイとカフェ・ソサエティの人びと』生野象子（青土社）

本書はカルチャー・ウェブ・メディア「ARBAN」に二〇一九年四月から二〇二三年五月まで四十八回にわたって連載された「ヒップの誕生」をもとに、再構成のうえ一冊にまとめたものです。

二階堂尚（にかいどうしょう）

文筆家。一九七一年、福島県浪江町生まれ。早稲田大学第一文学部ロシア文学科卒業後、フリーの編集ライターとなる。カルチャーメディア「ARBAN」にて音楽コラムを連載中。

欲望《よくぼう》という名《な》の音楽《おんがく》
狂気《きょうき》と騒乱《そうらん》の世紀《せいき》が生《う》んだジャズ

二〇二三年七月五日　第一刷発行

著者　二階堂尚《にかいどうしょう》
装幀者　川名潤
発行者　碇高明
発行所　株式会社草思社
〒一六〇―〇〇二二
東京都新宿区新宿一-一〇-一
電話　営業〇三（四五八〇）七六七六
　　　編集〇三（四五八〇）七六八〇
本文組版　株式会社アジュール
本文印刷　株式会社三陽社
付物印刷　株式会社平河工業社
製本所　大口製本印刷株式会社

ISBN978-4-7942-2642-6　Printed in Japan　検印省略